QUALIFICAÇÕES DA CONSCIÊNCIA

Julio Almeida

Qualificações da Consciência

Prefácio de Waldo Vieira

EDITARES

Foz do Iguaçu, PR – Brasil
2005

1ª Edição – 2005 – Tiragem: 2.000 exemplares.

Capa: Yuri Lott.

Revisão: Alexandre Zaslavsky, Ana Bomfim, Luana Scopel, Mabel Teles, Mônica Resende, Regina Camillo, Rosemary Salles.

Impressão: Edelbra – Indústria Gráfica e Editora Ltda.

Ficha Catalográfica

Almeida, Julio, 1977 –

A447q Qualificações da Consciência / Julio Almeida.
1ª Edição; Foz do Iguaçu, PR: Associação Internacional Editares, 2005.

260 p.; 21 x 14 cm

1. Conscienciologia. 2. Qualificação. I. Título

ISBN 85-86019-78-X CDD 126.

EDITARES

Associação Internacional Editares
Rua Rui Barbosa nº 820, sala 402,
Foz do Iguaçu - PR, CEP 85851-170
editares@cybermais.net
www.editares.org

Aos alunos e alunas dos cursos de Conscienciologia,
preciosos exemplos de busca pela
qualificação consciencial.

Agradecimentos

Primeiramente, ao prof. *Waldo Vieira,* pela assistência providencial nesse período preparatório da vida.

À querida mãe *Maria Madelaine,* pela retaguarda inestimável em todos os momentos da atual existência.

À prof.[a] *Nanci Trivellato,* pelo incentivo à escrita desde os primeiros artigos produzidos.

Aos amigos *Laênio Loche* e *Rosemary Salles,* pelas orientações técnicas para a publicação deste livro.

Aos colegas pesquisadores da Conscienciologia, conscins e consciexes, principalmente aos moradores da *Basecon.*

ÍNDICE GERAL

Prefácio

DIRETAMENTE DO HOLOCICLO

Talentos. A Conscienciologia progride desafogando as conscins e trazendo ar mais puro para os talentos mentaissomáticos precoces de todas as origens e categorias.

Êxito. É confortável identificar o êxito das pesquisas de várias décadas em trabalhos de *head hunter* no universo da *Conscienciometria Invexológica* atual.

Jovem. Não podemos brigar com os fatos: eis, aqui, o resultado da Mentalsomática no jovem de 26 anos de idade, voluntário da *escola de vida* – o *Holociclo do CEAEC* –, exemplo bem-articulado de autovivência útil para os inversores e inversoras existenciais.

Surgimento. Esperamos o surgimento, daqui para a frente, de dezenas de outros jovens iguais, os rapazes e moças da *Comunidade Conscienciológica Internacional* abrindo novas formas de abordagem aos problemas evolutivos e humanos.

Técnicas. *Julio Almeida,* o jovem autor, terminando a pós-adolescência, acadêmico de Psicologia, soube se assenhorear das técnicas do conteúdo e da estilística da forma da Conscienciologia, com terminologia atualizada, buscando casá-las com as idéias inatas do próprio curso intermissivo, pré-ressomático, recente.

Valores. Não sendo abonado, diferente da média de fartura das gerações novas baldas de talentos, tal esforço de pesquisa e redação, despendido em apenas 24 meses, comprova os valores da vontade e da intenção, com autodiscernimento, para quem vê sentido nas prioridades cosmoéticas.

Obra. Sem dúvida, esta é apenas a primeira obra pessoal, tarefa do esclarecimento ou gestação consciencial, ainda na fase preparatória da existência, de quem pode oferecer muito mais, em futuro próximo, objetivando a assistencialidade interconsciencial e o autorrevezamento multiexistencial.

Lições. As lições sérias estão aí, não apenas as verpons escritas com argumentações práticas, mas principalmente o exemplarismo descomplicado, de completa honestidade intelectual, oferecido pelo inversor-autor, para se viver evolutivamente melhor, de modo a exaltar as cadeias psicodinâmicas de pensenes magnos, as *Qualificações da Consciência.* Será sempre inteligente segui-lo. Quem o fizer, não carpirá remorsos.

Waldo Vieira

Holociclo, Foz do Iguaçu, PR, Setembro de 2004.

Introdução

Definição. A *qualificação consciencial* é o ato ou efeito de qualificar as manifestações da consciência, conduzindo atributos, objetivos, práticas e resultados pessoais de patamares inferiores, vulgares ou comuns para níveis avançados ou mais evoluídos.

Sinonímia. Eis, na ordem alfabética do assunto, 11 áreas do universo da progressão sinonímica da *qualificação consciencial:*

01. **Domínio:** anticonflitividade; autodomínio crescente.
02. **Evoluciologia:** aperfeiçoamento da consciência; autoevolução qualitativa; evolução consciencial; qualificação cosmoética.
03. **Experimentologia:** avanço na teática das verpons.
04. **Holomaturologia:** investimento na holomaturidade; maturação da consciência; melhoramento íntimo; qualipensene.
05. **Holossomática:** amadurecimento holossomático.
06. **Intraconsciencialidade:** aprimoramento de si próprio; expansão dos atributos conscienciais; progresso intraconsciencial.
07. **Mentalsomática:** qualificação do discernimento pessoal.
08. **Pensenologia:** potencialização da ortopensenidade.
09. **Proexologia:** capacitação para a execução da proéxis.
10. **Rendimento:** dinamização dos rendimentos cosmoéticos pessoais; maximização dos desempenhos evolutivos.
11. **Resultados:** ampliação dos resultados sadios.

Antonímia. Eis, na ordem alfabética do assunto, 11 áreas do universo da progressão antonímica da *qualificação consciencial:*

01. **Domínio:** busca obsessiva por hegemonia.
02. **Evoluciologia:** abstencionismo antievolutivo.
03. **Experimentologia:** prática de princípios dogmáticos.
04. **Holomaturologia:** apologias à imaturidade.
05. **Holossomática:** degradação holossomática.
06. **Intraconsciencialidade:** estagnação dos atributos conscienciais; pioramento de si próprio; regressão intraconsciencial.
07. **Mentalsomática:** ignorantismo; obscurantismo.
08. **Pensenologia:** potencialização da patopensenidade.
09. **Proexologia:** atos predisponentes ao incompléxis.
10. **Rendimento:** anulação do rendimento consciencial; maximização dos desempenhos antievolutivos.
11. **Resultados:** ampliação dos rastros negativos.

Síntese. Há 1 megapensene trivocabular adequado para retratar o materpensene geral do assunto: – *Holomaturidade: discernimento qualificado.*

Reflexão. Neste livro generalista e sucinto, o leitor se sentirá predisposto a efetuar profundas reflexões a cada tópico ou parágrafo subintitulado.

Diálogo. Ler qualquer obra é dialogar, mentalmente, com quem a escreveu. Resta verificar sempre o nível de qualificação deste *diálogo transmental,* evocativo e complexo. Aqui, a proposta é o estudo da consciência, tornando o assunto, por si só, de grande validade para o nosso conhecimento.

Perquirição. Na composição deste livro manteve-se a liberdade de expressão pelo emprego de 5 fontes de dados, aqui listadas na ordem alfabética:

1. **Amparadores.** O apoio de conscins e consciexes amparadoras.
2. **Conscienciologia.** As informações presentes nos artefatos do saber da ciência Conscienciologia, acumuladas através do trabalho de pesquisadores independentes e Instituições Conscienciocêntricas (ICs).
3. **Experiências.** As experiências intra e extrafísicas, diretas, participativas, deste autor.
4. **Fatuística.** Os acontecimentos provenientes do *universo fatuístico* (fatos e parafatos) coletados por meio do cosmograma.
5. **Socin.** O acervo cultural, especializado, específico da ciência convencional ou fisicalista.

Página. Sem forçar o conteúdo, mas aderindo ao poder de síntese da forma, cada capítulo foi configurado em uma página, favorecendo a concisão estilística do texto e análise temática por parte do leitor ou da leitora.

Conceitos. Todas as seções, incluindo esta introdução, trazem inicialmente a definição do assunto, seguida das respectivas progressões sinonímicas e antonímicas capazes de ampliar a *visão de conjunto* sobre o *tema especificado* (V. **Vieira,** Waldo; ***Homo sapiens reurbanisatus;*** Foz do Iguaçu, PR; 2003; páginas 66 a 76, 128, 138 e 139).

Glossário. As definições dos conceitos, neologismos e expressões técnicas da terminologia conscienciológica não foram apresentadas no corpo do texto, sendo necessário ao leitor recorrer ao glossário, na parte final deste livro, a fim de diluir dúvidas.

Sínteses. Eis as palavras-chave capazes de sintetizar o conteúdo de cada qualificação, aqui enumeradas conforme a ordem das 14 seções apresentadas neste livro:

01. **Aproveitante:** utilitarismo; completude; proéxis.
02. **Recexológica:** enfrentamentos; renovações; superações.
03. **Invexológica:** expressividade; juventude; profilaxias.
04. **Convivencial:** grupalidade; holocarma; sensibilidade.
05. **Humorística:** ânimo; comédia; temperamento.
06. **Profissional:** dinheiro; profissão; trabalho.
07. **Afetiva:** emoções; interconsciencialidade; sentimentos.
08. **Sexossomática:** conduta; instintividade; sexualidade.
09. **Duplista:** casais; relacionamentos; vínculos.
10. **Assistencial:** amparo; cooperação; doação.
11. **Grafopensênica:** autorias; escrita; estilo.
12. **Parapsíquica:** energias; fenômenos; parapercepções.
13. **Exemplarista:** exemplos; modelos; referenciais.
14. **Libertária:** aprisionamentos; evoluciologia; libertação.

A QUALIDADE MEDIDA TÃO-SOMENTE PELA SATISFAÇÃO ÍNTIMA OU EFICÁCIA AO ALCANÇAR OBJETIVOS É INSUFICIENTE PERANTE A COSMOÉTICA.

Variáveis. Adotou-se, no total, 20 *variáveis qualificativas* – a rigor também qualificáveis – cada qual capaz de atribuir qualidade ou *agregar valor evolutivo* a qualquer ação da consciência. Tais variáveis foram aplicadas na condição de síntese (ao final de cada capítulo), conforme a seção abordada, aqui listadas na ordem alfabética e classificadas de acordo com as Especialidades da Conscienciologia:

01. **Assistência:** qualificação pela assistência. A ação recheada de auxílio interconsciencial útil – *Assistenciologia.*

02. **Autocrítica:** qualificação pela autocrítica. O investimento existencial permeado de autoquestionamentos – *Egocarmalogia.*

03. **Autorrevezamento:** qualificação pelo autorrevezamento. A tarefa bem entrosada multiexistencialmente – *Holorressomática.*

04. **Conhecimento:** qualificação pelo conhecimento. A expressão preenchida com a cultura evolutiva – *Mentalsomática.*

05. **Cosmoética:** qualificação pela Cosmoética. O empreendimento repleto de moral cósmica – *Cosmoética.*

06. **Cosmovisão:** qualificação pela cosmovisão. O comportamento construído pela visão de conjunto – *Cosmoconscienciologia.*

07. **Discernimento:** qualificação pelo discernimento. Os atos mergulhados na distinção dos fatos – *Mentalsomática.*

08. **Experiência:** qualificação pela experiência. As práticas submersas na vivência pessoal – *Experimentologia.*

09. **Fraternismo:** qualificação pelo fraternismo. As interações calcadas no afeto consciencial maduro – *Serenologia.*

10. **Intenção:** qualificação pela intenção. As expressões pessoais tomadas por escopos íntegros – *Pensenologia.*

11. **Lucidez:** qualificação pela lucidez. Os procedimentos ricos em limpidez mental – *Pensenologia.*

12. **Modéstia:** qualificação pela modéstia. As tendências fertilizadas pelo comedimento – *Egocarmalogia.*

13. **Neofilia:** qualificação pela neofilia. As adesões direcionadas pelas renovações inteligentes – *Recexologia.*

14. **Organização:** qualificação pela organização. As realizações fundamentadas tecnicamente – *Experimentologia.*

15. **Otimismo:** qualificação pelo otimismo. As iniciativas concentradas no otimismo realista – *Pensenologia.*

16. **Parapsiquismo:** qualificação pelo parapsiquismo. As tarefas embasadas na multidimensionalidade – *Parapercepciologia.*

17. **Prioridade:** qualificação pela prioridade. O movimento condicionado à inteligência evolutiva – *Holomaturologia.*

18. **Teática:** qualificação pela teática. Os esforços cobertos de coerência quanto ao melhor – *Experimentologia.*

19. **Universalismo:** qualificação pelo universalismo. As atuações versadas em pacifismo universal – *Serenologia.*

20. **Vontade:** qualificação pela vontade. As atividades extraídas do livre arbítrio inteligente – *Egocarmalogia.*

Composição. Além disso, o texto é composto, de maneira explícita e implícita (entrelinhas), de pelo menos 20 categorias de abordagens, abaixo enumeradas na ordem alfabética:

01. **Anotações:** notas de observação; registros de campo.

02. **Convites:** convocações; incentivos; provocações.

03. **Correlações:** analogias; associações de idéias; trocadilhos.

04. **Críticas:** análises; apreciações; juízos; julgamentos.

05. **Diagnósticos:** identificações; reconhecimentos.

06. **Discussões:** *brainstormings;* contras; prós.
07. **Experiências:** bagagem evolutiva; vivências pessoais.
08. **Fatos:** acontecimentos; ocorrências.
09. **Filosofia:** elaborações mentais; pensamentos; reflexões.
10. **Hipóteses:** conjecturas; pressuposições; probabilidades.
11. **Observações:** constatações; impressões; verificações.
12. **Pesquisas:** coleta de dados; investigações; perquirições.
13. **Práticas:** procedimentos; soluções; técnicas; utilidades.
14. **Proposições:** indicações; referências; sugestões.
15. **Questões:** indagações; perguntas; questionamentos.
16. **Ratificações:** confirmações; posicionamentos.
17. **Relatos:** descrições; narrações.
18. **Recomendações:** advertências; alertas; avisos.
19. **Teorias:** construções; especulações; idéias racionais.
20. **Testes:** avaliações; exames.

Pontoação. Eis, na ordem funcional, 21 pontoações ou totais numéricos (V. **Vieira,** Waldo; ***Homo sapiens reurbanisatus;*** Foz do Iguaçu, PR; 2003; página 28) a fim de fornecer maior visão de conjunto sobre o texto e contribuir com o detalhismo do leitor ou da leitora:

Tabela 1. **Pontoação das *Qualificações da Consciência***

01.	**Caracteres.** Fonte *Times New Roman,* total:	394.356
02.	**Palavras.** Total de unidades vocabulares:	64.702
03.	**Linhas.** Total:	11.059
04.	**Parágrafos.** Total de Parágrafos com subtítulos:	5.272
05.	**Seções.** Total das Seções numeradas (romanos):	14
06.	**Capítulos.** Total dos Capítulos numerados:	135
07.	**Páginas.** Total das Páginas numeradas:	260
08.	**Definições.** Total dos constructos explicitados:	34
09.	**Sinonímia.** Sinônimos ou progressões sinonímicas:	34
10.	**Antonímia.** Antônimos ou progressões antonímicas:	34
11.	**Especialidades.** Total de análises por especialidade:	74
12.	**Questionologística.** Total das questões propostas:	76
13.	**Enumerologia.** Listagens enumeradas:	111
14.	**Frases Enfáticas.** Sínteses destacadas de 4 linhas:	67
15.	**Pensenes.** Total de magapensenes trivocabulares:	10
16.	**Tabelas.** Total das Tabelas:	2
17.	**Referências Resumidas no Texto.** Entre parênteses:	80
18.	**Bibliografia Específica Exaustiva.** Total dos itens:	403

19.	**Subtemas Bibliográficos.** Total dos títulos listados:	117
20.	**Glossário da Conscienciologia.** Total das entradas:	210
21.	**Índices.** Total dos assuntos listados:	1.695

Heterocríticas. Com o intuito de *compreender mais* para *melhor auxiliar,* este autor espera receber providenciais heterocríticas sobre a presente obra, condição *sine qua non* para constituir a verdade relativa de ponta – o caminho ideal para evoluirmos na Terra através da Holomaturologia.

O Autor

julioalmeida@cybermais.net

I

APROVEITAMENTO

01. QUALIFICAÇÃO APROVEITANTE

Definição. A *qualificação aproveitante* é o ato de qualificar os proveitos da consciência, atribuindo maior qualidade ao usufruto das oportunidades evolutivas e tornando úteis os recursos disponíveis de acordo com a Cosmoética.

Sinonímia. Eis, na ordem alfabética do assunto, 10 áreas da progressão sinonímica da *qualificação aproveitante:*

01. **Completude:** compléxis; qualificação completista.
02. **Evoluciologia:** aproveitamento do melhor; atos rendosos à evolução; atribuir *valor consciencial;* inteligência evolutiva.
03. **Exploração:** exploração cosmoética de condições.
04. **Holossomática:** emprego eficaz do holossoma.
05. **Oportunidade:** sagacidade cosmoética; usufruto de oportunidades evolutivas; valorização da existência humana.
06. **Potencial:** emprego qualificado de potencialidades.
07. **Proveitos:** aperfeiçoamento dos proveitos pessoais.
08. **Tempo-espaço:** aproveitamento do momento evolutivo; autoconsciência multidimensional; vivência sadia do tempo-espaço.
09. **Utilidade:** utilitarismo pessoal atacadista.
10. **Vantagens:** *levar vantagens cosmoéticas.*

Antonímia. Eis, na ordem alfabética do assunto, 10 áreas da progressão antonímica da *qualificação aproveitante:*

01. **Completude:** descontinuísmo; *inacabativa;* incompletismo.
02. **Evoluciologia:** aproveitamento do pior; atos antagônicos à evolução; autofossilização; imobilidade; inoperância.
03. **Exploração:** exploração interconsciencial anticosmoética.
04. **Holossomática:** autodegradação holossomática.
05. **Oportunidade:** desvalorização de si mesmo; fuga de oportunidades evolutivas; sagacidade espúria; subaproveitamento.
06. **Potencial:** acidentes de percurso comprometedores; esbanjamentos irracionais; potencialidades desperdiçadas.
07. **Proveitos:** auto-sucateamento; preguiça; pusilanimidade.
08. **Tempo-espaço:** culpa; mágoas; nostalgia; rancores; reincidência anticosmoética; remorsos; saudosismo.
09. **Utilidade:** produções inutilizáveis; varejismo pessoal.
10. **Vantagens:** autoboicote; autodesvantagens; sabotagem a si próprio; subnível consciencial.

02. CRONÊMICA

Definição. O *secundário* é a condição de menor importância, inútil no momento evolutivo em curso.

Sinonímia: segundo grau; condição complementar; acessório.

Antonímia: essencial; prioridade; condição determinante.

Enfrentamentos. Dentro da *Paracronologia,* é impraticável a consciência desviar-se da imposição de 2 enfrentamentos:

1. **Passado.** Lidar hoje com resultados de escolhas passadas.
2. **Futuro.** Lidar hoje com escolhas de resultados futuros.

Observações. Tornam-se oportunas neste contexto, pelo menos 3 observações lógicas, listadas na ordem natural:

1. **Retrospecções.** Atentar-se aos acertos, êxitos e completudes do passado é iminência de aproveitamentos evolutivos. Rejeitar tropeços pretéritos, desprezando erros, fracassos e omissões deficitárias é iminência de automimese, sinal de pouca inteligência (V. **Exame; *Lições do Fracasso;*** Revista; São Paulo, SP; 24.03.99; páginas 127 e 128). Por outro lado, ruminar fatos obsoletos é assediar-se.
2. **Anacronismo.** Perde tempo quem busca mudar o passado, valendo mais o empenho para melhorar o presente por intermédio de auto e hetero-análises. Desconsiderar heterocríticas recebidas é esbanjamento. Não ponderá-las é ingenuidade.
3. **Produtividade.** Ganha tempo quem se abstém das circunstâncias fúteis e ocupa o dia com ações produtivas para si e aos demais, intensificando o rendimento evolutivo pessoal.

PARA O CIDADÃO COMUM DA MASSA HUMANA IMPENSANTE, ESCRAVIZADO AO CALENDÁRIO GREGORIANO, A SEMANA ALCANÇA, EM GERAL, 5 DIAS ÚTEIS.

Utilidade. No universo da *Evoluciologia,* no entanto, todos os dias e noites são úteis para a pessoa desperta multidimensionalmente.

Teste. Aqui, o leitor pode se questionar: – Qual é o tempo médio perdido entre minhas ações úteis? Ainda *cultuo* o inútil?

Minutismo. A conscin somente alcança o *equilíbrio consciencial* quando consegue viver cada minuto com discernimento maduro.

03. ANTIDESPERDÍCIOS

Arbítrio. Frente à *Experimentologia,* em virtude do livre-arbítrio pessoal, as manifestações da consciência estão sujeitas, de modo permanente, a duas inevitáveis contingências:

1. **Modelo.** O modelo mais indicado quanto à evolução consciencial pode ser, ou não, tomado como exemplo a ser seguido. Pouco adianta viver ao lado do Serenão sem procurar aproveitar a exemplificação madura desta consciência.

2. **Reação.** Diagnosticar o subnível de determinados desempenhos pessoais pode, ou não, implicar em reação pela melhoria de traços entrópicos através da recin. Diagnóstico ainda não é solução.

Condições. Existem pessoas vivendo em verdadeiros *oásis,* com *instrumentação somática integral* e cercadas das melhores condições necessárias para terem vida produtiva.

Desperdício. Porém, não raro, vivem como se estivessem no *campo de batalha da picuinha,* envoltas em insanidades das mais diversas naturezas, desperdiçando as oportunidades recebidas.

O IDEAL DE VIDA ESCOLHIDO POR MUITAS PESSOAS É A ESTAGNAÇÃO. DEFENDEM O PIOR E, DEPOIS, APÓS A VIDA, PAGAM PREÇO ALTO: A MELEX.

Empecilho. O megatraf*ar* não deve ser considerado apenas sob a ótica da dificuldade em transpô-lo, mas sobretudo pelo quanto impede os aproveitamentos evolutivos da consciência.

Teste. Neste ponto, cabe ao leitor se perguntar: mudaria algo, daqui em diante na minha vida, se eu conseguisse hoje eliminar de fato o meu megatraf*ar*?

Autocrítica. Caso a resposta aponte para a ausência de mudanças substanciosas, talvez o traf*ar* analisado não se constitua tão relevante assim, ou então porque a autocrítica do leitor ainda não alcança nível de profundidade realisticamente eficaz.

Assistência. Na assistência, cabe considerar sempre: a autoridade moral do emissor e o aproveitamento do receptor.

04. DISTINÇÕES TEÁTICAS

Distinção. Vale a pena consultar os dicionários para diluir dúvidas e dinamizar a teática pessoal. Urge identificarmos, por exemplo, a diferença entre as características de determinadas teorias e práticas no universo de 30 pares de conceitos, aqui listados na ordem alfabética do primeiro termo, o mais positivo:

01. **Abnegação / Fanatismo.**
02. **Agilidade / Ansiedade.**
03. **Antimaterialismo / *Anti-realidade.***
04. **Autenticidade / Precipitação.**
05. **Autocontrole / Auto-repressão.**
06. **Autocrítica / Autoculpa.**
07. **Autodisciplina lúcida / Autodisciplina monoideísta.**
08. **Autoridade / Autoritarismo.**
09. **Bom humor / Escárnio.**
10. **Comedimento / Inflexibilidade.**
11. **Concisão / Omissão.**
12. **Contentamento / Acomodamento.**
13. **Desrepressão / Libertinagem.**
14. **Detalhismo / Perfeccionismo.**
15. **Emoções dominadas / Emoções reprimidas.**
16. **Espontaneidade / Impulsividade.**
17. **Exaustividade / Antissomática.**
18. **Franqueza / Deseducação.**
19. **Heterocrítica / Cultura trafarística.**
20. **Ideal / Utopia.**
21. **Melhor / Gostoso.**
22. **Obstinação / Obsessão.**
23. **Perseverança / Teimosia.**
24. **Personalidade forte / Auto-imposição.**
25. **Propor / Impor.**
26. **Reconhecimento / Elogio.**
27. **Serenidade / Apatia.**
28. **Seriedade / Mau humor.**
29. **Sincronicidade / Determinismo.**
30. **Taquipsiquismo / Apriorismo.**

Diferença. Aqui, cabe ao leitor se perguntar: sei a diferença entre a crise de crescimento e a melin quanto ao desvio na proéxis?

05. Valorizações e Interesses

Valorizações. A vivência salutar dos aproveitamentos conscienciais passa, necessariamente, pela valorização dos recursos disponíveis, ao modo destes 10, dispostos na ordem alfabética:

01. **Companhias.** *Valorização* das companhias sadias.
02. **Conhecimento.** *Valorização* do conhecimento pessoal.
03. **Corpo.** *Valorização* do corpo humano vitalizado.
04. **Críticas.** *Valorização* das heterocríticas recebidas.
05. **Dinheiro.** *Valorização* do dinheiro adquirido.
06. **Espaço.** *Valorização* do espaço disponível e ocupado.
07. **Função.** *Valorização* da função assistencial exercida.
08. **Oportunidades.** *Valorização* das boas oportunidades.
09. **Posição.** *Valorização* da posição assistencial ocupada.
10. **Tempo.** *Valorização* do tempo disponível e vivido.

Complementaridade. Conforme cresce a visão de conjunto e se aprimora a polivalência pessoal, alarga-se o talento para levar de eito os esforços em prol da dinamização dos interesses em campos diversos, ao modo destas 15 complementaridades:

01. **Parapsiquismo.** *Interesse* pelo parapsiquismo e escrita.
02. **Escrita.** *Interesse* pela escrita e pela pesquisa.
03. **Pesquisa.** *Interesse* pela pesquisa e pela profissão.
04. **Profissão.** *Interesse* pela profissão e pela assistência.
05. **Assistência.** *Interesse* pela assistência e pelo soma.
06. **Soma.** *Interesse* pelo soma e pelo mentalsoma.
07. **Mentalsoma.** *Interesse* pelo mentalsoma e pela matéria.
08. **Materiologia.** *Interesse* pela materiologia e pela energia.
09. **Energia.** *Interesse* pela energia e pela comunicação.
10. **Comunicação.** *Interesse* pela comunicação e pela reflexão.
11. **Reflexão.** *Interesse* pela reflexão e pelos atos.
12. **Atos.** *Interesse* pelos atos e pela perseverança.
13. **Perseverança.** *Interesse* pela perseverança e pela vivência.
14. **Vivência.** *Interesse* pela vivência e pela renovação.
15. **Renovação.** *Interesse* pela renovação e pela completude.

Desperticidade. A partir dos 40 anos de idade (meia-idade), a conscin pode fixar definitivamente a *eterna adolescência* pessoal ou, por outro lado, encaminhar definitivamente a condição de ser desperto, evidenciando o nível de aproveitamento de cada faixa etária.

06. PROÉXIS

Rendimento. Atinente à *Proexologia,* viemos à vida humana com o propósito de empregar satisfatoriamente as energias pessoais dentro do tempo (cronêmica) e do espaço (proxêmica), a favor do rendimento consciencial máximo conforme o momento evolutivo.

Compromissos. A programação intrafísica é constituída pelo conjunto de compromissos quanto aos atributos a serem empregados e desenvolvidos, relações a serem ajustadas e tarefas a serem realizadas durante a existência intrafísica da conscin.

Analogismo. O vento entrante pela janela da frente e saidor pela janela dos fundos pode tanto limpar quanto destruir a casa por dentro. Isso resume, no sentido figurado, os extremos do melhor e pior aproveitamento da vida pela conscin.

NA PROÉXIS, A PESSOA EXECUTA, INTRAFISICAMENTE RESTRINGIDA, O PLANEJADO PELA CONSCIÊNCIA EXTRAFISICAMENTE EXPANDIDA.

Prioridade. Tarefas realizadas valem mais em comparação aos anos vividos. O exercício eficaz da proéxis é sempre a prioridade perante a efemeridade das vaidades humanas transitórias.

Essência. Para alcançar o compléxis não é preciso completar tudo, mas pelo menos o essencial da planificação prioritária.

Balanço. O balanço existencial extrafísico pode decretar a euforex ou a melex. Depende da qualificação aproveitante em vida.

Cordialidade. Para muitas pessoas, executar o plano de vida se resume em cumprimentar educadamente os amigos e saber o máximo sobre a vida deles (sociosidade).

Técnicas. Contudo, eis 1 empreendimento existencial válido para qualquer conscin: desenvolvimento de técnicas para a produção e aplicação de conhecimentos úteis à evolutividade.

Felicidade. A real felicidade, duradoura e de fato útil, não mantém relação somente com a qualidade de vida intrafísica, mas sobretudo em virtude da qualificação do desempenho na proéxis.

Questão. Afinal, alguém conseguiria ser realmente feliz a caminho do incompléxis?

07. Qualificativos do Aproveitamento

Qualificativos. De acordo com a *Holomaturologia,* existem pelo menos 10 *variáveis qualificativas* dos aproveitamentos da consciência de modo geral, a serem empregadas como orientação ou *checklist,* aqui listadas na ordem alfabética:

01. **Assistência.** A vida humana é a *bolsa de valores* onde investir na Assistenciologia, sem almejar dividendos econômicos, é ganhar conscienciahnente e aproveitar melhor a seriéxis.

02. **Cosmoética.** O sentido de *aproveitar a vida* para determinada conscin pode significar o oposto para outra. A Cosmoética faz sempre a diferença nas escolhas.

03. **Cosmovisão.** Cabe ao leitor se questionar: qual o traço-força de importância prioritária para minha proéxis e evolução? O evoluciólogo do meu grupo evolutivo e o Cosmos já usufruem de algum resultado deste trafor?

04. **Discernimento.** Ponteiro da consciência predominando sobre o *pen* dos pensenes, através da vontade.

05. **Experiência.** Devido ao grau de auto e heteroconhecimento alcançados, as experiências pessoais oferecem subsídios para a nomeação das necessidades de resolução prioritária. Perscrutar a extrafisicalidade é vasculhar os recantos da própria moradia.

06. **Intenção.** A boa intenção é o determinante da diferença entre o aproveitamento cosmoético e o aproveitador espúrio.

07. **Lucidez.** Cada *minuto* vivido pode conter *mil horas* de experiências libertárias. A lucidez no minuto vivido é prioritária sobre o minuto seguinte, pois pode eliminá-lo ou dinamizá-lo.

08. **Organização.** Englobando desde o universo rudimentar das ações intrafísicas do animal humano, até a complexa e avançada intimidade das expressões pensênicas do *ser holossomático,* a auto-organização evolutiva é plenamente aplicável e faz sobrevir, como sinalizam os fatos, os requisitos da desperticidade.

09. **Prioridade.** Ajustamento quanto à proxêmica e cronêmica prioritárias na execução da proéxis. Os interesses variados, inclusive quando conjugados entre si, não excluem as prioridades sensatas, o megafoco ou a bússola consciencial, empregadas conforme o momento evolutivo.

10. **Vontade.** Ver somente o problema vivido (pessimismo) não permite enxergar a solução da qual precisa (otimismo). Sair do *fundo do poço* é o primeiro passo para longa e exitosa caminhada.

II

Recexibilidade

08. QUALIFICAÇÃO RECEXOLÓGICA

Definição. A *qualificação recexológica* é o ato ou efeito de qualificar as reciclagens existenciais, atribuindo maior qualidade às renovações evolutivas em oposição ao *engessamento pessoal.*

Sinonímia. Eis, na ordem alfabética do assunto, 10 áreas da progressão sinonímica da *qualificação recexológica:*

01. **Cosmoética:** ajuda interconsciencial pacifista; neoinvestimentos cosmoéticos.
02. **Evoluciologia:** aperfeiçoamento das auto-renovações; auto-revigorações para melhor.
03. **Experimentologia:** neovivências libertárias; qualificação das renovações existenciais.
04. **Holocarmalogia:** *auto-acerto de contas evolutivo.*
05. **Holomaturologia:** superação do subcérebro abdominal.
06. **Holossomática:** reeducação holossomática.
07. **Mentalsomática:** aprimoramento das reperspectivações pessoais; reemprego dos atributos conscienciais.
08. **Paracronologia:** recuperação do *tempo perdido.*
09. **Pensenologia:** reconstrução do materpensene pessoal.
10. **Proexologia:** qualificação executiva da proéxis.

Antonímia. Eis, na ordem alfabética do assunto, 10 áreas da progressão antonímica da *qualificação recexológica:*

01. **Cosmoética:** enfrentamento interconsciencial beligerante; investimentos espúrios repetidos.
02. **Evoluciologia:** anti-recéxis; autocomplacência; estagnação antievolutiva; *intraconsciencialidade intocável.*
03. **Experimentologia:** ausência de atos pró-evolução.
04. **Holocarmalogia:** persistência nos erros grupais; submissão às vontades alheias.
05. **Holomaturologia:** fracasso no emprego da razão.
06. **Holossomática:** bloqueios holossomáticos continuados.
07. **Mentalsomática:** anarquia existencial; neofobia.
08. **Paracronologia:** desperdício do tempo; férias permanentes; *futilidades diuturnas.*
09. **Pensenologia:** materpensene automimético; poluição do holopensene pessoal.
10. **Proexologia:** aceleração do incompléxis.

09. Evitações Estagnantes

Evitações. Há evitações superavitárias, inteligentes ou calcadas no bom senso. Existem, por outro lado, verdadeiros desperdícios de oportunidades patrocinados pelas evitações deficitárias.

Desassédio. O interesse consciente pelo sadio é refletido na postura de não se evitar pelo menos 13 condições favoráveis ao desassédio pessoal:

01. **Agentes.** Eliminar agentes de patopensenidade.
02. **Ambientes.** Procurar locais catalisadores da Cosmoética.
03. **Bem.** Querer efetivamente o bem para todos.
04. **Companhias.** Procurar companhias equilibradas.
05. **Energias.** Mobilizar as energias conscienciais.
06. **Fisiologia.** Atender às necessidades fisiológicas básicas.
07. **Organização.** Organizar o ambiente onde reside.
08. **Prioridade.** Aderir à prioridade do momento.
09. **Razão.** Ativar os atributos da razão.
10. **Reconciliações.** Procurar reconciliações pendentes.
11. **Reflexão.** Parar para refletir profundamente.
12. **Renovação.** Enfrentar a renovação evolutiva.
13. **Soluções.** Estudar as soluções das quais precisa.

A RIGOR, A REAL GARANTIA DE AUTODEFESA EXISTENTE É A CONDUTA PESSOAL INCORRUPTÍVEL PERANTE A COSMOÉTICA.

Ranço. Existem indigentes com sorrisos *de orelha à outra*, e abastados com lágrimas *dos olhos ao pescoço.* No entanto, a conscin pode dispensar pelo menos 3 posturas irracionais alimentadas pelo *ranço religioso* multimilenar da humildade:

1. **Pobreza.** Praticar *voto de pobreza,* permanecendo financeiramente desprovido para demonstrar antimaterialismo.
2. **Desasseio.** Ser relaxada com a higiene pessoal e com o ambiente onde vive para demonstrar *antivaidade.*
3. **Vitimização.** Entregar-se ao choro, à culpa e às lamentações para provar a si mesma a condição de *vítima do Cosmos.*

10. AUTO-ENFRENTAMENTO

Imposição. Cada nova vida, por si só, impõe *reciclagem forçada* para a consciência dentro do próprio nível evolutivo.

Aquisições. A consciência adquire, por exemplo, novo soma, nova genética e corpo energético (energossoma), além de, em geral, nova família, novo lar e nova cidade.

Voluntária. Contudo, cada novo dia pode pontuar a *reciclagem voluntária* conforme o emprego da vontade pessoal.

Dia. As realizações evolutivas de 1 dia na cronêmica, podem conter *mil anos* no conteúdo. Depende da motivação aliada à neofilia da conscin interessada em abrir mão do secundário e, quanto nates, aderir ao prioritário da nova proéxis na atual vida.

Planetas. Existem planetas menos e mais evoluídos em comparação à Terra. Certamente, existirão ainda por muito tempo. Os nossos *grandes problemas* ficam *pequenos tropeços* neste instante.

Iniciativa. Perde tempo quem tenta evoluir pelos outros, ao contrário de quem os permite evoluir. Com isso, constatamos: o passo evolutivo substancioso nasce sempre da iniciativa individual, tornando o ato heteroimpositivo sempre autocorrupção.

Auto-enfrentamento. Renovação íntima pode não precisar de revolução coletiva, somente de auto-enfrentamento. Existem revoluções barulhentas e outras silenciosas.

Revoluções. A *revolução íntima,* mais silenciosa, pela reciclagem consciencial, é mais relevante porque pode efetuar-se antes das *revoluções do grupo* evolutivo (V. **Salles,** Rosemary; ***Consciência em Revolução;*** Rio de Janeiro, RJ; 2003; página 132).

Megatrafor. A superação dos desafios impostos pela reciclagem consciencial é dinamizada através do seguinte megatrafor: interesse franco pela evolutividade (Inteligência Evolutiva).

Eclosão. A auto-reciclagem é a eclosão evolutiva nascida da implosão intraconsciencial (V. **Guzzi,** Flavia; ***Mudar ou Mudar: Relatos de uma Reciclante Existencial;*** Rio de Janeiro, RJ; 2000; página 88).

Profundidade. As reciclagens substanciais não vigoram sobre as mudanças fáceis, mas sobre aqueles traços atravancadores mais arraigados, ou seja, as renovações mais profundas e difíceis.

Teste. O leitor pode se perguntar: a vitimização ainda é constante no teor de minhas *desculpas esdrúxulas?* Ainda sofro da dependência de terceiros para vivenciar a Cosmoética em minhas pensenizações? Diminuir o *egão* só faz crescer a consciência.

11. ANTI-RECICLAGEM

Passo. Para muitas pessoas, o mais difícil não é dar o passo à frente na evolução, mas deixar o estado menos evoluído para trás. Entretanto, não há jeito de caminhar sem abandonar os passos anteriores.

Dilema. A sensatez consciencial se sustenta no seguinte dilema: enfrentar a si mesmo por vontade de acertar ou fugir por medo de errar, permanecendo assim sem renovações concretas.

Antagonismo. Eis 5 traf*a*res corrosivos da própria personalidade, antagônicos a qualquer reciclagem intraconsciencial para o emprego expansivo das potencialidades pessoais:

1. **Artista.** O antitecnicismo do artista psicossomático.
2. **Belicista.** O antiuniversalismo do belicista irredutível.
3. **Ego.** A anticoncessão do egocêntrico inexperiente.
4. **Preguiçoso.** A antivivacidade do preguiçoso ergofóbico.
5. **Religioso.** O antiparapsiquismo do religioso ortodoxo.

QUANDO A PESSOA ADULTA ADQUIRE A AUTOCONSCIENTIZAÇÃO MULTIDIMENSIONAL, DEIXA DE SER MERA CRIANÇA GRANDE *OU* CONSCIÊNCIA MIMADA.

Crise. A crise patrocinada pelo vazio da estagnação é sempre pior comparada à crise da auto-reciclagem, especialmente se levadas em conta duas relações referentes à capacidade de a pessoa *mascarar* a própria realidade:

1. **Fuga.** O empreendimento difícil pode se tornar fácil por ser mera fuga.
2. **Enfrentamento.** O empreendimento fácil pode se tornar difícil por ser grande auto-enfrentamento desassediador.

Insegurança. A repetição de vidas pelas automimeses dispensáveis pode evidenciar as mais enraizadas inseguranças. Enquanto a consciência reprisa o pueril do próprio passado, *fugit inreparabile tempus.*

12. Reciclagem Espacial

Definição. A *reciclagem espacial* é a migração ou fase de troca de base física da conscin, para outra localidade supostamente mais otimizada quanto às oportunidades evolutivas, promovendo assim maior produtividade nas vivências dentro da proéxis.

Sinonímia: 1. Mudança de base física; reciclagem geográfica; transição residencial. 2. Nomadismo consciencial sadio.

Antonímia: 1. Fixação espacial. 2. *Conscin inarredável; criação de raíz.* 3. Síndrome do Estrangeiro. 4. *Pululância vã.*

Cultura. A *cultura engessante* absorvida do local onde se nasce e se vive por muito tempo pode ser obstáculo difícil, mas transponível, para a primeira mudança radical de base física.

Amadurecimento. A idéia de mudança pode ir *amadurecendo* gradativamente ou ser planejada ao longo do tempo, conforme a consciência adquire mais experiência e certeza a respeito do real destino almejado para si. Pode ser também repentina.

Holopensene. O local de moradia ideal para a conscin pode ser na cidade média ou pequena, sem contar com a estrutura, atrativos e possibilidades oferecidas pela megalópole, contudo sendo altamente qualificada quando considerado o nível das companhias, o trabalho realizado e o holopensene prevalecente neste meio.

Adiamento. Retardar a mudança pode representar mecanismo de defesa ao adiar para amanhã as responsabilidades já possíveis de serem atendidas hoje.

Antecipação. Por outro lado, acelerar a mudança pode evidenciar ansiedade patológica da conscin mal situada no tempo.

Pensenidade. Porém, cabe frisar: o verdadeiro lar da consciência fica no âmago da autopensenidade, conforme a maior ou menor qualificação da intenção e do emprego da vontade pessoal.

Autocorrupção. Autocorrupção é atribuir à localidade onde se reside presentemente a causa para os traf*ar*es íntimos, na tentativa de eximir-se da responsabilidade pela própria evolução.

Centrífuga. Viver em local otimizado não é tudo. A conscin continua com o essencial da proéxis fadado a sair de dentro de si.

Qualidade. A qualidade das realizações em certo lugar importa mais se comparada ao tempo de permanência neste local.

Melhor. O inteligente é fazer sempre o melhor, não importando onde esteja ou onde deveria estar.

13. QUALIFICATIVOS DA RECÉXIS

Qualificativos. Pelos conceitos da *Holomaturologia,* existem pelo menos 10 *variáveis qualificativas* das reciclagens, de modo geral, a serem empregadas como orientação ou *checklist,* aqui listadas na ordem alfabética:

01. **Assistência.** A reciclagem existencial é a mudança de intenções referentes aos desempenhos humanos, passando do predomínio egocármico para o predomínio policármico.

02. **Autocrítica.** A constante revisão das convicções pessoais mais arraigadas qualifica a autopensenidade e expande as auto-reciclagens. Os erros pessoais sempre devem ser admitidos pela autocrítica, mas jamais aceitos pela reincidência.

03. **Conhecimento.** Quando o autoconhecimento chega ao estágio profundo da autocrítica incorruptível, é capaz de encantoar a consciência forçando-a naturalmente a tomar *decisões melhores* por falta de opções. Daí nascem as reciclagens existenciais substanciosas.

04. **Cosmovisão.** A visão mais abrangente do universo de atuação da conscin lhe permite redirecionar ou reciclar todos os objetivos e ações de vida, partindo da ponderação sobre as verdadeiras necessidades existenciais.

05. **Fraternismo.** Enquanto dominada pela beligerância íntima e interconsciencial, a conscin perde a oportunidade de viver mais feliz com a inteligência evolutiva.

06. **Intenção.** A qualificação das reciclagens pessoais começa pelo entendimento do papel das intenções pessoais no curso produtivo ou estéril da vida.

07. **Neofilia.** Quanto mais evolui a consciência, mais se tornam sutis e atravancadoras as automimeses dispensáveis.

08. **Parapsiquismo.** A vida do ser humano começa e termina na intrafisicalidade. A consciência se eterniza na extrafisicalidade. Sem o parapsiquismo, toda reciclagem se torna mais difícil.

09. **Prioridade.** A reciclagem intraconsciencial transforma o *zero à esquerda* em muitos *zeros à direita* quanto à recuperação de cons e ao aproveitamento cosmoético das potencialidades pessoais. Depende do nível de priorização do interessado.

10. **Vontade.** Toda consciência há de estar sempre procurando a mudança positiva (neofilia). Em muitos casos, ficar *parado é fugir.*

III

INVEXIBILIDADE

14. QUALIFICAÇÃO INVEXOLÓGICA

Definição. A *qualificação invexológica* é o ato ou efeito de qualificar a prática da inversão existencial, atribuindo maior qualidade aos desempenhos do inversor em prol da execução da proéxis.

Sinonímia. Eis, na ordem alfabética do assunto, 10 áreas da progressão sinonímica da *qualificação invexológica:*

01. **Assistenciologia:** investimento permanente nas gestações conscienciais; práticas assistenciais crescentes.
02. **Experimentologia:** aperfeiçoamento da prática da invéxis; execução qualificada da invéxis; investimento na verbação.
03. **Holomaturologia:** antecipação da holomaturidade.
04. **Intermissividade:** teática do curso intermissivo.
05. **Liberdade:** bom aproveitamento da liberdade de expressão; multidimensionalidade vivida; responsabilidade evolutiva.
06. **Mentalsomática:** autodidatismo especialista-generalista; erudição semeada ao longo da vida; superdotação prioritária.
07. **Paraprofilaxia:** profilaxias através do discernimento.
08. **Prioridade:** opção pela maxiproéxis grupal.
09. **Proexologia:** atos no fluxo da fase executiva; caminho para a execução eficaz da proéxis; priorizações inteligentes.
10. **Verpon:** verbação precoce da verpon.

Antonímia. Eis, na ordem alfabética do assunto, 10 áreas da progressão antonímica da *qualificação invexológica:*

01. **Assistenciologia:** egoísmo antiassistencial.
02. **Experimentologia:** deturpação da invéxis; estagnação na prática da invéxis; *hiperteorizações;* subnível invexológico.
03. **Holomaturologia:** eterna adolescência; imaturidade pessoal; infantilismo; porão consciencial prolongado.
04. **Intermissividade:** ausência de curso intermissivo.
05. **Liberdade:** caminho da *prisão perpétua;* castração da vida multidimensional; liberalidade inconseqüente; sectarismo.
06. **Mentalsomática:** apologia ao ignorantismo.
07. **Paraprofilaxia:** profilaxias negligenciadas; vida relapsa.
08. **Prioridade:** automimese vã; miniproéxis; vitimização.
09. **Proexologia:** boicote da fase executiva; caminho para o incompléxis; recéxis; *sacar contra o futuro.*
10. **Verpon:** combate às verdades relativas de ponta.

15. Precauções Somáticas

Holomaturidade. Priorizar o emprego do mentalsoma não significa alienação do soma. Pelo contrário, a conscin com autodiscernimento elevado investe na holomaturidade: além de estar atenta para o equilíbrio energossomático, emocional e mental, também está alerta para a higidez do *pensenedor-mor,* o soma.

Invéxis. A técnica da invéxis não exclui os cuidados capazes de favorecer a homeostase orgânica de quem a pratica. Assim como antecipar o exercício assistencial, a invéxis requer do jovem a antecipação do zelo da própria saúde somática, em medida preventiva ou profilática.

Efeitos. Monitorar o funcionamento do próprio organismo biológico é postura oposta à cultura do combate aos efeitos, condição ainda predominante em nossa *sociedade remediadora.*

Prevenção. Muitas doenças físicas vividas pelas pessoas de idade relativamente avançada poderiam ser prevenidas na fase da juventude, através da disciplina e incorruptibilidade pessoal.

Tabagismo. O tabagismo, por exemplo, é, já há algum tempo, a maior causa de doença e morte prevenível no mundo, segundo a Organização Mundial de Saúde (OMS). Por exemplo, a maioria dos cânceres pulmonares são descobertos em estágio avançado, tornando a cura improvável (Ano-base: 2003).

Espera. Entretanto, a maior parte das pessoas deixam ou esperam os sintomas das doenças surgirem para tomar alguma providência em prol da própria saúde, infelizmente às vezes tarde demais. Cabe aqui lembrar o fato: todo alcoólatra algum dia bebeu em condições apenas sociais (beber socialmente).

Idade. A conscin não precisa esperar a velhice chegar para iniciar a administração lúcida da saúde do próprio corpo humano. Pode começar já pela evitação do sedentarismo físico e mental.

Sintomas. Existem inúmeras doenças assintomáticas, passíveis de serem identificadas de início ou o mais cedo possível, através dos *checkups* profiláticos.

Proéxis. O principal objetivo dos cuidados com a saúde somática é exatamente predispor maior qualidade de vida ao inversor, homem ou mulher, durante a fase executiva da proéxis.

Saúde. Contudo, monitorar a saúde não é sinônimo de hipocondria. A *saúde física* está para a conscin assim como a *saúde pensênica* está para a consciência.

16. ANTISSOMÁTICA

Ambigüidade. Eis 2 aspectos capazes de explicitar a ambigüidade quanto à valorização da vida:

1. **Prolongamento.** A pessoa idosa, doente, buscando prolongar a própria vida através de cirurgia.
2. **Encurtamento.** A pessoa jovem, saudável, encurtando a duração da própria vida através do uso de drogas.

Incoerência. Há quem *aproveite a vida* destruindo-a, e quem *cultue o corpo* arriscando-o. A doença mental geralmente transcende os hemisférios cerebrais. Os assediadores humanos vampirizam na vigília física ordinária e extrafisicamente projetados.

Invalidez. Os danos à saúde do viciado vão progressivamente reduzindo a qualidade de vida, chegando a níveis extremos – por exemplo, de invalidez – até provocar a dessoma.

Atos. Eis, entre outras, 5 posturas caracterizadoras da *ilusão pseudossolucionadora* dos vícios humanos destrutivos:

1. **Sentido.** *Correr* em velocidade máxima no sentido errado e sem ponto de chegada.
2. **Círculo.** Percorrer a maior distância em círculo fechado.
3. **Digestão.** Fazer a ingestão prazerosa, contudo corrosiva para o corpo, desde a entrada pela boca.
4. **Prazer.** Vivenciar 1 prazer anulador de outros tantos.
5. **Melancolia.** Experimentar a euforia predisponente a 10 melancolias.

Inversão. A superação do vício pode partir da *inversão qualitativa* quanto às atitudes motivadoras do próprio vício, por exemplo, estas 3:

1. **Lucidez.** Quando aderiu pela vontade de vivenciar estado de *alucinação momentânea,* também é capaz de abandonar pela vontade de vivenciar o estado de *lucidez permanente.*
2. **Amizades.** Quando aderiu pela influência de *más companhias* intrafísicas, também é capaz de abandonar através da influência de *companhias sadias* na intrafisicalidade.
3. **Consciexes.** Quando aderiu pela interferência de *consciexes assediadoras*, também é capaz de abandonar buscando a intervenção de *consciexes amparadoras.*

17. MEDO DE ERRAR

Definição. O *medo de errar* é a condição na qual a pessoa não consegue lidar de modo racional, realista e sadio com a imperfeição do próprio microuniverso consciencial.

Sinonímia: 1. Errofobia. 2. Conscin insegura; *conscin timorata.* 3. Ansiedade; apriorismo; decidofobia.

Antonímia: 1. Acerto; conscin corajosa. 2. Economia de males; sensatez.

Feedback. Quem se vangloria ao receber o elogio sedutor tende a sofrer melancolia ao receber a crítica precisa, esclarecedora e terapêutica. A intensidade das reações variam de acordo com o critério de avaliação pessoal predominante (autocrítica) e o *nível de profundidade* do atributo em questão.

Superestima. A superestima incide mais sobre quem não conhecemos profundamente. Neste caso, as expectativas humanas emaranhadas em apriorismos e condicionamentos estéticos entram antes da verificabilidade realística.

Decidofobia. O titubeamento da conscin na situação crítica pode levar à vitimização funesta pela própria covardia derivada da preocupação excessiva com os *pareceres alheios.* Portanto, eis o megapensene trivocabular: – *Imobilidade pode matar.*

A EC É MELHOR FISCALIZADA PELO EV, O PENSENE MELHOR VIGIADO PELA VONTADE E A AUTO-EVOLUÇÃO MELHOR CONTROLADA PELA COSMOÉTICA.

Autoconvívio. O medo de errar retrata a *autoconvivialidade patológica,* quando a vontade sobre si ainda é tacanha. A auto-estima elevada não é ainda o autoconceito ponderado. Se evoluir fosse fácil ou simples, Serenão já seria Consciex Livre.

Acerto. Dramatizar o *pequeno acidente* obstrui a valorização do *grande êxito.* A oportunidade de podermos corrigir erros do passado torna pequeno todo e qualquer percalço da vida hoje. As correções de *erros grupocármicos* efetuam-se mais rapidamente conforme acumulam-se os acertos policármicos.

18. TENEPES NA INVÉXIS

Ferramentas. Através do estudo teórico e prático da Conscienciologia, o inversor depara-se com ferramentas disponíveis para o exercício da assistência desde jovem, entre elas a tenepes.

Condições. No entanto, existem pelo menos 4 condições desfavoráveis ao jovem na aplicação da tenepes, aqui listadas na ordem crescente de complexidade:

1. **Infra-estrutura.** Sem condição intrafísica razoavelmente estabelecida – envolvendo, entre outros, o quarto de dormir próprio – a dificuldade em manter a disciplina e o continuísmo sadio nas práticas da tenepes tende a ser maior.
2. **Preocupações.** Estar imerso num período crítico da vida repleta de preocupações e incertezas quanto ao futuro, impedindo a dedicação plena, segura e irrevogável da tarefa energética.
3. **Afetividade.** Aspecto não menos importante é a vida afetivo-sexual instável da maioria dos jovens, dificultando a profilaxia das carências energéticas e, em conseqüência, dos assédios interconscienciais.
4. **Inexperiência.** A inexperiência com a multidimensionalidade, por exemplo, em relação ao transe parapsíquico, e mesmo a falta de domínio razoável sobre as manobras básicas de energias.
5. **Surto.** O inversor, devido às manifestações do porão consciencial, também está mais sujeito aos surtos de imaturidade e aos desequilíbrios emocionais repentinos, sempre prejudiciais ao andamento da tenepes.

PRATICAR ARTES MARCIAIS OU ASSISTIR A FILME DE HORROR ANTES OU LOGO APÓS A TENEPES EVIDENCIA DESQUALIFICAÇÃO DA CONSCIÊNCIA ASSISTENCIAL.

Prioridade. Mesmo representando assistência em alto nível, a tenepes não é a prioridade do inversor enquanto ainda inexperiente quanto ao parapsiquismo e sem as bases intrafísicas estabelecidas. *Questão:* – Deve o inversor praticar a tenepes mesmo sabendo não ser esta, inicialmente, a prioridade principal?

19. OPORTUNIDADES E INVÉXIS

Incompatibilidade. A incompatibilidade entre os princípios pessoais avançados e os princípios coletivos medíocres (mesologia humana) é a problemática central capaz de conduzir o jovem à opção pela invéxis.

Sociopatia. Desde jovem, a conscin *mais lúcida* enfrenta inúmeras dificuldades para se enquadrar devidamente à *mesologia mimética* predominante na sociedade humana. Sob estímulos pouco indicados quanto à holomaturidade, o jovem pode vivenciar inclusive a *Síndrome do Estrangeiro* (V. **Balona,** Málu; ***Síndrome do Estrangeiro;*** Rio de Janeiro, RJ; 2000; páginas 85 e 86).

Repetições. Mediante o potencial inato, não desperdiçar tempo com repetições inúteis (automimeses dispensáveis) e se antecipar quanto à profilaxia dos comprometimentos secundários, irreversíveis, é evitar a melin e a condição da recéxis no futuro da atual existência humana.

Oportunidades. Com vistas à execução de proéxis com abrangência assistencial (policarma), a conscin busca aproveitar mais inteligentemente as oportunidades surgidas durante o atual período de vida (dimensão intrafísica).

NA INVÉXIS, A PESSOA EVITA DIMINUIR A LIBERDADE DE EXPRESSÃO PESSOAL A FIM DE NÃO PUXAR O PRÓPRIO TAPETE NA EXECUÇÃO CORRETA DA PROÉXIS.

Proéxis. A meta maior é alcançar e desenvolver, com êxito, a fase executiva da proéxis, ou seja, materializar satisfatoriamente o planejamento feito pela própria consciência, antes de ressomar na Terra, visando o melhor aproveitamento evolutivo.

Assistência. O meio adotado para a realização da proéxis é a colaboração de maneira efetiva, multidimensional, na *construção de holopensenes* mais lúcidos, calcados na Cosmoética e centrados nos interesses evolutivos das consciências.

Queixas. Esta é a postura oposta ao acomodamento de quem manifesta tão-somente queixas sobre os *vícios sociais* e nada faz para melhorar o ambiente onde vive.

20. INVÉXIS E COMPLÉXIS

Preparatória. A fase preparatória, indo até cerca de 35 anos de idade, é intermediária entre a elaboração (período intermissivo) e a execução da proéxis. Ou seja, a consciência continua *estudante*, mas já dentro do cenário humano ou intrafísico.

Superdotação. A opção pela prática da invéxis pode evidenciar a superdotação do jovem quanto à inteligência evolutiva mais avançada nesta Socin.

Contrafluxo. Atuando no contrafluxo do paradigma fisicalista, a vontade do inversor se torna determinante para sustentar propósitos, escolhas, prioridades e empreendimentos evolutivos.

Inversão. Até, em média, os 26 anos de idade (maturação biológica), a conscin, ainda sem comprometimentos irreversíveis na atual vida, se dispõe a inverter para melhor os padrões e interesses imaturos enraizados na sociedade em geral, a partir da conduta pessoal exemplificada na dimensão física.

Êxito. A auto-organização consciencial é o norte capaz de conduzir ao êxito a inversão existencial e muitas outras aspirações evolutivas da consciência, permitindo, por exemplo, suportar as influências dos *modismos transitórios* e do assédio interconsciencial durante a fase de ajustamento das bases intrafísicas da vida.

A RACIONALIDADE CONDUZ O INVERSOR À ADESÃO DE METAS E PRIORIDADES EVOLUTIVAS, BEM COMO À ABSTENÇÃO DE HÁBITOS E ROTINAS DOENTIAS.

Prioridade. Na invéxis, a prioridade do *momento evolutivo intrafísico* é sempre o meio para se alcançar a prioridade do *continuum evolutivo extrafísico.* Ser consciência madura, assistencial e cosmoética é o sonho de consumo do inversor interessado na autoqualificação. O exercício de cada dia é tornar real tal ambição.

Compléxis. Dependendo do nível de invexibilidade, a conscin inversora poderá alcançar a *completude maior* ao fim da atual existência. De maneira original na história evolutiva pessoal, terá aprendido a combinar *evolutividade* com *racionalidade*, obtendo *efetividade* cosmoética ímpar: o compléxis.

21. ANSIEDADE PRÉ-EXECUTIVA DA PROÉXIS

Definição. A *ansiedade pré-executiva da proéxis* é a angústia ou desassossego inconsciente para a execução da proéxis por parte da conscin geralmente mal situada quanto ao tempo e o espaço da existência intrafísica.

Sinonímia: 1. Inquietação pré-executiva da proéxis. 2. Tensão antiproéxis. 3. Insatisfação com o subnível pessoal.

Antonímia: 1. Acomodação. 2. Serenidade. 3. Compléxis.

Perturbação. Em determinado momento da vida, especialmente durante a juventude, a pessoa pode sentir-se perturbada por algum nível de ansiedade aparentemente injustificável, podendo, entretanto, estar vivendo a ansiedade pré-executiva da proéxis.

Analogismo. Esta condição pode ser comparada à inquietação da pessoa prestes a assumir cargo importante para o qual se preparou muito, ao longo do tempo.

Momento. Portanto, *trazer consigo* determinada preparação com vistas à proéxis pessoal de razoável abrangência, programada durante o período intermissivo, pode acarretar certo grau de impaciência quanto ao momento da respectiva execução.

Sensação. Tal agonia pode ser descrita como a insegurança em relação à possibilidade de perder o *time* ou momento ideal de realização. A Conscienciοterapia pode ajudar muito nestes casos.

Insatisfação. Esta insatisfação íntima pode impulsionar a busca incessante pelo auto-aperfeiçoamento consciencial e ser expressa através de 3 idéias, entre outras: *algo precisa ser realizado e não consigo saber o quê; existe muito a ser feito, estou atrasado(a); sou capaz de realizar muito mais.* Aqui entra o papel relevante da Assinvéxis – Associação Internacional de Inversão Existencial.

Sintomas. Os sintomas se apresentam de maneiras diferentes em cada pessoa, surgindo, por exemplo, desde o *autismo* até a *hiperatividade.* Muitas vezes, as causas podem ser atribuídas, erroneamente, a algum desvio prematuro na programação de vida pessoal.

Particularidades. Obviamente, nem toda ansiedade pode ser considerada pré-executiva da proéxis, cabendo avaliar cada caso.

Ansiedade. A rigor, ninguém fica relativamente preocupado para executar proéxis medíocre, ou miniproéxis. Porém, quanto mais madura é a consciência, maior domínio ela tem sobre si dentro do espaço e tempo conscienciais.

22. QUALIFICATIVOS DA INVÉXIS

Qualificativos. No âmbito da *Holomaturologia,* existem pelo menos 9 *variáveis qualificativas* da invéxis de modo geral, a serem empregadas como orientação ou *checklist,* aqui listadas na ordem alfabética:

1. **Conhecimento.** Conhecer a maldade não faz do inversor pessoa maldosa. Urge ao jovem evitar a ingenuidade para não se deixar levar pelas más influências de companhias patológicas.

2. **Cosmoética.** Há pelo menos 2 tipos básicos de autocorrupção: a da reincidência no pior e a da não adesão ao melhor. Na invéxis, ambas devem ser evitadas almejando qualificar a *performance* cosmoética especialmente na fase preparatória da vida.

3. **Cosmovisão.** Visão de conjunto máxima possível a fim de não refugar quando é para andar, ou andar quando é para refugar (omissão superavitária).

4. **Discernimento.** A otimização das condições de vida para a execução da proéxis é recurso indispensável, contudo não garante o êxito. Torna-se essencial o nosso discernimento para a melhor compreensão do momento evolutivo e das diligências necessárias.

5. **Fraternismo.** Enquanto a conscin remói queixas e lamentações sobre as insatisfações pessoais, *as menores;* negligencia a solução das problemáticas grupais, *as maiores.* A expansão do fraternismo pessoal desde jovem, quando levada a sério, é exemplarismo ímpar demonstrado dentro da convivialidade humana ainda vulgar.

6. **Intenção.** O *auxílio interesseiro* é aquele onde ajudar o outro é esperar algo de volta. Na invéxis qualificada, tal aspecto não encontra espaço fértil. A autenticidade assistencial é o lema.

7. **Modéstia.** Ter consciência sobre as próprias limitações abre as portas para a modéstia pessoal. Aos jovens cheios de talento, vitalidade e ousadia, isso nunca é demais.

8. **Prioridade.** A *liberdade de expressão* é a possibilidade de o indivíduo exprimir-se de acordo com a própria vontade. Prioridades sensatas aliadas à auto-organização podem decretar o êxito da invéxis precocemente. A escolha tomada no ímpeto geralmente tem *vida útil* curta.

9. **Vontade.** O medo de falar em público, pode ser tão restringidor para a proéxis quanto cuidar do filho pequeno ou aderir ao casamento tradicional.

IV

CONVIVIALIDADE

23. QUALIFICAÇÃO CONVIVENCIAL

Definição. A *qualificação convivencial* é o ato ou efeito de qualificar as atuações pessoais dentro do convívio interconsciencial, atribuindo maior qualidade ao senso de compreensão e cooperação grupal.

Sinonímia. Eis, na ordem alfabética do assunto, 10 áreas da progressão sinonímica da *qualificação convivencial:*

01. **Companhias:** amizades sadias; companhias evolutivas.
02. **Conscientização:** autoconscientização grupal; *consciência para-humanitária.*
03. **Cumplicidade:** cumplicidade cosmoética; grupalidade avançada; intercooperação evolutiva; participação.
04. **Educação:** bom-tom; cortesia; discrição; pontualidade.
05. **Energossomática:** ênfase na qualidade das ECs.
06. **Fraternismo:** megafraternidade; qualificação assistencial.
07. **Renúncias:** omissões superavitárias; renúncia cosmoética.
08. **Respeito:** intercompreensão; respeito interconsciencial.
09. **Responsabilidade:** responsabilidade convivencial.
10. **Sociabilidade:** vida social sóbria.

Antonímia. Eis, na ordem alfabética do assunto, 10 áreas da progressão antonímica da *qualificação convivencial:*

01. **Companhias:** amizades ociosas; companhias antievolutivas; subnivelamento.
02. **Conscientização:** beligerância atômica; consciência desqualificada; malevolência franca.
03. **Cumplicidade:** acumpliciamento autocorrupto.
04. **Educação:** agressividade; arrogância; atos espalhafatosos; desorganização; impulsividade.
05. **Energossomática:** culto à estética; sociosidade.
06. **Fraternismo:** antifraternidade; apologias antiassistenciais.
07. **Renúncias:** omissões deficitárias.
08. **Respeito:** estupro antievolutivo; *forçação de barra;* intrusão interconsciencial patológica.
09. **Responsabilidade:** antigrupalidade; irresponsabilidades levianas; mecanismos de defesa do ego; projeções autocorruptas; vitimização convivencial.
10. **Sociabilidade:** autismo; excentricidade patológica.

24. INCONVENIÊNCIAS

Secreções. Devido à *Somática,* deve ser considerada a sensibilidade quanto à higiene física para evitar a fetidez desqualificadora do convívio interpessoal, especificamente quanto a 4 tipos de secreções:

1. **Chulé:** mau cheiro dos pés.
2. **Eructação:** halitose.
3. **Flatulência:** gases (V. **IstoÉ;** Redação; ***Correios sem Pum;*** Na Inglaterra, Agências dos Correios proíbe Flatulência dos Funcionários no Local de Trabalho; Revista; São Paulo, SP; 15.05.02; página 20).
4. **Sudorese:** axilose, hircismo.

Indescartável. As secreções são indescartáveis do corpo humano. No casal íntimo, cada componente convive com as secreções do outro, inevitavelmente. O emprego de antitranspirantes pode ser nocivo à saúde. O banho diário ainda é a melhor solução.

Barulho. Pela *Conviviologia,* exemplo comum da falta de sensibilidade convivencial é o ato de provocar barulho – discussões, telefone celular, voz alta, entre outros – nos ambientes onde é exigido maior silêncio, áreas de circulação comum ou locais públicos, a exemplo destes 7, listados na ordem alfabética:

1. **Bibliotecas.**
2. **Cemitérios.**
3. **Hospitais.**
4. **Quadras de Tênis.**
5. **Salas de Aula.**
6. **Salas de Cinema** (V. **Corrêa,** Carlos; ***Os Chatos das Salas de Cinema;*** *Zero Hora;* Porto Alegre, RS; 27.05.01; páginas 20 e 21).
7. **Salas de Teatro.**

Curiosidade. Há inconveniências curiosas.

Felicidade. A felicidade de determinada pessoa nem sempre é a felicidade das demais.

Bem-estar. O bem-estar de uma conscin pode constranger as consciências à volta.

Trafor. O megatrafor inato de alguém pode gerar *cotoveloma* nos outros tomados pela *cultura trafarística.*

25. VIOLÊNCIA E INTENCIONALIDADE

Consciência. A pessoa (indivíduo, ser humano, microuniverso consciencial) movida pelo livre arbítrio, mesmo na condição intrafísica, não é nem se equivale a pelo menos 8 elementos, aqui enumerados na ordem alfabética:

1. **Brinquedo.** Boneco, brinquedo, ventríloquo, marionete.
2. **Objeto.** Coisa ou objeto inanimado.
3. **Imagem.** Holograma ou realidade virtual.
4. **Propriedade.** Bem pessoal ou posse material.
5. **Robô.** Robô eletrônico ou mecânico.
6. **Utensílio.** Utensílio doméstico.
7. ***Sparring.*** Saco de pancadas ou *sparring* por natureza.
8. **Desenho.** Desenho animado.

Intenções. Eis, entre outras, 4 intenções capazes de motivar a agressão física contra outra pessoa:

1. **Defesa.** A autopreservação ou instinto de sobrevivência, em legítima defesa.
2. **Ensino.** Ensinar algo, dar lição, doutrinar o outro.
3. **Poder.** Demonstrar quem detém a autoridade, é o mais *forte* e está no comando através de imposição física radical.
3. **Punição.** Castigar por motivo qualquer, punindo e impondo ao outro a dor, o sofrimento físico ou mal-estar.
4. **Revide.** Dar o troco, revidar, responder, reagir ou devolver *algo* de maneira violenta (reciprocidade).

Belicismo. Na violência racionalmente injustificada, sempre ficam evidentes as predisposições belicistas e destrutivas do animal-humano incompetente para dominar a si próprio (ECs) e as rédeas da evolução através do atributo do discernimento.

Instinto. A metodologia pedagógica de imprimir dor é largamente empregada por pessoas de princípios de vida primários, remanescentes dos períodos instintivos mais primitivos (cérebro reptiliano, cerebelo), ainda não dominados.

Ambigüidade. Em determinadas ocasiões, o discernimento aponta a opção por 3 posturas ambíguas dentro do convívio interconsciencial: a melhor *resposta,* o silêncio (omissão superavitária); o melhor *ataque,* a defesa (autodomínio bioenergético); a melhor *ação,* a paciência (intercompreensão).

26. PLATÉIAS E PASSAGEIROS

Ola. No âmbito dos grandes espetáculos, estudos matemáticos demonstram: apenas algumas pessoas, na quantidade entre 25 e 35, são capazes de começar a ola e conseqüentemente envolver toda a arquibancada (V. **Ferroni**, Marcelo; ***Caixinha de Surpresas***; *IstoÉ;* São Paulo, SP; 18.09.02; página 100).

Violência. No mesmo sentido, quantas pessoas, e ainda consciexes, são capazes de iniciar atos de violência no estádio e estendê-los por parcela considerável da arquibancada? E para algum ato assistencial, qual esforço seria necessário?

AQUI, O LEITOR PODE SE PERGUNTAR: EM QUAIS AÇÕES E MOMENTOS FICAM MAIS EVIDENTES, COM MAIS FREQÜÊNCIA, O MEU SUBCÉREBRO ABDOMINAL?

Aviões. São lamentáveis os incidentes causados pelo comportamento violento de certos passageiros dentro de aviões, trazendo risco à segurança do vôo e gerando desespero entre os tripulantes (V. **Varella,** Flávia; ***Vexame no Ar;*** Ator André Gonçalves tumultua Vôo; *Veja;* São Paulo, SP; 11.07.01; páginas 88 e 89).

Epítetos. Tais personalidades são geralmente chamadas de arruaceiros aéreos, baderneiros aéreos, passageiros inconvenientes, passageiros violentos ou tumultuadores de vôos.

Álcool. O aumento destes casos se deve, não raro, à perda de autocensura das pessoas alcoolizadas. A absorção do álcool pelo organismo humano é maior dentro do avião e o efeito é potencializado. Quando o álcool é combinado com outras substâncias químicas se torna ainda pior.

Aspectos. Neste ponto, vale pensarmos sobre 2 aspectos:

1. **Surto.** O *surto de imaturidade* evidencia: a melhor postura (mais inteligente) ainda não está assentada, em definitivo, no nível do discernimento mentalsomático da consciência.
2. **Fluxo.** Dentro do ambiente entrópico, a pessoa pode se manter equilibrada e até eufórica, andando no fluxo (acumpliciamento) ou mesmo no contrafluxo (desperticidade) desta entropia.

27. COMPARATIVO INTERCONSCIENCIAL PATOLÓGICO

Comparativo. O comparativo interconsciencial tende a ser patológico em, no mínimo, 5 condições:

1. **Competição.** Quando o propósito (intencionalidade) da comparação assume caráter de concorrência ou competição doentia (rivalidade, emulação).

2. **Acomodamento.** Quando os resultados predispõem ao acomodamento pessoal.

3. **Irracionalidade.** Quando desenvolvido sob senso alienado ou superficial.

4. **Individualidade.** Quando passa ignorada ou anulada a individualidade da consciência avaliada; esquecendo-se o livre arbítrio, a Para-história, a autocriatividade e a originalidade presentes em cada microuniverso consciencial complexo e individualíssimo.

5. **Primeira.** Quando é aplicado antes do autocomparativo.

O COMPARATIVO INTERCONSCIENCIAL É O SEGUNDO CRITÉRIO LÓGICO DE AVALIAÇÃO DA CONSCIÊNCIA, VINDO DEPOIS DO AUTOCOMPARATIVO.

Desculpas. Existem pelo menos 2 argumentos primários adotados como *desculpas injustificáveis* na comparação entre conscins:

1. **Vitimização.** Atribuir sempre às injunções externas da vida a razão para justificar os atos anticosmoéticos pessoais, ao modo de quem alega: – "Se todos fazem assim, não tenho razões para fazer diferente".

2. **Autocorrupção.** Usar como exemplo os erros cometidos pelos outros para justificar os próprios erros, ao modo de quem alega: – "Traí porque fui traído(a)". Existem reciprocidades cosmoéticas ou não.

Rumos. A avaliação traforista segue 2 rumos evolutivos:

1. **Heteroassistência.** Rumo da *heteroassistência:* quais qualidades minhas faltam aos outros?

2. **Autoassistência.** Rumo da *autoassistência:* quais qualidades dos outros me faltam?

28. Ideais

Dilema. Ao adentrar a crosta deste planeta, todo pré-serenão passa a viver sob o dilema pautado por duas opções:

1. **Assediado.** Ser assediador *a mais* no fluxo *da maioria* absoluta, permanecendo passivo, submisso ou vitimizado pelo holopensene subumano da civilização humana.

2. **Desassediado.** Ser assediador *a menos* dentro *da microminoria,* buscando a desperticidade ou o autodesassédio lúcido através de práticas assistenciais autênticas.

A MAGNIFICAÇÃO DO DESEJO PELO PODER REFLETE A MINGUADA AMBIÇÃO PELA SENSATEZ, MEGAFRATERNIDADE E COSMOÉTICA MAIS AVANÇADA.

Nações. Quando a avidez pelo poder interconsciencial atinge índices estratosféricos no âmbito das nações, tenta-se instalar a hegemonia ou o imperialismo mundial, apelando-se para todo tipo de recurso disponível, desde a coerção rústica da força bélica até a política manipuladora dos meios de comunicação com vistas ao controle social de mentes (propaganda).

EUA. O cenário mundial traz, já há algum tempo, os EUA como exemplo lamentável desta condição.

Tentação. Sucumbir à tentação de obter o maior poder intrafísico possível, mesmo sendo transitório, faz parte da natureza humana. Aspecto parecido ao instinto subumano, por exemplo, quando o macho procura dominar a fêmea para acasalar, o leão procura dominar a zebra para ingeri-la, ou mesmo quando os animais lançam mão das garras afiadas, do bico certeiro e dos dentes pontiagudos para apossar-se da presa.

Subcérebro. Neste caso, a consciência ainda tacanha não descobriu a real serventia do mentalsoma e permanece subordinada ao brandir do subcérebro abdominal.

Pensamento. Pensamento ainda não é garantia de discernimento. Existem atos violentos possíveis de serem cometidos só por quem é capaz de pensar. Existem crueldades humanas capazes de apequenar a maior crueldade subumana.

29. LARINGOCHACRALIDADE

Tarefas. Dentro da *Somática,* a expressividade do laringochacra através da articulação da boca permite, pelo menos, 5 manifestações com efeitos dentro da convivialidade:

1. **Beijar:** carinho; lábios; preensão; sucção.
2. **Expelir:** cuspir; eructação; hálito; vômito.
3. **Falar:** comunicação; idioma; palavras; sonância.
4. **Ingerir:** alimentação; deglutição; mastigação; sabor.
5. **Respirar:** aspiração; expiração; gás carbônico; oxigênio.
6. **Sorrir:** saudação; risada; simpatia; sociabilidade.

HÁ FALAS PÚBLICAS EM VOLUME MUITO BAIXO. SEQUER ATRAVÉS DA AMPLIFICAÇÃO DA VOZ PELO MICROFONE TORNA-SE POSSÍVEL ESCUTÁ-LAS (MICRÓFONO).

Evitações. A fim de preservar a homeostase das energias do laringochacra e manter a higidez vocal, precavendo-se contra irritações nas cordas vocais, no nariz, na mucosa laríngea e nasal, eis, no mínimo, 10 providências básicas a serem evitadas:

01. **Ar-condicionado.** Condicionador de ar direto.
02. **Drogas.** Todo tipo de droga.
03. **Exercícios.** Falar durante práticas de exercícios físicos.
04. **Externo.** Falar mais alto para superar os ruídos externos.
05. **Extremos.** Gritos e cochichos.
06. **Poluição.** Poeira, mofo, odores desagradáveis.
07. **Postura.** Evitar curvar a cabeça e o corpo ao falar.
08. **Roupas.** Roupas apertando o pescoço e diafragma.
09. **Temperatura.** Mudanças repentinas de temperatura.
10. **Tosse.** Causas de tosse e pigarro.

Interchacralidade. Quando o laringochacra atua através da fala, há o predomínio de outro chacra para determinar a qualificação do conteúdo da informação comunicada, a exemplo destes 3:

1. **Coronochacra:** pensamento; racionalidade; reflexão.
2. **Cardiochacra:** emoção; afetividade; entusiasmo.
3. **Umbilicochacra:** impulso; instinto; subcérebro.

30. FURTOS IMPRATICÁVEIS

Roubo. Pelos conceitos da *Evoluciologia,* nas relações interconscienciais são impraticáveis pelo menos 10 apropriações de bem alheio, abaixo listadas na ordem alfabética:

01. **Auto-organização.** *Levar* consigo a disciplina organizacional, detalhista e exaustiva de outro.

02. **Conhecimento.** *Furtar* o acervo intraconsciencial de conhecimentos e cultura de outrém.

03. **Cosmoética.** *Subtrair* de alguém o senso cosmoético vivenciado e exemplificado no dia-a-dia.

04. **Discernimento.** *Surrupiar* o paracorpo do discernimento de qualquer consciência.

05. **Experiências.** *Raptar* as experiências e vivências práticas formadoras do *know-how* alheio.

06. **Intencionalidade.** *Afanar* a lisura presente nas intenções cosmoéticas dos demais.

07. **Maturidade.** *Arrebatar* o grau de maturidade íntima da pessoa mais culta, serena e sensata.

08. **Paragenética.** *Arrancar* as cicatrizes vincadas na paragenética multimilenar de outro.

09. **Trafores.** *Apropriar-se* dos talentos, aptidões e traços-força do ente mais querido.

10. **Vontade.** *Assenhorear-se* do poder da vontade decidida, inquebrantável, da conscin mais corajosa evolutivamente.

A ASSINATURA PENSÊNICA É PERSONALÍSSIMA E INFALSIFICÁVEL. A TINTA É A ENERGIA, A CANETA O HOLOSSOMA E O CÉREBRO A CONSCIÊNCIA.

Heterotransferência. Esperar por terceiros para realizarem os compromissos de nossa responsabilidade é autocorrupção. Torna-se impraticável, segundo os fatos, 2 fatores:

1. **Débito.** A heterotransferência de *débitos* holocármicos ou *pré-requisitos aprisionantes* alcançados com os erros pessoais.

2. **Mérito.** A heterotransferência de *méritos* holocármicos ou *pré-requisitos libertários* alcançados com os acertos pessoais.

31. PARTICIPAÇÃO

Posturas. Eis, na ordem alfabética, 12 posturas habituais ao indivíduo não-participativo ou omisso dentro da grupalidade:

01. **Autocrítica.** Não admitir imaturidades perante o grupo.
02. **Boicote.** Boicotar, com fofocas, as atividades do grupo.
03. **Bom-tom.** Ignorar a boa educação nas relações.
04. **Dinâmicas.** Fugir de dinâmicas de grupo.
05. **Heterocríticas.** Hipercriticar permanentemente o grupo.
06. **Liderança.** Evitar sempre liderar trabalhos em grupo.
07. **Momento.** Ser sempre o primeiro a *abandonar o barco.*
08. **Neofobia.** Reclamar sempre de novas iniciativas do grupo.
09. **Opinião.** Não opinar em decisões coletivas.
10. **Participação.** Não participar de atividades em grupo.
11. **Partilhamento.** Não partilhar com o grupo êxitos pessoais.
12. **Sacrifício.** Eximir-se do auto-sacrifício a favor do grupo.

Desempenhos. Eis 20 categorias de conscins tendentes a se destacar na condição de elemento participativo no convívo interconsciencial, abaixo enumeradas na ordem alfabética:

01. **Conscin amparadora:** assistência.
02. **Conscin apaziguadora:** equilíbrio; equalização.
03. **Conscin atualizadora:** regularização.
04. **Conscin comunicadora:** divulgação; informação.
05. **Conscin corretora:** conserto.
06. **Conscin desbravadora:** bússola grupal.
07. **Conscin desrepressora:** sociabilização.
08. **Conscin disciplinadora:** regulamentações.
09. **Conscin encorajadora:** motivação.
10. **Conscin energizadora:** doação.
11. **Conscin esclarecedora:** educação; despertamento.
12. **Conscin escritora:** fixação grafopensênica.
13. **Conscin mensuradora:** Conscienciometria.
14. **Conscin organizadora:** entrosamento.
15. **Conscin paraperceptora:** lucidez multidimensional.
16. **Conscin polarizadora:** liderança; epicentrismo.
17. **Conscin recicladora:** renovações grupais.
18. **Conscin reconciliadora:** integração; reconstrução.
19. **Conscin retrocognitora:** resgate.
20. **Conscin vitalizadora:** vivacidade.

32. Racionalização do Prontopensene

Definição. O *prontopensene* é o pensene imediato, a reação de pensamentos, sentimentos (ou emoções) e energias surgida no microuniverso da consciência no exato instante da vivência ou da aquisição do conhecimento de algo, constituindo a *primeira reação* consciencial após o contato com determinada ocorrência (V. deste autor: ***Immediate Thosene;*** *Journal of Conscientiology;* Miami; EUA; Julho, 2003; páginas 23 a 32).

Sinonímia: 1. Pensene imediato; reflexo intraconsciencial; resposta pensênica direta. 2. Associações de idéias instantâneas. 3. Impulso pensênico. 4. Taquipensene; taquipsiquismo.

Antonímia: 1. Pensene mediato. 2. Holopensene padrão; materpensene. 3. Batopensene. 4. Câmara de reflexão.

Alteração. O pensene imediato é alteração súbita, abrupta ou repentina no *continuum* dos pensenes da consciência.

Coloquialismo. Fica evidente através da menção a seguinte frase: – Foi a primeira coisa que eu pensei!

Expressão. Não raro, acompanha expressão facial ou gestual correspondente, à semelhança do *sorrir surpreso.*

Intensidade. Quanto mais intenso, maior a probabilidade de a conscin encaminhar o ato correspondente, imediato ou em seqüência, materializado impulsivamente através do *ene* do pensene.

Holopensene. A fixação do pensene imediato no íntimo da consciência dá origem ao pensene-padrão (holopensene).

Repercussão. Os fatos indicam existir sempre alguma repercussão energética, multidimensional (*ene* do pensene; Holocarmalogia), provocado pelo pensene imediato, mesmo inexistindo a ação mecânica correspondente na intrafisicalidade.

Racionalização. Quanto maior a autolucidez da conscin, mais fácil se torna diagnosticar e corrigir, rapidamente, o surgimento do pensene imediato patológico, através da racionalização crescente sobre as próprias manifestações a fim de qualificarmos o convívio interconsciencial.

Detalhe. O prontopensene pode ser considerado apenas detalhe nas manifestações da consciência. Porém, a *pequena atitude* pode gerar *grandes conseqüências.* Há pessoas desviando a proéxis pessoal pela falta de domínio sobre *chacras impulsivos,* a exemplo do sexochacra e do cardiochacra.

33. Binômio Compreensão-Perseverança

Definição. O *binômio compreensão-perseverança* é o pensene altruísta caracterizado pelo entendimento e permanência no convívio pacífico com outras consciências, tendo por objetivo agilizar a evolução pelo vínculo consciencial.

Sinonímia: 1. Intercompreensão assistencial; intercooperação continuada. 2. Binômio admiração-discordância.

Antonímia: binômio incompreensão-pessimismo.

Traf*o*r. O foco maior do binômio compreensão-perseverança é centrado, sobretudo, nos traf*o*res da outra consciência, enfatizando as aptidões, inteligências e êxitos evolutivos.

Cosmoética. Para isso, é preponderante aperfeiçoar o autoconhecimento sobre os princípios da Cosmoética e Holocarmalogia, por intermédio da aquisição de novas informações e experiências lúcidas na multidimensionalidade. Assim, a consciência passa a avaliar os fatos com critérios mais amplos em relação às verdadeiras implicações evolutivas das manifestações pessoais e dos demais.

Motivação. O binômio compreensão-perseverança é o materpensene de necessidade prioritária para gerar a motivação da consciência empenhada em doar-se aos trabalhos assistenciais avançados e sempre conjuntos.

Amparo. Exemplo prático disso é a postura compreensiva e perseverante com a qual o amparador extrafísico trata a conscin amparada, por exemplo, após o eventual surto de imaturidade.

Mentalsoma. O binômio compreensão-perseverança é postura assentada nos atributos do mentalsoma, ou seja, carregado no *pen* do pensene através do discernimento atuante.

Acertos. A vivência do binômio compreensão-perseverança é capaz de gerar as reconciliações e os *acertos de conta* cosmoéticos; afrouxando os laços aprisionantes dentro do grupocarma quando não empregado de modo espúrio através de acumpliciamentos, emocionalismos ou teimosia.

Opções. A postura autêntica de compreender e, ao mesmo tempo, perseverar no exercício da assistência, já constitui, a rigor, opção distante do egocarma primário. Caso se estenda, sem qualquer tipo de discriminação, em relação a todas as consciências, será indicativo de opção policármica, sempre mais inteligente quanto à holomaturidade.

34. QUALIFICATIVOS DO CONVÍVIO

Qualificativos. Conforme a *Holomaturologia,* existem pelo menos 10 *variáveis qualificativas* do convívio interconsciencial, de modo geral, a serem empregadas como orientação ou *checklist,* aqui listadas na ordem alfabética:

01. **Assistência.** Enquanto a *minoria* de conscins esmera-se para melhorar o próprio microuniverso e fazer assistência no contrafluxo da entropia geral, a *maioria* de conscins relaxa e se posiciona ombro-a-ombro com a patopensenidade através das autocorrupções egoísticas, prosseguindo no fluxo do caos.

02. **Autocrítica.** A aceleração do amadurecimento pessoal exige da conscin a postura de *baixar as armas* perante as heterocríticas recebidas e admitir as imaturidades a fim de solucioná-las o quanto antes.

03. **Experiência.** Cada pessoa requer técnica específica de comunicação para ser adequadamente acessada. Urge termos a experiência do convívio objetivando aprofundar as sinapses da interação humana.

04. **Fraternismo.** A quantidade, profundidade e duração dos desafetos pessoais evidenciam o baixo nível de qualificação convivencial. Não se permitir ser influenciado negativamente, nem mesmo pelo ente querido, não significa desamor ou ausência de fraternismo.

05. **Intenção.** Não enxergar o traf*o*r alheio, vendo apenas os traf*a*res óbvios, é o principal empecilho para o convívio sadio.

06. **Modéstia.** A ambição evolutiva conciliada ao bom-senso resulta em modéstia dentro da convivialidade lúcida.

07. **Otimismo.** Ninguém se torna habilitado a promover o auto e heterodesassédio alimentando complexos de inferioridade ou baixa auto-estima perante a vida e demais pessoas.

08. **Parapsiquismo.** É pouco inteligente comprometer a saúde, a proéxis e outros empreendimentos evolutivos em função das interferências energéticas doentias das consciências e ambientes.

09. **Prioridade.** Há quem aproveite o convívio interconsciencial para dinamizar a auto-evolução, valorizando a oportunidade de aprender com os outros, o tempo todo.

10. **Universalismo.** Os *egões individuais* são os maiores obstáculos para o somatório de esforços na potencialização de traf*o*res dentro da grupalidade.

V

Humorismo

35. QUALIFICAÇÃO HUMORÍSTICA

Definição. A *qualificação humorística* é o ato de qualificar o senso de humor da consciência, atribuindo maior qualidade ao estado de ânimo e a capacidade pessoal de provocar riso, divertir ou revelar comportamento alegre (interconsciencialidade) (V. deste autor: ***Qualificação Humorística;*** *Conscientia;* Junho, 2002; páginas 56 a 63).

Sinonímia. Eis, na ordem alfabética do assunto, 10 áreas do universo da progressão sinonímica da *qualificação humorística:*

01. **Assistenciologia:** temperamento assistencial.
02. **Conviviologia:** agradabilidade convivencial; aperfeiçoamento do humor interconsciencial.
03. **Cosmoética:** risibilidade cosmoética.
04. **Egocarmalogia:** aperfeiçoamento do humor pessoal; burilamento do bem-estar pessoal.
05. **Grupocarmalogia:** humor conciliatório.
06. **Holomaturologia:** exemplarismo; humor conveniente; humor cosmoético desreprimido; sensibilidade humorística.
07. **Pensenologia:** automotivação evolutiva; felicidade íntima; ortopensenidade; otimismo; sorriso ortopensênico.
08. **Psicossomática:** domínio das emoções; primener.
09. **Recexologia:** reciclagem humorística.
10. **Somática:** humor medicinal; humor vitalizador do soma.

Antonímia. Eis, na ordem alfabética do assunto, 10 áreas do universo da progressão antonímica da *qualificação humorística:*

01. **Assistenciologia:** temperamento antiassistencial.
02. **Conviviologia:** humor belicoso; humor depreciativo; indisposições convivenciais constantes.
03. **Cosmoética:** humor negro; sarcasmo anticosmoético.
04. **Egocarmalogia:** mau humor crescente; má intenção.
05. **Grupocarmalogia:** *humor interprisionante;* vampirismo.
06. **Holomaturologia:** humor inconveniente; infantilismo; insensibilidade humorística; repressão religiosa.
07. **Pensenologia:** baixo-astral; desânimo; depressão; desmotivação permanente; melancolia; patopensenidade; pessimismo.
08. **Psicossomática:** emoções animalizadas; *humorraiva;* irritabilidade; *nervos à flor da pele;* raivosidade.
09. **Recexologia:** consciências zombeteiras.
10. **Somática:** fisionomia sombria; semblante carregado.

36. RISO

Benefícios. Eis, na ordem alfabética, 5 efeitos benéficos da risada sobre o corpo humano (V. **Pastore,** Karina; & **Poles,** Cristina; ***O Humor afasta Doenças;*** *Veja;* São Paulo, SP; 11.07.01; páginas 98 a 101):

1. **Coração.** A aceleração do ritmo cardíaco, com mais vigor, aumenta a circulação de sangue e a oxigenação dos tecidos.
2. **Imunologia.** O sistema imunológico se fortalece porque baixam os níveis de cortisol e adrenalina.
3. **Músculos.** O trabalho muscular do abdome melhora a digestão a partir do sistema gastrointestinal.
4. **Pulmões.** A inalação e a expiração de ar se tornam mais intensas, promovendo a limpeza dos pulmões.
5. **Vasos.** Devido ao maior bombeamento de sangue, a dilatação dos vasos sanguíneos baixa a pressão arterial.

Longevidade. Tais repercussões do riso, através do bom humor, previnem e funcionam como tratamento para moléstias diversas; trazendo mais longevidade para quem evita acumular autopensenes carregados em derrotismos, idéias pessimistas e tristezas irracionais ao longo da vida.

Coloquialismo. Portanto, ganha certo respaldo científico o seguinte ditado: "rir é o melhor remédio".

Natureza. O riso faz parte da natureza humana. A qualificação do riso varia de acordo com o motivo e a ocasião.

A MANIPULAÇÃO ATRAVÉS DA REPRESSÃO SOCIAL FAZ MUITOS CONSIDERAREM MELHOR A LÁGRIMA DO SOFRIMENTO SE COMPARADA AO RISO DO PRAZER.

Religiões. Esse princípio permeia até hoje, por exemplo, muitas religiões. Contudo, evoluir não é tornar-se masoquista.

Gargalhada. A gargalhada pode ser o agente de desassimilação, exibindo o papel multidimensional do humor. Por outro lado, todo excesso é prejudicial, até no riso escrachado (V. **IstoÉ;** Redação; ***Mulher desmaia de Tanto Gargalhar;*** São Paulo, SP; 24.04.02; página 21).

37. TEMPERAMENTO

Extremos. Eis, na ordem alfabética, pelo menos 11 condições técnicas suscetíveis ao temperamento, estado de humor ou constituição emocional em níveis extremos (V. **Houaiss,** Antônio; & **Villar,** Mauro de Salles; ***Dicionário Houaiss da Língua Portuguesa;*** Rio de Janeiro, RJ; 2001):

01. **Atimia:** distúrbio do humor caracterizado por indiferença e inatividade completas (desânimo profundo, melancolia).

02. **Cacotimia:** má condição mental ou espiritual. Perturbação afetiva ou das faculdades morais ou intelectuais.

03. **Catatimia:** distorção do conteúdo das percepções, pensamentos e lembranças devido a experiências, angústias ou desejos carregados de emoções e de afetos.

04. **Ciclotimia:** padrão de personalidade caracterizado por períodos de excitação, euforia ou hiperatividade, alternando com outros momentos de depressão, tristeza ou inatividade normalmente não configurando traços psicóticos.

05. **Depressão:** problema psíquico expresso por períodos duráveis e recorrentes de *disforia depressiva* (estado caracterizado pela ansiedade, depressão e inquietude). Surge concomitantemente problemas reais, imaginários ou com experiências momentâneas de sofrimento. Pode ser acompanhado de perturbações do pensamento, da ação e de grande número de sintomas psiquiátricos.

06. **Distimia:** qualquer distúrbio emocional.

07. **Esquizotimia:** temperamento podendo ser indício de esquizofrenia e caracterizado por reações não apropriadas às situações, fuga para a fantasia e timidez.

08. **Hipertimia:** estado de hiperexcitabilidade emocional.

09. **Hipomania:** estado de excitação passageira ou habitual capaz de reproduzir traços marcantes do comportamento maníaco-depressivo de modo atenuado.

10. **Mania:** quadro mórbido caracterizado por humor exagerado, sentimentos de bem-estar físico ilimitado, superestima e necessidade de atividade globalmente aumentadas, freqüentemente gerando comportamentos incontrolados e desinibidos, aumento de excitabilidade, de irritabilidade e da agitação psicomotora.

11. **Psicolepsia:** diminuição brusca, intensa e geralmente pouco duradoura da tensão mental ou do humor, com abaixamento do nível da vigilância e chegando próximo da depressão.

38. MAU HUMOR

Indicativos. Na análise da *Parassemiologia*, o mau humor pode ser o sinal ou indicativo de diversas condições intra e interconscienciais negativas, geralmente relacionadas entre si, a exemplo destas 18, listadas na ordem alfabética:

01. **Assédio:** autocorrupção; vampirismo.
02. **Autoconflitos:** autoculpa; orgulho; repressão; traf*a*rismo.
03. **Carências:** egoísmo (adulto); imaturidade afetivo-sexual.
04. **Deficiência:** doença; dor; invalidez.
05. **Desafetos:** antifraternismo; ódio; rancor; repulsa.
06. **Distúrbios bioquímicos:** insuficiência de serotonina.
07. **Distúrbios hormonais:** androssomática; ginossomática.
08. **Distúrbios neurológicos:** Psiquiatria.
09. **Estresses:** negativos.
10. **Insociabilidade:** misantropia; Síndrome do Estrangeiro.
11. **Inoperância na proéxis:** ectopia; estagnação; subnível.
12. **Lavagem cerebral:** condicionamentos; manipulações.
13. **Mau hábito:** atividade degradante; rotina inútil.
14. ***Patoenergossomática:*** assins; descompensações.
15. **Patopensenidade:** antipensene; má intenção.
16. **Psicopatologia:** transtorno bipolar; *borderline*.
17. **Recesso projetivo:** *autodesorganização*.
18. **Sono atrasado:** relógio biológico alterado.

Doenças. No âmbito da *Dessomática*, a raiva ou o caráter irascível podem desencadear doenças cardiovasculares e levar à dessoma através do ataque cardíaco (V. **Campello**, Rachel; ***Mau Humor mata;*** *Veja;* São Paulo, SP; 17.05.2000; página 83).

Ectopia. A ectopia no senso de humor é determinada pelo nível de sensibilidade no trato com as pessoas e momentos evolutivos, urgindo evitar-se pelo menos 3 situações embaraçosas:

1. **Sempre:** *humorizar* a todo instante (*bobo alegre*, mecanismo de defesa do ego). Alienação de quem ri à toa, 24 horas por dia.
2. **Nunca:** nunca *humorizar* (insociabilidade, *autismo*).
3. **Deslocado:** *humorizar* nos momentos inapropriados, quando *non erat his locus* (incongruência, falta de bom-tom, gafe).

Hora. Não há hora e local marcado para o bom humor íntimo.

39. COMEDIANTES

Confor. A conscin lúcida alegra-se nos pensenes, intraconsciencialmente, antes de sorrir com os lábios na aparência. O sorriso pode dinamizar a comunicação interconscins dentro da sociabilidade, seja para realizações cosmoéticas ou manobras espúrias.

Unidade. Por esse motivo, o esgar do sorriso é muito pouco para ser considerado a unidade de medida do bom humor.

Critério. O critério para o humorismo qualificado há de obedecer à seguinte ordem lógica: primeiro, a Cosmoética do conteúdo; segundo, a comédia na expressão.

O HUMORISTA LÚCIDO CONSEGUE ZOMBAR DAS IDÉIAS INUSITADAS E FATOS JOCOSOS SEM ULTRAJAR AS CONSCIÊNCIAS ENVOLVIDAS (EUTRAPELIA).

Rebeldia. Pela *Conscienciometria,* a comédia do americano Julius Henry Marx, o famoso Groucho Marx (1890–1977), de sucesso na *Broadway,* no cinema, no rádio e na televisão, chegando a ser ícone da rebeldia, constitui exemplo a não ser seguido (V. **Boscov,** Isabela; ***Gênio do Mau Humor;*** *Veja;* São Paulo, SP; 26.07.2000; páginas 146 a 148).

Mordacidade. Tal estilo, caracterizado pelo gênero caótico de comédia (*nonsense*), especialista em ferir as pessoas mais queridas usando a mordacidade e sublimes vilanias, faz *perder a amizade,* mas jamais as *tiradas* ou citações venenosas.

Contra. O *humorismo do contra* pode ser o veículo da refutação coerente, heterocrítica e cosmoética (sátira). Pode, contudo, ser o veículo da depreciação anticosmoética, mal intencionada e angariador das interprisões grupocármicas (mordacidade). A simples charge pode trazer tanto o caso positivo quanto o negativo.

Proéxis. Pouco adianta o maior bem-estar íntimo ou a maior capacidade para alegrar, estando o humorista ou comediante pendente em relação às cláusulas da proéxis pessoal e grupal, ou seja, a caminho do incompléxis em função das omissões pessoais.

Assistência. Pouco adianta a habilidade de alegrar os outros mantendo, dentro de si, tristeza, depressão ou desmotivação. É bem mais difícil fazer assistência restringido pelo mau humor.

40. BRINCADEIRAS MÓRBIDAS

Definição. A *brincadeira mórbida* é ato ou efeito de brincar, agindo ou proferindo ditos como gracejo, zombaria ou ludíbrio de maneira irracional, anticosmoética ou arriscada.

Sinonímia: 1. Brincadeira doentia. 2. Brincadeira pesada.

Antonímia: 1. Brincadeira sadia. 2. Brincadeira leve.

Acidentes. As brincadeiras de dar sustos, esconder-se ou simular acidentes e mortes, aliadas à predisposição íntima dos envolvidos, podem resultar em acidentes funestos reais (V. **Vieira,** Waldo; ***Homo sapiens reurbanisatus;*** Foz do Iguaçu, PR; 2003; página 968).

Pegadinhas. Exemplos comuns disso são as famosas *pegadinhas,* caracterizadas por ocorrências patológicas ao modo destas 10, aqui listadas na ordem alfabética:

01. **Desrespeitos:** imoralidades; ofensas; obscenidades.
02. **Embustes:** trapaças; trotes.
03. **Humilhações:** insultos; ironias.
04. **Intrusões:** assédio interconsciencial.
05. **Manipulações:** sugestionamentos.
06. **Perigo:** acidentes; quedas; situações de risco.
07. **Ridicularizações:** chacotas; deboches; humilhações.
08. **Hiperexposições:** estigmatizações.
09. **Sustos:** choques; abalos.
10. **Violência:** agressões; armas.

Bullying. Outro exemplo, o *bullying,* consiste em atitudes agressivas física e moralmente, incluindo intimidações, furtos, extorsões, perseguições e estigmatizações pela aparência (V. **Góis,** Antônio; **Mena,** Fernanda; & **Werneck,** Guilherme; ***Amiguinhos da Onça;*** *Folha de S. Paulo;* São Paulo, SP; 09.06.03; páginas 6 e 7).

Estudantes. Com freqüência, é praticada entre estudantes adolescentes em escolas do mundo inteiro. Entre os efeitos graves do *bullying* sobre a vítima estão o islolamento social (medo), o revide extremo e o suicídio.

Anticosmoética. O pior *clown* é o responsável pelos pastelões anticosmoéticos no circo da vida, fazendo rir somente os assediadores acumpliciados.

Imitação. Sejamos imitadores do *humor sereno.*

41. PRECONCEITO

Minorias. Como esclarece a *Parapatologia,* dentre as minorias vítimas de preconceito, a predileção para figurar o humor anticosmoético geralmente recai sobre 17 tipos especiais, a seguir enumerados na sequência alfabética:

01. **Alcoolistas:** ingestão de bebidas alcoólicas.
02. **Aleijados:** imperfeição ou mutilação física.
03. **Anões:** baixa estatura do corpo físico (nanismo).
04. **Calvos:** ausência de cabelos na cabeça (alopecia).
05. **Caolhos:** ausência de 1 dos olhos.
06. **Coxos:** irregularidade na maneira de caminhar.
07. **Corcundas:** acentuada curvatura na coluna (cifose).
08. **Estrangeiros:** pessoas de outras nacionalidades.
09. **Fanhosos:** voz com ressonância nasal (fonação).
10. **Gagos:** repetição de sons e sílabas (disfemia).
11. **Homossexuais:** gays e lésbicas.
12. **Idosos:** terceira e quarta idades (Gerontologia).
13. **Manetas:** falta de 1 braço ou mão.
14. **Negros:** etnia negra.
15. **Obesos:** excesso de gordura e peso (gordo).
16. **Pernetas:** ausência ou defeito da perna.
17. **Surdos:** ausência dos sentidos da audição (mouco).

Ambigüidade. O humorismo sarcástico não tem graça perante a Cosmoética porque é belicoso e se opõe ao humor pacifista. Na guerra, o militar sorri ao comemorar a destruição. A vítima civil sorri (otimismo) para se manter viva (V. **Correio Braziliense;** Redação; ***O Senso de Humor que pode Salvar;*** Jornal; Brasília, DF; 17.05.99; página 3).

Concurso. Através da *Parassociologia,* o senso de humor de cada povo é influenciado pela cultura local, fato evidenciado em recente concurso promovido na internet pela Universidade de Hertfordshire (Inglaterra), com o aval da Associação Britânica para o Progresso da Ciência (V. **Marques,** Fabrício; & **Mansur,** Alexandre; ***O Tribunal da Gargalhada;*** Eleição Mundial da Piada mais Engraçada; *Época;* São Paulo, SP; 14.10.02; páginas 84 a 86).

Países. A pesquisa mostrou, por exemplo: países com maior índice de preconceito social tendem a gostar mais do humor preconceituoso.

Cultura. A cultura é parte indissociável do humor popular.

42. INABALABILIDADE

Sobrevivente. O iraquiano Ali Ismaeel Abbas (1991–) encontra motivos para sorrir e mostra interesse pela vida através do esporte, mesmo sendo o único sobrevivente da família depois de ter a casa atingida por míssil durante ataque ao Iraque.

Desastre. Ali, com 12 anos de idade na ocasião, perdeu os 2 braços e teve o corpo queimado, além de ver dessomados o pai, a mãe grávida de 5 meses, 1 irmão e outros parentes (V. **Souza,** Mário Marcos de; ***O Pequeno Ali volta a Sorrir;*** *Zero Hora;* Porto Alegre, RS; 18.09.03; página 53).

Idade. Sob a ótica da *Paracronologia,* o humor ideal, de fato autêntico, não regride com o passar dos anos ou o avançar da idade. Ao contrário, tende só a refinar-se e evoluir de modo sadio até a pessoa alcançar a terceira e quarta idades (Gerontologia).

Profilaxia. Constitui a profilaxia da condição do chamado *velho(a) ranzinza,* mesmo com as vicissitudes, especialmente de ordem somática, inevitáveis a estes períodos da vida.

Jovens. Existem jovens irritadiços e rabugentos contumazes, evidenciando o fato de a qualidade do senso de humor pessoal não ser determinada pelo fator cronológico (faixa etária).

Compléxis. O bom humor não garante o compléxis. Precisa-se qualificar a mensagem. Deixemos o infantilismo primário de lado (parvulez). A vida não é brincadeira.

Humorosus. A conscin habituada a manifestar sensibilidade de senso de humor é o *Homo sapiens humorosus.*

Desperto. Exemplo disso é o ser desperto, capaz de manter o bom humor inabalável.

ALEGREMO-NOS COM A COSMOÉTICA. REPUDIEMOS O HUMOR NEGRO, TÍPICO DO BELICISMO, DENTRO DO NOSSO MICROUNIVERSO CONSCIENCIAL.

Paradoxo. Atividade profissional das mais árduas é a da limpeza pública, ainda assim podendo ser desempenhada com elevado estado de humor (V. **Voitch,** Guilherme; ***Garis enfrentam Rotina com Bom Humor e Alegria;*** *O Estado do Paraná;* Curitiba, PR; 30.07.02; página 9).

43. Bom Humor

Síntese. Existe 1 megapensene trivocabular, paradoxal, cabível para este estudo: – *Sorriso: relax labial.*

Agentes. A partir da *Experimentologia,* a qualidade da vivência do *binômio seriedade-bom humor* pode ser sustentada ou ampliada por intermédio de, no mínimo, 19 agentes gratificantes notadamente avançados, sejam de efeitos momentâneos ou mais prolongados, abaixo ordenados segundo a seqüência alfabética:

01. **Assistência:** tares; tenepes; ofiex.
02. **Banho de energias:** patrocinado pelo amparador.
03. **Cosmoconsciência:** expansão da consciência.
04. **Entrevista:** entrevista com Serenão.
05. **Euforin:** em decorrência de condições sadias.
06. **EV:** profilático; qualificado; assistencial.
07. **Exercícios:** atividade física (endorfina).
08. **Êxito:** etapa vencida; completismo; conclusão.
09. ***Insight:*** entendimento de questões obscuras (heureca).
10. **Ludismo:** escrita; leitura; pesquisa; cosmograma.
11. **Megafraternidade:** amor puro; afetividade madura.
12. **Ortopensenidade:** intencionalidade sadia.
13. **Primener:** apogeu das energias conscienciais.
14. **Proéxis:** *em dia* com o cumprimento da proéxis.
15. **Projeção:** contato com a procedência extrafísica.
16. **Reencontro:** grupo evolutivo de proéxis grupal.
17. **Retrocognição:** recordação de 1 compléxis.
18. **Sexo:** sessão sexual diária da dupla evolutiva.
19. **Sincronicidade positiva:** cronêmica; proxêmica.

Força. De acordo com a *Assistenciologia,* existem pelo menos duas tarefas evidenciadoras da força assistencial do bom humor:

1. **Tacon.** O humor assistencial pela tacon. Possui a capacidade de alegrar os ambientes sombrios e descontrair pessoas melancólicas por viverem situações críticas ou conflituosas.
2. **Tares.** O humor assistencial pela tares. Constitui a *embalagem soft,* por meio do psicossoma, carregando o *conteúdo hard* para atingir o mentalsoma e o maior esclarecimento da consciência (*ridendo dicere verum*), inclusive empregando a impactoterapia quando necessário.

44. Qualificativos do Humor

Qualificativos. Através da *Holomaturologia,* existem pelo menos 15 *variáveis qualificativas* do humorismo, de modo geral, a serem empregadas como orientação ou *checklist,* aqui listadas na ordem alfabética:

01. **Assistência.** O humor útil, assistencial (convergência de trafores). Embora muitas vezes antipática e proferida de modo veemente, tares não é sinônimo de carranca ou mau humor.

02. **Autocrítica.** O espírito auto e heterocrítico na evitação das ingenuidades humorísticas ou do *amadorismo convivencial.*

03. **Conhecimento.** Cultura pessoal e mentalsomática na prática do bom-tom humorístico.

04. **Cosmoética.** A Cosmoética vivida através das incorruptibilidades humorísticas.

05. **Cosmovisão.** Visão de conjunto nas prospecções dos resultados almejados através do humor.

06. **Discernimento.** Domínio das emoções para ampliar o autoalegramento discernido.

07. **Experiência.** As lições trazidas das experiências cômicas pessoais anteriores (*know-how*).

08. **Fraternismo.** A intercompreensão e intercooperação indispensáveis na anticonflituosidade humorística.

09. **Intenção.** Lisura humorística na qualidade da intenção (índole).

10. **Lucidez.** A hiperacuidade permanente nas injunções graciosas do cotidiano.

11. **Organização.** Estruturação do *minuto humorístico* (minudência).

12. **Parapsiquismo.** Parapercepção e vivência do humor lúcido, multidimensional. A ignorância quanto às evocações doentias do humor negro faz muitos estudiosos considerarem a técnica e a forma essenciais às piadas.

13. **Prioridade.** A inteligência evolutiva nos critérios e escolhas descontraídas a favor da proéxis.

14. **Universalismo.** Regra megafraternal: – Que aconteça o melhor para todos.

15. **Vontade.** A força da vontade perante o próprio microuniverso psicossomático e humorístico. Bom humor e otimismo também são saúde.

VI

Profissionalismo

45. QUALIFICAÇÃO PROFISSIONAL

Definição. A *qualificação profissional* é o ato ou efeito de qualificar os desempenhos profissionais, atribuindo maior qualidade às escolhas, envolvimentos, projetos e manejo do dinheiro no universo trabalhista.

Sinonímia. Eis, na ordem alfabética do assunto, 10 áreas do universo da progressão sinonímica da *qualificação profissional:*

01. **Assistenciologia:** *assistência técnica evolutiva; voluntariado do bem.*
02. **Comunicologia:** exercício de vendas cosmoéticas.
03. **Conscienciocentrologia:** organização conscienciocêntrica.
04. **Conviviologia:** vínculo consciencial predominante.
05. **Cosmoética:** profissionalismo cosmoético.
06. **Experimentologia:** qualificação da mão-de-obra.
07. **Intrafisicologia:** empresa ecologicamente correta; Saúde do trabalho; Segurança do trabalho.
08. **Proexologia:** inversão profissional (invéxis); reciclagem profissional (recéxis).
09. **Parassociologia:** invulgaridade profissional; legalidade comercial; responsabilidade social autêntica.
10. **Somática:** profissionalismo pró-saúde.

Antonímia. Eis, na ordem alfabética do assunto, 10 áreas do universo da progressão antonímica da *qualificação profissional*:

01. **Assistenciologia:** assistência técnica fajuta; ganância desenfreada; *voluntariado do mal.*
02. **Comunicologia:** engodos; vendas espúrias.
03. **Conscienciocentrologia:** organização *anticonsciência.*
04. **Conviviologia:** heterocorrupção.
05. **Cosmoética:** anticosmoética na profissão; improbidade profissional; *pisar em cima dos outros.*
06. **Experimentologia:** mão-de-obra desqualificada; ócio.
07. **Intrafisicologia:** negligência; radiação.
08. **Proexologia:** fluxo do mercantilismo; *money society.*
09. **Parassociologia:** responsabilidade social demagógica.
10. **Somática:** preguiça; profissionalismo antissomático.

46. MATERPENSENE

Predomínio. Pelos conceitos da *Pensenologia,* urge diferenciarmos pelo menos 4 esferas do desempenho profissional conforme o materpensene dominante, listadas nesta ordem lógica:

1. **Profissão.** O materpensene da profissão.
2. **Profissional.** O materpensene do profissional.
3. **Empresarial.** O materpensene da empresa.
4. **Mercadológico.** O materpensene do mercado.

A ATIVIDADE PROFISSIONAL É FERRAMENTA PARA O COMPLÉXIS QUANDO ASSENTADA NO CONTEÚDO DA MISSÃO E NÃO NA MOLDURA DA IMAGEM.

Ambigüidade. Entre as atividades profissionais existem variações materpensênicas ambíguas, à semelhança destas 5:

1. **Conhecimento:** do predomínio da arte à ciência.
2. **Época:** do predomínio do anacrônico ao moderno.
3. **Grupalidade:** do predomínio do assédio à assistência.
4. **Utilidade:** do predomínio do fútil ao indispensável.
5. **Veículo:** do predomínio do cerebelo ao mentalsoma.

Certificados. O materpensene profissional fica evidente já no momento da formação acadêmica legítima ou forjada, haja vista os diplomas fáceis, a *compra do conhecimento* ou as irregularidades na emissão de certificados de conclusão do curso superior.

Ênfases. Torna-se oportuno refletir sobre 8 ênfases para pautar o materpensene profissional, listadas na ordem natural:

1. **Pior.** Não seguir adiante com o pior.
2. **Traf*a*res.** Não cultuar os traf*a*res.
3. **Patopensenidade.** Não aplaudir os patopensenes.
4. **Facção.** Não prolongar o facciosismo.
5. **Rivalismo.** Não exaltar as rivalidades inócuas.
6. **Belicismo.** Não vitalizar a belicosidade.
7. **Contrafluxo.** Não alimentar a anticosmoética.
8. **Futilidade.** Não explorar a futilidade.

47. Finanças Pessoais

Indissociável. Através da *Holomaturologia,* eis 3 premissas indissociáveis impostas à existência humana:

1. **Autodiscernimento.** A evolução torna o emprego do autodiscernimento condição essencial na multidimensionalidade.
2. **Dinheiro.** O capitalismo torna o manejo do dinheiro condição inevitável na dimensão intrafísica.
3. **Proéxis.** A evolução da consciência inserida no sistema capitalista torna o autodiscernimento, quanto à administração do dinheiro, aspecto determinante do êxito ou do fracasso no desempenho da proéxis.

Educação. Entre os extremos do avarento (poupador) e do perdulário (gastador), a inteligência no trato do dinheiro engloba o emprego de pelo menos 9 habilidades primárias diretas, aqui dispostas na ordem alfabética:

1. **Economia.** Poupar ou economizar.
2. **Escolhas.** Estabelecer critérios de escolha.
3. **Gastos.** Fazer uso ou gastar.
4. **Investimento.** Realizar investimentos.
5. **Limite.** Lidar com limites de consumo.
6. **Necessidades.** Discernir necessidades.
7. **Negociação.** Praticar negociações.
8. **Planejamentos.** Planejar receitas e despesas.
9. **Responsabilidade.** Arcar com escolhas.

Reflexão. A fim de anatomizar o grau de inclinação cosmoética das práticas profissionais, cabe a análise autocrítica ou a ponderação sobre 3 questões cruciais ligadas aos ganhos financeiros:

1. **Origem.** Qual a real origem deste dinheiro?
2. **Companhia.** Este dinheiro trouxe alguma companhia indesejável ou está acompanhado de alguma repercussão holocármica irreversível para esta vida?
3. **Destino.** Para onde vai ou está destinado este dinheiro?

Escuso. Dominada pelas emoções e pela *lei do menor esforço,* qualquer pessoa é capaz de cometer os atos mais escusos de contravenção, ambicionando angariar lucros e vantagens pessoais egoístas sem mensurar conseqüências.

48. TAXOLOGIA

Áreas. As regras, cursos, avaliações ou controles de qualidade no universo das profissões humanas atingem pelo menos 34 áreas, enumeradas na ordem alfabética de modo a ampliar a visão de conjunto do pesquisador(a):

01. **Qualificação em Administração.**
02. **Qualificação em Agricultura.**
03. **Qualificação em Astrofísica.**
04. **Qualificação em Cirurgia.**
05. **Qualificação em Comunicação.**
06. **Qualificação em Construção Civil.**
07. **Qualificação em *Design*.**
08. **Qualificação em Direito.**
09. **Qualificação em Educação.**
10. **Qualificação em Enfermagem.**
11. **Qualificação em Farmácia.**
12. **Qualificação em Fisiologia.**
13. **Qualificação em Geografia.**
14. **Qualificação em Gestão.**
15. **Qualificação em Informática.**
16. **Qualificação em Letras.**
17. **Qualificação em Limpeza.**
18. **Qualificação em *Marketing*.**
19. **Qualificação em Matemática.**
20. **Qualificação em Mecânica.**
21. **Qualificação em Meteorologia.**
22. **Qualificação em Negócios.**
23. **Qualificação em Nutrição.**
24. **Qualificação em Patologia.**
25. **Qualificação em Pesquisa.**
26. **Qualificação em Podologia.**
27. **Qualificação em Programação.**
28. **Qualificação em Recursos Humanos.**
29. **Qualificação em Saúde.**
30. **Qualificação em Segurança.**
31. **Qualificação em Tecnologia.**
32. **Qualificação em Telegrafia.**
33. **Qualificação em Turismo.**
34. **Qualificação em Zootecnia.**

49. IRREGULARIDADES

Fatores. Os fatores ideais, mínimos, para o exercício da profissão devem abarcar não só o universo de quem trabalha mas também de quem usufrui, a razão de ser ou o beneficiado por esta atividade: o cliente.

NA EMPRESA NA QUAL A PRIORIDADE MÁXIMA É O LUCRO FINANCEIRO, A CONSCIÊNCIA ACABA FICANDO, INEVITAVELMENTE, EM PLANO SECUNDÁRIO.

Ectopia. O exercício profissional, dentro de alguma empresa aos moldes convencionais, é inconveniente, inapropriado ou desfavorável quando apresenta pelo menos 10 características ectópicas para os participantes, listadas aqui na ordem alfabética:

01. **Contratação.** *Quando* não regularizar condições de contratação.

02. **Direitos.** *Quando* não atender direitos trabalhistas.

03. **Exploração.** *Quando* houver qualquer tipo de exploração anticosmoética, a exemplo do trabalho escravo.

04. **Jornada.** *Quando* a carga horária ou jornada de trabalho extensa constituir empecilho para a conciliação entre estudo, trabalho e outras atividades.

05. **Melancolia.** *Quando* gerar descontentamento evidente, de modo progressivo, retratando estado de melancolia intrafísica.

06. **Moral.** *Quando* submeter ao desenvolvimento de atividades constrangedoras ou degradantes moralmente.

07. **Perspectiva.** *Quando* não fornecer qualquer perspectiva concreta de crescimento profissional e consciencial.

08. **Remuneração.** *Quando* não remunerar adequadamente, pelo menos de acordo com a média relativa do mercado.

09. **Sectarismo.** *Quando* participar da empresa implicar, de modo obrigatório, em algum vínculo político-ideológico sectário.

10. **Insalubridade.** *Quando* colocar em risco a saúde devido ao ambiente de trabalho sem condições de segurança, ou onde o empenho exigido é superior à resistência do soma – Saúde e Segurança do Trabalho.

50. ANTIPROFISSIONALISMO

Envolvimentos. Toda profissão é válida quando não opera contra o *direito evolutivo das consciências.* Nas aplicações ou direcionamentos práticos, cabe sempre excluir 20 tipos de envolvimentos improficientes ou contrários ao bem-estar comum:

01. **Abusos:** explorações em geral; mão-de-obra infantil.
02. **Antissomática:** danos à saúde; radiações evitáveis.
03. **Autoritarismo:** abuso de poder; autocracia.
04. **Belicismo:** armas; guerra; militarismo.
05. **Caça:** caça ilegal; crimes ambientais; pesca ilegal.
06. **Contrabando:** negócios clandestinos; tráfico e transações ilegais.
07. **Corporativismo:** impunidade; paternalismo; submissão.
08. **Corrupção:** adulterações; conluio; dolos; exorbitações; estelionato; extorsões; fraudes.
09. **Falsificações:** pirataria; plágio.
10. **Ilicitudes:** lavagem de dinheiro; subornos.
11. **Maledicências:** boataria; difamações; fofocas; intrigas; trampolinagem.
12. **Malversações:** irresponsabilidade; omissões deficitárias.
13. **Manipulações:** lavagens cerebrais; mensagens subliminares; propaganda enganosa.
14. **Politicagem:** aliciamentos; compra de votos; crimes de lesa-pátria; crimes eleitorais; nepotismo.
15. **Poluição:** desleixo com dejetos químicos, detritos nucleares, esgoto hospitalar e lixo tóxico; *lixões.*
16. **Promiscuidade:** atentado ao pudor; molestamento; prostituição.
17. **Risco:** alto risco à vida; atividades fronteiriças; esportes radicais; pugilismo.
18. **Toxicomania:** alcoolismo, alucinógenos, entorpecentes, tabagismo.
19. **Violações:** *cybercrimes;* espionagem.
20. **Violência:** maus-tratos; tauromaquia; tortura.

Sutileza. A apologia anticosmoética sutil pode ser constatada no simples ato de usar camiseta estampando o logotipo de alguma empresa de cigarros ou ilustração incitando a prática de esportes radicais. *Conscin: bandeira ambulante.*

51. Responsabilidade Social Demagógica

Discrepância. É discrepância explícita, indefensável, o cúmulo da *incoerência corporativa,* a empresa de cigarros (tabaco, fumo) considerada organização socialmente responsável.

Subestimação. Somente o ato de subestimar a inteligência das pessoas já demonstra a postura primária ou despreparo da organização perante a assistencialidade social cosmoética.

Fuga. Porque contribui com entidades assistenciais ou projetos sociais, a empresa não pode esperar eximir-se da responsabilidade relativa aos prejuízos desencadeados à saúde de milhões de pessoas fumantes, inclusive passivas.

Indefensável. O custo em doenças e vidas perdidas, afora os bloqueios no cardiochacra, torna indefensável o tabagismo.

Desassociação. Infelizmente, esta complacência se justifica pelo fato de muitos destes comprometimentos sociais serem estabelecidos de maneira desassociada do principal produto ou serviço comercializado pela empresa.

Consciência. As empresas socialmente responsáveis, *cidadãs,* engajadas na execução de importantes contribuições na área social, ditas humanizadas – representando, sem dúvida, algum avanço – ainda não podem ser consideradas conscienciocêntricas porque não abordam a consciência inteira, as manifestações pensênicas, holossomáticas e multidimensionais, favorecendo prioritariamente a holomaturidade do ser social.

Anonimato. Eis 1 diferencial marcante: a empresa conscienciocêntrica exerce contribuições sociais de maneira anônima porque não espera retribuição intrafísica por isso.

APARENTAR *É A CHAVE PARA O SUCESSO DA EMPRESA SOCIALMENTE RESPONSÁVEL.* SER *É O RUMO DO ÊXITO MULTIDIMENSIONAL DA EMPRESA CONSCIENCIOCÊNTRICA.*

Orgulho. Olhar para algum corpo humano morto (cadáver) pode fazer a pessoa pensar e questionar: após minha dessoma, de quais valores práticos e realizações úteis me orgulharei de ter preenchido esta existência?

52. DIFERENCIAIS CONSCIENCIOCÊNTRICOS

Preferência. No universo da *Conscienciocentrologia,* é preferível ser funcionário(a) da biblioteca pública e não da loja de armas; da escola pública e não do prostíbulo; do hospital público e não do quartel. Dessa forma as consciências saem ganhando.

Diferencial. O modelo de gestão conscienciocêntrica se diferencia dos modelos convencionais, das empresas socialmente responsáveis e holísticas por oferecer pelo menos 6 características fundamentais:

1. **Paradigma.** Está baseado no paradigma consciencial, ou seja, na realidade evolutiva, multiexistencial, holossomática e multidimensional das consciências.
2. **Tares.** Trabalha com a tarefa do esclarecimento – tares.
3. **Discernimento.** É movido pelo discernimento do mentalsoma e não por ideais ou interesses anticosmoéticos.
4. **Rendimento.** O rendimento e a importância dos vínculos estabelecidos não são medidos apenas sob o ponto de vista da intrafisicalidade e das aquisições financeiras.
5. **Cosmoética.** Assenta a filosofia em parâmetros cosmoéticos dentro da multidimensionalidade, ou seja, além da ética exclusivamente humana.
6. **Vínculos.** Os vínculos, embasados nas relações holocármicas prolongadas, sobrepõem-se às relações profissionais temporárias, *substituindo* os sócios, funcionários e clientes pelas consciências multidimensionais.

HÁ MUITOS MOTIVOS RACIONAIS PARA A CONSCIN SER HONESTA E CORRETA. OPTAR PELA ANTICOSMOÉTICA É A PIOR CEGUEIRA.

Sugestão. Portanto, o vínculo consciencial está reiterado e sugerido aqui como solução para esta lacuna (V. **Vieira**, Waldo; ***700 Experimentos da Conscienciologia;*** Rio de Janeiro, RJ; 1994; página 318).

Vantagens. Certamente, tal aspecto não traz vantagens diretas na intrafisicalidade, mas antes de tudo implica em vantagens cosmoéticas dentro do percurso evolutivo da consciência.

53. Qualificativos da Conduta Profissional

Qualificativos. Através da *Holomaturologia,* existem pelo menos 9 *variáveis qualificativas* do profissionalismo de modo geral, a serem empregadas como orientação ou *checklist,* aqui listadas na ordem alfabética:

1. **Assistência.** A profissão mais nobre é a da assistência interconsciencial não remunerada, com o predomínio da tares conforme os princípios da Cosmoética.

2. **Autocrítica.** Persistir nos erros pessoais é ser derrotado por eles. A falha administrativa explícita, *a menor,* pode trazer a falha consciencial implícita, *a maior.*

3. **Cosmoética.** A Cosmoética é o elemento essencial da qualificação profissional, não convergindo, por exemplo, com a postura de colocar em risco a vida de outras pessoas tão-somente para promover a própria sobrevivência.

4. **Cosmovisão.** Produzir pensenes tão-somente de pré-serenão torna mais difícil superar a instância evolutiva na qual está. Ninguém vence a maratona existencial (proéxis) sem o suor da auto-superação.

5. **Discernimento.** Independente de débitos grupocármicos ou determinada proéxis, as escolhas de cada conscin são orientadas pelo discernimento em nível primário ou mais avançado.

6. **Fraternismo.** A megafraternidade é a profilaxia contra a exploração anticosmoética das pessoas vistas apenas na condição de *fontes-de-renda.*

7. **Intenção.** Aqueles de quem usufruímos favorecimentos voltam, cedo ou tarde, ao nosso caminho na seriéxis, devido à inseparabilidade grupocármica. Qualificação profissional não é vender a si tendo em vista ganhos secundários, manutenção de traf*a*res ou fugas a responsabilidades evolutivas.

8. **Lucidez.** A conduta profissional cosmoética é indispensável em qualquer ambiente onde o indivíduo exerça a profissão e expresse os pensenes. Tal nível somente é alcançado com a autolucidez semeada dia a dia.

9. **Prioridade.** A excessiva dedicação ao trabalho braçal ou cerebelar, seja qual for o campo, pode representar mera fuga ou mecanismo de defesa para não atuar pela intelecção, mantendo assim a pasmaceira pessoal referente às interconexões cerebrais. O contrário também é verdade. As prioridades contam muito aqui.

VII

Afetividade

54. QUALIFICAÇÃO AFETIVA

Definição. A *qualificação afetiva* é o ato de qualificar ou atribuir maior qualidade às emoções e sentimentos de afeição da consciência em detrimento das manifestações inferiores, vulgares ou medíocres da antifraternidade.

Sinonímia. Eis, na ordem alfabética do assunto, 11 áreas do universo da progressão sinonímica da *qualificação afetiva:*

01. **Admiração:** racionalização das admirações interconscienciais; vivência crescente do binômio admiração-discordância.
02. **Afeto:** aperfeiçoamento do discernimento afetivo.
03. **Afinidade:** afinidades traforistas; ampliação dos interesses maduros; aprimoramento das relações afins.
04. **Altruísmo:** descoberta gradual do altruísmo autêntico.
05. **Amor:** qualificação amorosa.
06. **Apego:** vivência crescente do binômio apego-desapego.
07. **Emoções:** domínio progressivo das emoções.
08. **Evoluciologia:** atos afetivos inteligentes evolutivamente.
09. **Instintividade:** auto-superação dos impulsos irracionais.
10. **Psicossomática:** evolução no emprego do psicossoma.
11. **Sentimento:** predominância dos sentimentos nobres.

Antonímia. Eis, na ordem alfabética do assunto, 11 áreas do universo da progressão antonímica da *qualificação afetiva:*

01. **Admiração:** futilização das admirações interconscienciais; ignorância quanto à prática do binômio admiração-discordância.
02. **Afeto:** desqualificação afetiva; ectopia afetiva; retrocesso das manifestações afetivas.
03. **Afinidade:** ampliação dos interesses imaturos; anticosmoetização das relações afins; tra*fa*res potencializados a dois.
04. **Altruísmo:** descoberta gradual do altruísmo inautêntico.
05. **Amor:** desqualificação amorosa; paixonite.
06. **Apego:** exagero de apegos; exagero nos desapegos.
07. **Emoções:** descontrole progressivo das emoções.
08. **Evoluciologia:** escolhas afetivas antievolutivas.
09. **Instintividade:** auto-submissão aos impulsos irracionais.
10. **Psicossomática:** regressão no emprego do psicossoma.
11. **Sentimento:** inexistência de sentimentos nobres; predominância dos rancores desprezíveis.

55. ALVOS DE AFEIÇÃO INTERCONSCIENCIAL

Conscins. Eis, entre inúmeros outros, 27 alvos de afeição interconsciencial, objetos de *filias*, *latrias* e *manias* diversas, hígidas e patológicas, aqui listadas na ordem alfabética:

01. **Alemães:** teutomania.
02. **Animais em geral:** zoofilia; zoolatria; zoomania.
03. **Aranhas:** aracnofilia.
04. **Árvores:** dendrofilia; dendrolatria.
05. **Aves:** ornitofilia.
06. **Cães:** cinofilia; cinolatria.
07. **Cavalos:** hipomania.
08. **Crianças:** pedofilia.
09. **Espanhóis:** hispanofilia.
10. **Estrangeiros em geral:** xenofilia.
11. **Flores:** antomania; floromania.
12. **Gatos:** elurofilia.
13. **Helenos:** helenolatria (antiga Grécia).
14. **Homens:** androlatria; andromania.
15. **Ídolos:** idolatria (tietagem). Você idolatra e bate palmas para quem lhe considera unicamente boa fonte de lucro?
16. **Idosos:** gerontofilia.
17. **Ingleses:** anglomania.
18. **Italianos:** italianofilia.
19. **Latinos:** latinofilia.
20. **Morcegos:** quiropterofilia.
21. **Mulheres virgens:** partenofilia.
22. **Plantas:** fitolatria.
23. **Pombos:** columbofilia.
24. **População em geral:** demofilia.
25. **Russos:** russofilia.
26. **Seres humanos:** admiromania; antropofilia.
27. **Serpentes:** ofiolatria.

MESMO COM A MAIOR SIMBIOSE ENTRE DUAS CONSCIÊNCIAS, AMBAS CONTINUARÃO SENDO SEMPRE INDIVIDUALIDADES OU SERES DISTINTOS.

56. PROXÊMICA

Definição. A *proximidade interconsciencial* é a condição de próximo, pequena distância ou intimidade entre as consciências.

Sinonímia: contigüidade; proxêmica; vizinhança.

Antonímia: afastamento; cronêmica; *distancêmica.*

Habilitação. A pessoa com as melhores condições para ser tanto *amiga* quanto *inimiga,* capaz de acessar facilmente nossos momentos de baixa lucidez ou fragilidade (*locus minoris resistenciae*), é aquela mais próxima, com maior conhecimento a nosso respeito.

Ocasiões. Há execuções de crimes mascaradas na ocasião clássica da demonstração de afeto pelo singelo ato de presentear (V. **Zero Hora;** Redação; ***Mulher ferida a Bala ao Receber Buquê;*** Tablóide; Porto Alegre, RS; 18.09.03; página 40).

O ABUSO SEXUAL CONTRA CRIANÇAS É, EM GERAL, COMETIDO PELOS PRÓPRIOS COMPONENTES DA FAMÍLIA OU PELAS PESSOAS PRÓXIMAS AO MENOR.

Proximidade. Eis pelo menos 10 categorias de posições sociais diferentes da conscin, em relação às quais a afetividade surge de maneira mais direta:

01. **Amigos.** Amigos de infância.
02. **Aprendiz.** Alunos, homens ou mulheres.
03. **Assistido.** Amparado ou evoluciente.
04. **Colega.** Colegas de estudos ou de lazer (coleguismo).
05. **Familiar.** Parentes.
06. **Médico.** Clínico, terapeuta ou médico particular.
07. **Pais.** Progenitores (amor filial).
08. **Parceiro.** Parceiro(a) íntimo(a) – amor romântico.
09. **Professor.** Professor, homem ou mulher.
10. **Prole.** Filhos (amor materno e paterno).

Amor. Pouco adianta amar a mãe, o pai, o irmão ou irmã, o filho ou a filha, o esposo ou a esposa, alimentando ódio dentro de si em relação ao vizinho, à sociedade ou ao Cosmos.

57. ECTOPIAS

Paradoxo. A afetividade humana registra paradoxos ectópicos, à semelhança do gesto carinhoso transformado em lesão corporal (V. **Folha de S. Paulo;** Redação; ***Homem que deixou Mancha Roxa na Filha com Beijo é Absolvido;*** Jornal; 29.03.03; página C 3).

Sutileza. Existem preferências afetivas direcionadas mais para *objetos* em detrimento das *conscins*. Exemplo disso é a paixão pelo motociclismo com alto potencial para aleijar e matar pessoas (V. **Primeira Linha**; Redação; ***Empresário une Paixão pelo Motociclismo ao Trabalho;*** Tablóide; Foz do Iguaçu, PR; 04.06.03; página 3).

Amigo. A realização anticosmoética, inclusive involuntária (acidente de percurso), pode vir de pessoa amiga (V. **Zero Hora;** Redação; ***Estudante morre ao Ser baleado por Amigo;*** Tablóide; Porto Alegre, RS; 10.09.03; página 37).

Tragédias. Mesmo a maior inclinação afetiva não dispensa as profilaxias para lidarmos com a insensatez de nossos colegas evolutivos, nestes tempos de tragédias românticas reais, violência e criminalidade.

Diferenciações. O preconceito e os amores errados são demonstrações claras da vivência primária do *confor interconsciencial,* quando o binômio admiração-discordância é esquecido e, com isso, se ausentam pelo menos 4 diferenciações críticas:

Tabela 2. **Diferenciações entre Conteúdo e Forma**

	Consciência	*Con*	*For*
1.	**Quem pensa**	Conteúdo da idéia	Forma da idéia
2.	**Quem diz**	Conteúdo das palavras	Forma das palavras
3.	**Quem pede**	Conteúdo do pedido	Forma do pedido
4.	**Quem age**	Conteúdo da ação	Forma da ação

Erro. A acriticidade leva ao excesso de confiança depositada na figura de autoridade, notadamente passível de cometer erros.

Imperfeição. Não existe perfeição. Todo ser humano é dotado de traf*o*res e traf*a*res, mesmo o objeto maior de amor, o companheiro ou companheira íntima.

Atenção. Manter, simultaneamente, a atenção voltada para o conteúdo e para a forma dentro da convivialidade humana, conforme o *momentum evolutivo,* é investimento inteligente.

58. PAIXÕES ARRAIGADAS

Megapensene. Este assunto pode ser definido em 1 megapensene trivocabular: – *Paixonite: moldura afetiva.*

Razão. O ser humano sobre esse planeta é o único animal apto a racionalizar a instintividade e as manifestações de afeto.

Ruim. Porém, também é capaz de adorar e cultuar o ruim.

Renúncia. No entanto, é demonstração ímpar do *querer bem,* o ato da *renúncia cosmoética.* Neste caso, amor nunca é doença e jamais traz mal-estar (V. **Petrocelli,** Renata; ***Amor que Não tem Cura;*** *Zero Hora;* Porto Alegre, RS; 20.07.03; página 12).

Repressão. Esta condição é impraticável pela pessoa dominada pelo ardor do afeto incontrolável, para quem quanto mais reprimida for a *amada(o),* melhor.

Interdimensional. Tal aspecto independe da dimensão onde se manifeste a consciência, condição na qual se inserem as relações entre conscins e consciexes.

Proéxis. Neste ponto, impera o seguinte fato: as maxiproéxis estão acima das paixões arraigadas derivadas dos minipensenes.

Compensação. Os arrebatamentos propiciados pelas atrações fervorosas da paixão não compensam as tormentas emocionais (estresse negativo) inevitavelmente decorrentes. São meramente pseudobenefícios e rendem pouco à proéxis.

AQUI, O LEITOR PODE SE AVALIAR: MINHA AFETIVIDADE APRISIONA OU LIBERTA? QUAL É A UNIDADE DE MEDIDA DOS MEUS SENTIMENTOS?

Intrusão. Pela *Parapatologia,* os pensamentos da conscin *loucamente apaixonada* não são inteiramente legítimos dela própria, quase sempre surgindo conjugados às intrusões de consciências extrafísicas doentias (V. **Poniwass,** Luigi; ***Pedofilia, Incesto e Paixão;*** Peça "Como Aprendi a Dirigir um Carro"; *O Estado do Paraná;* Curitiba, PR; 19.07.02; página 17).

Policarma. No universo da *Evoluciologia,* o afeto qualificado caminha a partir da dupla evolutiva para a fraternidade grupal e, depois, para a megafraternidade policármica.

59. ANTICOSMOÉTICA

A PAIXÃO É INCLINAÇÃO FANÁTICA POR ALGO OU ALGUÉM, A OFUSCAÇÃO DA RACIONALIDADE E DA LUCIDEZ PARA O AMOR CONSCIENTE DO MENTALSOMA.

Irracionalidade. Sob várias influências, a exemplo de carências sexuais e retrocognições doentias (inconscientes), o afeto desqualificado pode remeter a conscin a atitudes irracionais ao modo destas 15, de conseqüências danosas, listadas na ordem alfabética:

01. **Agressividade:** o argumento cerebelar da força.

02. ***Amor Platônico:*** insegurança afetiva. Todo vício dominador revela alguma paixão arraigada encoberta.

03. **Ciúmes:** dependências emocionais.

04. **Desquites minidissidentes:** dispensa do amparador.

05. **Drogas:** apelo para o uso de drogas em geral – tabagismo, alcoolismo, alucinógenos. Não existe maquilagem de conteúdo. O álcool é droga lícita socialmente, mas nem por isso deixa de ser droga e ilícita para os atributos conscienciais.

06. **Homicídios:** passionalidade.

07. **Homossexualismo:** amor narcisista. A paixão faz o guia cego por intermédio da apriorismose e da parcialidade egocêntrica. O universalismo discernido faz o guia vidente.

08. **Idolatria:** superestima (tietagem).

09. **Infidelidade inconcessa:** incoerência. A *carne fraca* e o pecadilho mental são gêmeos da vontade débil.

10. **Manipulação:** assédio interconsciencial.

11. **Pedofilia:** psicopatia. Covardia, prevalecimento e imoralidade também podem acompanhar os *adultos infantilizados*.

12. **Perseguição:** paranóia (evocações; monoideísmo).

13. **Possessividade:** autocorrupção (*egão*) ao coibir egoisticamente a liberdade da outra pessoa. A possessividade pode causar o encapsulamento patológico do parceiro(a), no caso, sem razoável autodomínio das ECs.

14. **Promiscuidade:** poligamia (hedonismo sexossomático).

15. **Suicídios:** *pseudofuga* do inalienável. O suicídio é omissão a si próprio.

60. DRAMATURGIA

Sucesso. Com base na *Comunicologia,* parte do sucesso de muitas produções cinematográficas, obras literárias e peças teatrais (dramaturgia), entre outras reproduções da realidade sobre a qual vivemos, se deve à capacidade de reunir vários elementos estimulantes das emoções humanas desencadeadoras da afetividade.

Holopensene. Porém, com freqüência, tais produções estão imersas num holopensene artístico (psicossomática) e mercantilista (capitalismo selvagem).

Estilo. Assim criam-se os mais diversos paradigmas de relacionamento, não raro desqualificados consciencialmente, influenciadores do público predisposto a assimilar, através das emoções, o estilo de vida (hábitos) em detrimento da informação recebida (cultura) através da razão e criticidade.

AS PRODUÇÕES HOLLYWOODIANAS, ESPECIALISTAS EM MOLDURA (FORMA), TRANSFORMAM MEGASSEDIADORES EM VEDETES, GALÃS E SÍMBOLOS SEXUAIS.

Televisão. No universo da teledramaturgia, existem novelas trazendo situações relevantes para análise (a exceção), e também maus exemplos diversos (o padrão). Violência, impulsividade e manipulações espúrias são estilos quase sempre presentes nos personagens, condições reprováveis por parte da pessoa interessada em qualificar a própria afetividade.

Idolatria. Em razão do afeto desqualificado e passional, surgem as consréus idólatras homicidas.

Megaobjetivos. O acúmulo de experiências multidimensionais apontam as escolhas da conscin para 3 grandes objetivos:

1. **Holomaturidade.** Megaobjetivo intraconsciencial: a aquisição da holomaturidade.
2. **Assistência.** Megaobjetivo interconsciencial: o exercício da assistência.
3. **Compléxis.** Megaobjetivo existencial: a conquista do compléxis.

61. CARTAS

Epistalografia. Como esclarece a *Comunicologia,* o afeto obstinado expresso através do envio de cartas (epistalografia, missivismo), tende a ser mais autêntico no conteúdo e menos autocensurado pelo autor devido à *espontaneidade psicossomática.*

Revelações. Daí revelam-se intimidades e desejos imaturos até então inconfessáveis, movidos pelo fervor da paixão, ou mesmo traços de romantismo vicioso, claramente doentio.

Exemplos. Observemos 2 exemplos de correspondências, entre outras, escritas por personalidades conhecidas da literatura (V. **Berman,** Deborah; ***Paixão e Intimidade em Bico de Pena;*** *Manchete;* Rio de Janeiro, RJ; 10.05.97; páginas 66 a 68):

1. **Castração.** Eis 1 trecho da carta do dramaturgo, romancista e jornalista brasileiro Nelson Falcão Rodrigues (1912–1980) à carioca Elza Bretanha (1918–), datada em 12 de junho de 1939: *"...Quero te ver frágil diante da vida, para que eu te defenda, te ampare contra o mundo e contra a própria fatalidade..."*

2. **Pedofilia.** Trecho da carta do poeta irlandês James Joyce (1882–1941) à Nora Barnacle (1884–1951), datada em 7 de setembro de 1909: *"...Neste momento estou me rindo ao pensar nos teus peitinhos de menina... Contudo como meu coração se enternece quando penso em teus ombros frágeis e tuas pernas de menina. Como és marota! Foi para parecer uma menina que cortaste o cabelo entre as pernas?".*

CARTAS REVERBERAM PELA SERIÉXIS. FICAM PARA A POSTERIDADE ATRAVÉS DE LIVROS, PEÇAS E FILMES, ESTIGMATIZANDO AS CONSCIÊNCIAS ENVOLVIDAS.

Rapport. Tais documentos trazem, futuramente, entraves para os personagens devido ao *rapport afetivo-sexual* alimentado entre ambos, agora ressomados e conviventes com novos parceiros.

Megafraternidade. A megafraternidade – o verdadeiro amor puro – é manifestação prática, sendo expressa através de atos cosmoéticos e não somente com a rima de belas palavras.

62. AFETIVIDADE E PROFISSIONALISMO

Amadurecimento. O afeto diante do paciente ou aluno há de ser vivido e amadurecido com o autodiscernimento, haja vista 2 aspectos imperativos:

1. **Inevitabilidade.** Em função do *sen* do pensene, o afeto (emoções e sentimentos) é inextirpável e inevitável nas manifestações da consciência participativa. Quem odeia não faz assistência.
2. **Excesso.** As emoções exacerbadas afetam o nível de isenção, eqüidistância e, sobretudo, de lucidez no desempenho da tarefa.

Imparcialidade. No entanto, a imparcialidade assistencial cosmoética é particularmente útil perante 2 extremos de afeto nas inter-relações conscienciais:

1. **Afeição.** Em relação ao *ser mais querido,* evitando o estupro evolutivo.
2. **Rejeição.** Quanto ao *ser menos querido,* evitando a omissão deficitária.

USEMOS OS TRAFORES PESSOAIS NA ASSISTÊNCIA AOS TRAFARES ALHEIOS. INTERPRISÃO GRUPOCÁRMICA É A HETEROCRÍTICA EMITIDA PELA COSMOÉTICA.

Medicina. A seriedade com a qual a afetividade no profissionalismo deve ser tratada importa, por exemplo, à Medicina e aos médicos em geral a fim de se evitar pelo menos duas posturas:

1. **Iatrogenia:** o erro médico, ou os danos provocados no paciente por tratamento errôneo ou inadvertido.
2. ***Furor curandis:*** a obcecação fantasiosa pela cura, ou mesmo a precipitação ao medicar o paciente sem, antes, diagnosticá-lo adequadamente.

Transferências. No estudo da afetividade dentro do exercício profissional, cabe observar as *transferências* e *contratransferências* afetivas muito comuns (V. **Gomes,** José Raimundo; ***Jung Apaixonado: A Secreta Simetria com Sabina Spielrein;*** *Ano Zero;* Rio de Janeiro, RJ; Jáneiro, 1992; páginas 42 a 47).

63. Qualificativos do Afeto Interconsciencial

Qualificativos. De acordo com a *Holomaturologia,* existem pelo menos 12 *variáveis qualificativas* do afeto interconsciencial de modo geral, a serem empregadas como orientação ou *checklist,* aqui listadas na ordem alfabética:

01. **Assistência.** O afeto útil, assistencial, através das *convergências afetivas* de trafores.

02. **Autocrítica.** O espírito auto e heterocrítico na evitação das *ingenuidades afetivas* ou do *amadorismo convivencial.*

03. **Conhecimento.** A cultura pessoal, mentalsomática, na prática do *bom-tom afetivo.*

04. **Cosmoética.** A Cosmoética vivida por intermédio das *incorruptibilidades afetivas.*

05. **Discernimento.** O domínio das emoções para expandir as *expressões afetivas* discernidas. A qualificação afetiva nasce do autodiscernimento. A megafraternidade é factível quando o primarismo das emoções é superado.

06. **Experiência.** As lições trazidas das *experiências afetivas* pessoais anteriores (*know-how*).

07. **Fraternismo.** A intercompreensão e intercooperação indispensáveis na *interdependência afetiva.* Quando constatamos a boa relação afetuosa entre a pessoa e o animal doméstico, entre consciex amparadora e conscin amparada, e entre o Serenão e a humanidade, logo concluímos ser possível o vínculo amoroso sadio entre duas conscins do mesmo nível evolutivo.

08. **Intenção.** A *lisura afetiva* sustentada pela qualidade da intenção (índole). Na humanidade ainda predomina o afeto desqualificado a partir dos objetivos intraconscienciais.

09. **Parapsiquismo.** A parapercepção e vivência da *afetividade multidimensional* pela consciência e não só pelo soma.

10. **Prioridade.** A inteligência evolutiva nos critérios e *escolhas afetivas* a favor da proéxis. Em todos os casos da afetividade madura, o interesse autêntico e recíproco prevalece sempre em detrimento dos reboques secundários ou molduras superficiais da vida humana.

11. **Universalismo.** Regra megafraternal: – Que aconteça o melhor para todos.

12. **Vontade.** A força da vontade perante o próprio *microuniverso afetivo.*

VIII

SEXUALIDADE

64. Qualificação Sexossomática

Definição. A *qualificação sexossomática* é o ato ou efeito de qualificar a conduta sexual da conscin, atribuindo maior qualidade ao emprego do sexossoma.

Sinonímia. Eis, na ordem alfabética do assunto, 10 áreas da progressão sinonímica da *qualificação sexossomática:*

01. **Conduta:** aperfeiçoamento da conduta sexual.
02. **Controle:** controle crescente da *kundalini.*
03. **Evolução:** interfusão holossomática libertária; qualificação afetivo-sexual; vivência hígida da sexochacralidade.
04. **Higiene:** investimento na higiene sexochacral.
05. **Instinto:** emprego cosmoético do instinto sexual.
06. **Orgasmo:** cumplicidade holorgástica máxima.
07. **Preferência:** monogamia; unicidade do vínculo sexual.
08. **Regularidade:** sexo diário homeostático.
09. **Saciedade:** compensações sadias do sexochacra; saciedade sexochacral profilática.
10. **Somática:** aprimoramento do *afeto intersomático.*

Antonímia. Eis, na ordem alfabética do assunto, 10 áreas da progressão antonímica da *qualificação sexossomática:*

01. **Conduta:** conduta sexual vulgar; impudência; leviandade sexual; parafilia; sublimação do sexo; vida dissoluta.
02. **Controle:** descontrole crescente da *kundalini.*
03. **Evolução:** desqualificação afetivo-sexual; inexperiência sexual na adultidade; interfusão holossomática aprisionante.
04. **Higiene:** desasseio somático permanente.
05. **Instinto:** impulso sexual incontido; submissão cega ao instinto sexual.
06. **Orgasmo:** orgasmos vampirizados.
07. **Preferência:** bissexualismo; homossexualismo; pedofilia; pluralidade do vínculo sexual; poligamia; promiscuidade.
08. **Regularidade:** abstinência sexual; celibato; erotofobia; prática sexual esporádica.
09. **Saciedade:** descompensações doentias do sexochacra; *eterno talvez seja;* insaciedade sexochacral permanente; satiríase.
10. **Somática:** aversão ao contato poro-a-poro; prostituição; sadomasoquismo; virgindade.

65. ESTABELECIMENTOS

Procura. Quanto à *Intrafisicologia,* a pessoa solteira, disponível, seja homem ou mulher, faz dos ambientes públicos onde visita, lugares propícios para a procura de parceiros potenciais.

Ambientes. Desde locais especializados no assunto até outros com requintes de erudição, a preferência, obviamente, recai onde existam agrupamentos de pessoas interagindo, à semelhança destes 23, listados na ordem alfabética (V. **Fontenelle,** André; ***Paraísos da Paquera;*** *Veja;* São Paulo, SP; 16.04.03; páginas 110 e 111):

01. **Academias:** desportos; musculação; aeróbica.
02. **Balneários:** praias; lagoas; rios.
03. **Bares:** *happy hour.*
04. **Bibliotecas:** públicas; particulares.
05. **Cafeterias.**
06. **Casas de *Show.***
07. **Centros religiosos:** igrejas; templos.
08. **Clubes:** agremiações.
09. **Condomínios residenciais:** conjuntos habitacionais.
10. **Danceterias:** boates.
11. **Estabelecimentos esportivos:** estádios, ginásios.
12. **Feiras:** comércio.
13. **Festas em geral:** comemorações.
14. **Pontos turísticos:** excurcionismo.
15. **Praças públicas:** calçadões.
16. **Prostíbulos:** *sexo vendável.*
17. **Quartéis:** belicismo; armamentismo.
18. **Restaurantes:** refeitórios.
19. **Salão de Jogos:** jogatina.
20. **Setores empresariais:** escritórios.
21. ***Shopping centers:*** consumismo.
22. **Universidades:** instituições de ensino.
23. ***Vernissages:*** exposições de arte.

Estigmas. Existem ambientes estigmatizados negativamente para os 2 gêneros, por exemplo:

1. Para a procura de parceir*o*: os quartéis.
2. Para a procura de parceir*a*: os prostíbulos.

66. AGÊNCIAS

Agência. A agência é o estabelecimento destinado a prestar serviços, geralmente na condição de intermediário em negócios alheios e mediante retribuição.

Socorro. A partir da *Comunicologia,* cabe atentarmos para as *agências multimídia* de ficações, namoros e casamentos, dedicadas a *tapar o buraco* da solidão afetiva das pessoas, socorrer os solteiros(as) e patrocinar (re)encontros de destinos diversos, através da assim-chamada *cafetinagem eletrônica.*

Anúncios. Através do jornal, televisão, rádio, cartas e internet, o candidato anuncia qualidades, expõe o perfil pessoal e preferências na expectativa de receber retorno por parte dos(as) pretendentes (V. **Guerra,** Carlos Alberto Morais; ***Paixão ao Primeiro Fax;*** *Claudia;* Setembro, 1997; páginas 180 e 181). Tal procedimento é sempre arriscado em vista da criminalidade.

Características. Em geral, o critério para escolha do parceiro ou da parceria depende de características secundárias e supervalorizadas nesta triagem, ao modo da beleza física na mulher e da estabilidade financeira no homem (V. **Muggiati,** Anna; ***Os Mistérios do Amor;*** *Manchete;* Rio de Janeiro, RJ; 10.05.97; páginas 36 a 38).

Autopromoção. Em muitos casos, tais agências, particularmente enfocadas em programas televisivos, funcionam na condição de trampolim para a autopromoção ou fama de muitos jovens (V. **Mena,** Fernanda; ***Sucesso a Qualquer Preço;*** Adolescência & Fama; *Folha de S. Paulo;* São Paulo, SP; 17.02.03; páginas 6 e 7).

Instintividade. Não raro, surgem até casos de prostituição. Nitidamente, tais interesses não extrapolam as propensões instintivas dos pretendentes. Está em jogo, neste contexto todo, infelizmente, *a sobrevivência social do subcérebro,* mero negócio dentro dos padrões convencionais medíocres da *lei do menor esforço.*

Mérito. O critério cosmoético e o mérito afetivo-sexual, em virtude destas condições, passam distantes da moça e do rapaz interesseiros ou promíscuos, e mesmo superexigentes aos moldes dos solteirões e solteironas superconvictos.

Atividade. Esteja a conscin acompanhada ou não por parceiro(a), o cárdio e o sexochacra não deixam de existir, nem param de funcionar.

Intermissão. O curso intermissivo une consciexes em prol dos compléxis. O evoluciólogo, neste caso, é o maior agenciador.

67. Carências e Retraimento

Atitudes. Eis, na ordem alfabética, 13 efeitos patológicos desencadeados a partir do retraimento da pessoa quanto à sexualidade, evidenciando carências, bloqueios e travões diversos, para os quais se impõe como solução a autoconscientização multidimensional e a formação da dupla evolutiva:

01. **Anonimato.** Enviar cartas anônimas poéticas ou com declarações de amor.

02. **Atrito.** Ter desejo incontido (excitação) de colocar o próprio corpo em contato direto com outros em meio a aglomerações, por exemplo, dentro do ônibus lotado.

03. **Choro.** Chorar durante horas e dias, antes de dormir, lamentando não possuir a pessoa-objeto de amor, sem ter ao menos tentado revelar os sentimentos a ela.

04. **Conversa.** Manter intermináveis diálogos com a pessoa amada, contudo sem conseguir se declarar apaixonado(a).

05. **Drogas.** Ingerir doses alcoólicas elevadas ou fazer uso de tóxicos para desinibir-se e estabelecer maior aproximação íntima com a pessoa desejada.

06. **Filmagem.** Filmar à espreita, pessoalmente, a pessoa amada para depois rever as imagens pela televisão (espionagem).

07. **Partenofilia.** A fim de compensar a auto-inexperiência sexual, ter predileção obsessiva por mulheres ou homens igualmente inexperientes, jovens e virgens, para manter relação sexual.

08. **Puritanismo.** Evitar qualquer tipo de vivência sexual mantendo-se *imaculado(a)* na expectativa de se fazer merecedor(a), ou aumentar o mérito pessoal, para encontrar a *cinderela* ou o *príncipe encantado.*

09. **Recintos.** Praticar, de modo discreto, automasturbação em recintos públicos, observando as demais pessoas.

10. **Silêncio.** Fazer ligações telefônicas consecutivas sem falar ou não identificando-se, só para ouvir a voz da pessoa amada.

11. **Vampirização.** Direcionar constantes seduções sexochacrais para pessoas já comprometidas.

12. **Vigilância.** Ficar horas, durante meses seguidos, à espreita na janela, vigiando o vizinho(a) pelo qual é apaixonado(a).

13. ***Voyeur.*** Praticar a automasturbação observando, através da janela, as pessoas passando pela rua, especialmente durante clima quente (quando os corpos ficam mais desnudos).

68. PROMISCUIDADE

Lubricidade. A promiscuidade sexual é o relacionamento não monogâmico, com muitos parceiros consecutivos ou simultâneos, devido à condição da lubricidade do homem ou da mulher entregues à libertinagem.

Aids. Esta conduta de risco quanto à Aids tem como agravante o permissivismo da sociedade na qual vivemos.

Analogismo. A promiscuidade sexual é análoga ao furor da *promiscuidade afetiva,* as paixões sucessivas e desenfreadas.

Quantidade. O perfil da personalidade lúbrica é estigmatizado a partir da preferência pela quantidade em detrimento da qualidade quanto aos parceiros e às experiências.

Entusiasmo. Neste contexto, a forma e o número são sempre mais entusiasmantes, desprezando-se o conteúdo e a mensagem.

Confusão. Entre os erros mais comuns ou primários, está a habitual confusão entre intensidade (adrenalina) e qualidade.

Crateras. Não raro, trazem consigo e alimentam no holochacra profundas *crateras* cárdio e sexochacrais cronicificadas, levando-as à doença de ansiar sempre por *mais e mais* energias.

Eqüidistância. A personalidade com tendências promíscuas, em geral não apresenta contentamento pela amizade relativamente eqüidistante de outras pessoas, carecendo sempre por maior intimidade.

Lixeiras. Há homens e mulheres inclinados a tornar o próprio aparelho genital verdadeira *lixeira pública sem fundo.* Vale pensar sobre a profundidade desta realidade.

Doenças. A promiscuidade sexual potencializa o prazer dos orgasmos aliado ao desprazer de contaminações e *assédios* sexualmente transmissíveis, muitas vezes com efeitos irreversíveis ou fatais já na atual vida (gravidez indesejada, aborto, Aids).

Desperticidade. O caminho da promiscuidade sexual é contrário ao da desperticidade. Enquanto o primeiro aponta para o *sul,* o outro volta-se para o *norte.*

Carências. Enquanto o ser desperto atrai consciências carentes para serem assistidas, o *ser prostituído* atrai consciências carentes para vampirizá-las e ser vampirizado por elas.

Prazeres. A conduta afetivo-sexual pode ser *estraga prazeres* de assediadores ou de amparadores. Prostituamos o coronochacra com o universalismo e o multiculturalismo evolutivo.

69. Extremos e Ectopias

Vitalidade. Já é universalmente sabido: a sexualidade vivida é a expressão energética pessoal, capaz de despertar o energossoma e trazer maior vitalidade ao holossoma.

História. Os tabus dogmáticos e as manipulações místicas envolvendo tal questão remontam a milênios e ainda perdurarão por muito tempo na História.

Dupla. No entanto, a dupla evolutiva, o sexo diário e o autodiscernimento são os elementos lógicos para derrubar qualquer argumento defensor dos extremos viciosos da sexualidade humana: o celibato (repressão) e a promiscuidade (libertinagem).

Agressão. Colocando-se paralelamente às polaridades estão a homossexualidade e o bissexualismo (*amor livre*), constituindo, rigorosamente, agressões ao soma e não a transcendência a ele.

Primitivismo. Tais predisposições à aniquilação de si mesmo(a) constituem o preço alto a ser pago em função da ingenuidade quanto à inteligência evolutiva de quem curva-se à prevalência dos instintos trazidos da história primitiva do Homem.

Sucumbir. Nesta condição, sob o crivo do subcérebro abdominal, se dá a submissão permanente aos assédios interconscienciais e às regressões ao *porão infantilizado* da personalidade fútil.

O ESFORÇO HUMANO MAIS ÁRDUO É O DE NÃO ADERIR AO CAMINHO MAIS LÓGICO E INTELIGENTE PERANTE A EVOLUÇÃO CONSCIENCIAL LÚCIDA.

Conflito. O conflito íntimo na esfera da sexualidade resume-se no choque entre duas concepções: – *Tenho plena noção do caráter anticosmoético deste ato, mas tenho irresistível desejo pela sensação de executá-lo.*

Evocações. Não raro, o mais inconveniente não é a conscin evocar o próprio passado patológico, e sim a evocação exercida pelos componentes do passado sobre ela.

Mentalsoma. As carências humanas devem ser eliminadas e os impulsos do subcérebro abdominal devem ser moderados gradativamente para a fertilidade do mentalsoma aumentar a cada dia.

70. INFIDELIDADE INCONCESSA

Estabilidade. Devido à infidelidade, o fato de a pessoa viver relacionamento estável não implica ser ela monogâmica. O caso extraconjugal pode perdurar de 5 minutos até o resto da vida, inclusive com filhos na relação paralela.

Rádio. Em janeiro de 2001, este autor pôde ouvir em programa esportivo ao vivo, de emissora de rádio brasileira bem conceituada – com amplo alcance (Via Satélite) – breve diálogo informal. O apresentador, ou âncora, perguntou ao colega repórter recém vindo do feriado de *réveillon,* como havia sido os festejos de ano-novo *com e sem a noiva,* fazendo clara alusão ao adultério como conduta natural para o apresentador, naquela ocasião atingindo as conscins apedeutas quanto à holomaturidade nos holopensenes domésticos (crianças e adolescentes).

Credibilidade. O antiprofissionalismo do jornalista, neste caso, vai de encontro à credibilidade da própria emissora onde trabalha.

Incoerência. No futuro, será incoerente quando veicular algum tipo de campanha, por exemplo, a favor da ética profissional, ou defender condutas preventivas contra doenças sexualmente transmissíveis.

A FIDELIDADE PESSOAL OU DO PARCEIRO NÃO É SINÔNIMO DE ENCAPSULAMENTO OU INSOCIABILIDADE. COSMOETICAMENTE, SER INFIEL NÃO É MOTIVO DE ORGULHO.

Paliativo. A eficácia da realidade, do toque poro-a-poro ou chacra-a-chacra (conduta-padrão) muitas vezes perde lugar para o paliativo do ficcional, do postiço ou da moldura imagética na sexualidade humana (conduta-exceção).

Virtual. Basta ver os casos de cônjuges, em detrimento da interação direta com o parceiro de *carne e osso*, preferidores da virtualidade dos *sites* e *chats* pornográficos (adultério virtual).

Divórcio. Não raro, em virtude das crises no casamento, é o divórcio o preço desta infeliz troca.

Autocorrupção. Em suma, a infidelidade inconcessa é traição a si próprio, autocorrupção crassa.

71. FUTUROLOGIA

Futurologia. No campo da futurologia, admite-se a tendência natural da humanidade de caminhar para níveis de promiscuidade sexual cada vez maiores nos próximos anos (V. **Velloso,** Beatriz; ***O Sexo do Novo Século;*** *Época;* São Paulo, SP; 01.04.02).

Conotação. Há inclusive a previsão do surgimento da promiscuidade sem conotação negativa.

Valor. Porém, nem a obtenção de 3 avanços são capazes de diminuir o valor e a necessidade da composição da dupla evolutiva monogâmica:

1. **DST.** Cura definitiva ou fim de todas as doenças sexualmente transmissíveis.
2. **Anticoncepcionais.** Descoberta de métodos anticoncepcionais infalíveis, sem efeitos colaterais.
3. **Legalização.** Legalização, perante normas sociais, de todas as formas de união entre homossexuais.

Efeitos. Tais avanços serão insuficientes para colocar a promiscuidade sexual na condição de conduta-padrão sadia, pois acarreta no âmbito consciencial, por exemplo, 3 efeitos antievolutivos:

1. **Incompléxis.** A troca constante de parceiros dificulta a execução da proéxis por impedir a fixação das megaprioridades.
2. **Bloqueios.** A poluição do sexochacra em decorrência da miscelânea de energias ali *injetadas* e *absorvidas,* obstrui qualquer fluência plena do energossoma.
3. **Interprisão.** Sem afetividade madura e *inteireza complementar* entre 1 androssoma e 1 ginossoma, as interprisões grupocármicas não se diluem.

Ganhos. As vantagens ou ganhos evolutivos decorrentes da composição da dupla evolutiva entrosada são insubstituíveis.

Evolução. São mais substanciais e de resultados mais úteis sob a ótica da Cosmoética, superando de longe os pseudobenefícios frívolos da promiscuidade vulgar.

Trafores. A díade inteligente evolutivamente opta sempre pela convergência de trafores em prol de realizações nobres no âmago da própria relação e dentro da grupalidade maior.

72. QUALIFICATIVOS DA CONDUTA SEXUAL

Qualificativos. Pela *Holomaturologia,* existem pelo menos 10 *variáveis qualificativas* da conduta sexual a serem empregadas como orientação ou *checklist,* aqui listadas na ordem alfabética:

01. **Assistência.** A heterossexualidade monogâmica permite ganhos evolutivos além da sexualidade humana, surgindo a gestação consciencial a dois. Sem autoconscientização assistencial, a sexualidade não passará de fonte de prazer egocármico.

02. **Autocrítica.** Heteroescolhas inteligentes nascem de autocríticas coerentes. Simpatia e voz mansa não significam muito quanto à confiabilidade. Atrás do mais belo rosto podem se esconder os pensenes mais horripilantes.

03. **Coerência.** Se não conseguirmos abrandar os instintos assumindo fidelidade para com 1 indivíduo, quais condições teremos de compromisso policármico para com o Cosmos?

04. **Cosmoética.** A conduta sexual cosmoética permite evitar, além da gravidez indesejada, das doenças venéreas, do complexo de culpa e da melin, também o incompléxis e a melex.

05. **Cosmovisão.** Coabitamos com a maioria de conscins *semi-bichos* (animais humanos) em nossa sociedade intrafísica. Entretanto, embora em minoria, também já temos o privilégio de conviver com as conscins *semiconsciexes,* através das quais podemos haurir exemplos de como alcançar a cosmoconsciência com maior autolucidez a partir dos relacionamentos afetivo-sexuais.

06. **Discernimento.** A repressão sexual e a censura não levam à autoconscientização evolutiva, nem a promiscuidade ou a anarquia trazem resultados benéficos sob a ótica da Cosmoética.

07. **Fraternismo.** Pessoas não são objetos de *posse* ou *descarte.* O fraternismo autêntico leva à qualificação sexossomática.

08. **Intenção.** As explicações adotadas para justificar os desquites dão a noção exata de qual motivo orienta os apegos.

09. **Prioridade.** A monogamia e o continuísmo qualificam a vida a dois. A prioridade é estabelecer a ponte com a policarmalidade através da dupla evolutiva.

10. **Vontade.** Deixar-se dominar pelo instinto amoral do soma é autocorrupção sustentada pela vontade frouxa. Não podemos esperar muito além da miniproéxis de quem faz do sexo a razão máxima de viver, submetendo-se à condição do *hedonismo sexossomático* inarredável.

IX

DUPLISMO

73. QUALIFICAÇÃO DUPLISTA

Definição. A *qualificação duplista* é o ato ou efeito de qualificar a relação do casal íntimo, composto por homem e mulher, atribuindo maior qualidade aos desempenhos de ambos a favor da assistência e da proéxis dentro da grupalidade.

Sinonímia. Eis, na ordem alfabética do assunto, 10 áreas da progressão sinonímica da *qualificação duplista:*

01. **Afetividade:** qualificação afetiva.
02. **Conviviologia:** qualificação convivencial.
03. **Cosmoética:** cumplicidade cosmoética crescente.
04. **Vínculo:** interdependência afetivo-sexual sadia.
05. **Evoluciologia:** evolutividade a dois.
06. **Parapercepciologia:** qualificação parapsíquica a dois.
07. **Assistenciologia:** caminho da grupalidade policármica.
08. **Proexologia:** autorrevezamento a dois; compléxis a dois.
09. **Sexossomática:** qualificação sexossomática.
10. **Parassociologia:** sociabilidade duplista útil.

Antonímia. Eis, na ordem alfabética do assunto, 10 áreas da progressão antonímica da *qualificação duplista:*

01. **Afetividade:** rancores; remorsos; melindres.
02. **Conviviologia:** beligerância a dois; violência.
03. **Cosmoética:** ciúme doentio; infidelidade; mentiras.
04. **Vínculo:** casamento; competitividade mútua; ficação.
05. **Evoluciologia:** existência solitária; individualismo.
06. **Parapercepciologia:** parapsiquismo nulo a dois.
07. **Assistenciologia:** tacon predominante a dois.
08. **Proexologia:** incompletismo a dois; minidissidências.
09. **Sexossomática:** desqualificação sexossomática.
10. **Parassociologia:** promiscuidade oficializada; sociedade permissiva; sociosidade a dois.

74. DIFERENÇAS INTERPESSOAIS

Diferença. A *diferença interpessoal* é a ausência de simetria, igualdade, sincronia ou semelhança entre duas conscins quanto aos aspectos somáticos, intrafísicos ou sociais.

Evoluciologia. Antes das diferenças entre as pessoas na mesologia humana, estão as permanentes, indescartáveis e, sobretudo, salutares diferenças evolutivas entre as consciências, calcadas na Paragenética, Holomemória e vivências multiexistenciais.

Diferenças. Quanto à *Intrafisicologia,* o grau de interesse pela pessoa pode subsistir e transpor, guiado pelo bom senso ou não, diferenças diversas de ordem intrafísica, ao modo destas 11, ordenadas alfabeticamente:

01. **Dinheiro.** Diferença de classe social (poder aquisitivo).
02. **Distância.** Diferença de posição geográfica (moradia).
03. **Escolaridade.** Diferença de formação cultural.
04. **Estética.** Diferenças de estética do corpo físico.
05. **Idade.** Diferença de tempo de vida (faixas etárias).
06. **Liberdade.** Diferença de níveis de liberdade intrafísica (V. **Navarro,** Jesse; ***Paixão por Um Condenado;*** *IstoÉ Gente;* São Paulo, SP; 04.02.02; páginas 44 e 45).
07. **Nacionalidade.** Diferença de local de nascimento (V. **Negreiros,** Adriana; ***O Amor Sem Fronteira;*** *Veja,* São Paulo, SP; 15.08.01; páginas 88 e 89).
08. **Profissão.** Diferença de profissão.
09. **Raça.** Diferença de cor de pele (V. **Eduardo,** Cléber; ***Paixão Acima das Barreiras;*** Filme "A Última Ceia"; *Época;* São Paulo, SP; 25.03.02; página 98).
10. **Religião.** Diferença de orientação religiosa recebida desde a infância.
11. **Saúde.** Diferença de nível de saúde física.

Sexo. Nenhuma consciência é igual à outra. Não há como fugir do seguinte fato: as diferenças interpessoais entre homens e mulheres começam pelo cérebro.

História. Tais diferenças podem ser compreendidas através dos diferentes papéis exercidos pelo homem e pela mulher na história evolutiva da espécie humana (V. **Kimura,** Doreen; ***Diferenças Cerebrais entre os Sexos;*** *Scientific American Brasil;* Abril, 2004; páginas 34 a 39).

75. Distanciamentos Problemáticos

Definição. A *distância* é o espaço entre 2 corpos, capaz de separar os seres, lugares ou objetos.

Sinonímia: 1. Lonjura patológica. 2. Separação.

Antonímia: 1. Proximidade patológica; proximidade sadia. 2. Distanciamentos positivos.

Diferenças são inevitáveis e muitas vezes até benéficas. Porém, diferença de moradia é, a rigor, prejudicial para o casal de adultos.

Distância. O casamento convencional difere muito da dupla evolutiva. A condição moderna dos casais onde os cônjuges moram em cidades distintas, se encontrando apenas aos finais de semana, é exemplo de contraposição aos princípios da dupla (V. **Camacho,** Marcelo; ***Ele Lá, Ela Acolá;*** *Veja;* São Paulo, SP; 08.03.2000; páginas 54 e 55).

Exceção. Mesmo com os relatos apontando o surgimento de certo tempero romântico à relação, o entrosamento dia-a-dia da vida íntima entre ambos, os compartilhamentos e interfusões energéticas entre os holossomas acabam tornando-se conduta-exceção em vista da distância física adotada como conduta-padrão.

Detentos. O casamento onde os parceiros vivem separados pelas moradias diferentes, por exemplo, em virtude da vida profissional, pode ser comparada à situação das pessoas casadas com detentos. No entanto, existem diferenças evidentes entre as expectativas (V. **Nunomura,** Eduardo; ***Entre o Véu e as Grades;*** *Veja;* São Paulo, SP; 17.05.2000; páginas 112 a 114).

Valorização. Aqueles separados por muros ou grades tendem a valorizar mais a liberdade para viverem juntos. Estes quase sempre não vêem vantagens na distância da pessoa amada e aguardam ansiosos para dividir, todos os dias, o espaço na mesma cama com o parceiro íntimo.

Proximidade. Quem realmente ama quer estar sempre perto do objeto de afeto. Mesmo com todas as vicissitudes da vida, a proximidade é, talvez, a força maior da relação entre duas pessoas afinizadas consciencialmente.

76. VÍNCULO AFETIVO-SEXUAL

Definição. O *vínculo afetivo-sexual* é a relação existente ou estabelecida entre duas pessoas, com base no interesse afetivo e sexual recíproco, na composição do casal íntimo.

Sinonímia: 1. Ligação afetiva e sexual. 2. Vínculo amoroso.

Antonímia: 1. Ausência de vínculo. 2. Vínculo empregatício.

Trafar. Perante a *Evoluciologia,* todo traf*a*r pode ser superado e está fadado a desaparecer do microuniverso da consciência conforme ela evolui.

Concessões. No campo da *Conviviologia,* desta conscientização nascem as concessões cosmoéticas dentro das vivências interconscienciais da dupla evolutiva. A concessão sadia difere muito do acumpliciamento autocorrupto e da submissão.

SEM QUALIFICAÇÃO AFETIVA NÃO HÁ RECONCILIAÇÕES INTELIGENTES, INTERDEPENDÊNCIA LÚCIDA, ASSISTÊNCIA A DOIS E NEM DESPERTICIDADE CONSCIENCIAL.

Materpensene. O materpensene do casal íntimo pode predominar entre, pelo menos, 11 padrões, determinando a qualificação do vínculo entre ambos, abaixo listados na ordem crescente:

01. **Poder.** O jogo de poder anticosmoético.
02. **Interesse.** A segunda intenção interesseira.
03. **Posse.** A possessividade egocêntrica (*paixão cega*).
04. **Instinto.** A adrenalina instintiva.
05. **Aparência.** A moldura da aparência sociosa (*fachada*).
06. **Fugacidade.** O momento fugaz inútil (*5 min. de prazer*).
07. **Aventura.** A aventura emocional.
08. **Estagnação.** O vazio da estagnação.
09. **Interfusão.** A interfusão energética operante.
10. **Sentimento.** O sentimento fraternal (amor romântico).
11. **Autodiscernimento.** O autodiscernimento universalista.

Dupla. Obviamente, o ideal é predominar juntos os 3 últimos itens na vivência da dupla evolutiva.

77. Entrosamento

Entrosamento. O entrosamento da dupla evolutiva é a convergência de objetivos, interdependências e consensos entre os componentes, promovendo entendimentos, acordos, ajustes e harmonia na execução da proéxis a dois.

Heteroconhecimento. A sintonia efetiva e duradoura entre os parceiros da dupla evolutiva caminha simultaneamente com a aquisição recíproca e progressiva do heteroconhecimento realista, sustentado pelo respeito mútuo.

Brigas. O desassédio sadio do casal não se constrói com beligerância (*pseudo*-impactoterapia).

Divórcio. Discussões inócuas, brigas intermináveis e desconsensos permanentes enfraquecem toda relação, podendo levar ao divórcio definitivo.

Medicamento. As mobilizações energéticas adotadas como rotina são indicadas para promover as desassimilações causadoras de inúmeros casos de separações entre casais promissores, contudo vitimizados pela interferência doentia de consciências carentes, intra e extrafisicamente, conscientes ou não.

O COMPLÉXIS É A MEGAMETA DE TODA DUPLA DE CONSCIEXES, NA CONDIÇÃO DE DUPLA DE CONSCINS, COMPONDO DUPLA EVOLUTIVA SOBRE A TERRA.

Investigação. Neste ponto, o leitor pode se fazer pelo menos 3 perguntas investigativas:

1. **Intervenção.** Quais fatores dependem da minha intervenção altruística para estimular, manter ou contribuir com o estado sadio de meu parceiro(a)?

2. **Dificuldade.** Entre as concessões necessárias, racionalmente justificáveis, capazes de manter a integridade cosmoética do relacionamento, qual é a mais difícil para eu praticar? A propósito, qual a relação desta concessão com meus megatraf*a*res?

3. **Parceria.** A minha *parceria na cama* vem antes ou depois da minha *parceria na vida?*

78. SUSTENTABILIDADE

Nivelamento. Qualquer casal pode se nivelar pela assedialidade (vampirização) ou pela amparalidade (assistência) de acordo com a lucidez nas escolhas (V. **Vieira**, Waldo; ***Manual da Dupla Evolutiva;*** Rio de Janeiro, RJ; 1997; página 102).

Patologia. A escolha do parceiro(a) baseada na *sincronicidade de trafares* ou *afinidade pela patologia* é ambígua quando consideradas duas intenções capazes de determinar o nível de sustentabilidade consciencial da relação:

1. **Aplicação.** União pelo traf*ar* a fim de potencializá-lo ou acobertá-lo. Significa *cuspir para cima.*
2. **Superação.** União pelo traf*ar* a fim de superá-lo conjuntamente. Isso aumenta a probabilidade de sucesso da relação.

Evolutiva. Logicamente, dupla assediadora não é parceria evolutiva. Toda noitada é *inesquecível* para o subcérebro.

Resistência. Importa anatomizar o nível de resistência da higiene consciencial de cada parceiro, observando *quem sucumbe a quem* com maior freqüência nas situações críticas, ou qual foco prevalece mais no holopensene conjunto.

Cabeça. Daí pode-se aferir também o *cabeça energético.*

Reciclagem. A ampliação da lucidez de apenas 1 dos parceiros nem sempre é o caminho para o término da relação, mas pode ser o início da reciclagem mútua orientada pelo componente mais forte energeticamente ou mais disposto à renovação.

É PREFERÍVEL PERDER ALGUMAS HORAS EM ISOLAMENTO PARA AUTO-REFLEXÃO, A MANTER-SE DESEQUILIBRADO E PROLONGAR OS ATOS PESSOAIS IMATUROS.

Forças. Perante a *Pensenologia,* o desassédio eficaz precisa contar, inevitavelmente, com 3 forças:

1. **Idéias.** *Força* das idéias discernidas.
2. **Emoções.** *Força* das emoções ou sentimentos elevados.
3. **Energias.** *Força* das energias sadias.

79. PARTILHAMENTOS

Último. Em geral, é momento de reciclagem urgente na relação do casal quando o parceiro(a) é colocado na *última posição* a ser recorrido em, pelo menos, 10 situações de partilhamento do cotidiano, aqui listadas na ordem alfabética dos temas:

01. **Bens.** *Última* pessoa a dividir o bem adquirido.
02. **Carinho.** *Última* pessoa para se dar carinho.
03. **Comemorações.** *Última* pessoa com quem se quer estar nos dias de comemoração.
04. **Confiança.** *Última* pessoa a se depositar confiança.
05. **Confidências.** *Última* pessoa para confidenciar segredos pessoais.
06. **Cooperação.** *Última* pessoa a se dedicar cooperação.
07. **Êxitos.** *Última* pessoa com quem se quer compartilhar êxitos.
08. **Lazer.** *Última* pessoa a ser convidada para o lazer.
09. **Opiniões.** *Última* pessoa a ser procurada para conversar ou pedir opinião.
10. **Perigo.** *Última* pessoa a quem se procura defender justificadamente dos reais perigos da existência humana.

Assistência. Quando tal fato ocorre é porque não há mais motivação nem maior interesse no companheirismo do casal.

Primeiro. O parceiro, homem ou mulher, de dupla evolutiva, constitui o primeiro laboratório prático para se exercitar a megafraternidade.

Contradição. Depois do amparador, é ele ou ela o ser mais importante na proéxis de cada conscin, sendo contraditório colocá-la(o) na condição de último componente para partilhar as vivências positivas.

Reação. Como esclarece a *Assistenciologia,* quando imersa em holopensene positivo, vivendo, por exemplo, primener ou euforin a dois, o casal pode manifestar pelo menos duas reações perante o momento conflituoso ou crítico de outro casal:

1. **Vanglória.** Vangloriar-se da própria condição harmoniosa, mesmo sendo momentânea (competição; omissão deficitária).
2. **Partilha.** Assumir postura assistencial lúcida (omnicooperação), partilhando a *homeostase da dupla.*

80. DIVÓRCIO

Definição. O *divórcio* é término do vínculo afetivo-sexual entre duas pessoas.

Sinonímia: 1. Desquite; rompimento. 2. Separação.

Antonímia: 1. Casamento; matrimônio. 2. União.

Vitimização. É comum à pessoa incapaz de permanecer com o mesmo parceiro por muito tempo, acumuladora de minidissidências afetivas e sexuais ao longo da vida, encontrar justificativas ardilosas para os desquites, sempre alegando desgostos (vitimização) de todas as naturezas – em geral muito primários e relativamente transponíveis – para colocar o parceiro na condição de responsável pela separação.

Maxidissidência. No entanto, podem advir pelo menos 2 motivos racionais, de problemáticas indefensáveis, justificáveis para o divórcio, no caso, maxidissidente:

1. **Anticosmoética.** Quando 1 dos parceiros apresenta reincidências em atos anticosmoéticos.
2. **Assediador.** Quando 1 parceiro passa a ser, incontestavelmente, o empecilho para as reciclagens evolutivas do outro, tornando-se assediador franco irremediável.

TORNA-SE INDEFENSÁVEL A PERMANÊNCIA DA RELAÇÃO COMPOSTA POR 1 SÁDICO E 1 MASOQUISTA, EM CONDIÇÃO RETRÓGRADA PARA OS 2 COMPONENTES.

Sadismo. Os atos de provocar ciúmes, trair ou *dispensar* alguém podem ser movidos pela intenção egoísta de gerar o sofrimento alheio (sadismo).

Ameaças. Exemplo disso são as constantes ameaças de abandono, separação ou divórcio perante qualquer discordância, no caso, sempre supervalorizadas.

Manipulação. Nas manipulações anticosmoéticas, próprias da pessoa insegura e carente (afetividade primária), a *competi*tividade é colocada sempre acima da *coopera*tividade.

81. TRAFORES

Trafores. Pelos conceitos da *Experimentologia,* eis, entre outros, 17 trafores indispensáveis ou adequadamente empregados na teática das relações afetivas e sexuais da dupla promissora, abaixo apresentados na ordem alfabética:

01. **Abnegação:** altruísmo.
02. **Apego:** afetividade.
03. **Assistencialidade:** amparo recíproco.
04. **Autenticidade:** legitimidade, sinceridade.
05. **Boa intenção:** correção de propósitos.
06. **Companheirismo:** convívio cordial e prestimoso.
07. **Concessões:** renúncias cosmoéticas (*abrir mão*).
08. **Contentamento:** valorização da companhia.
09. **Cosmoética:** incorruptibilidade convivencial.
10. **Critério:** escolhas racionais.
11. **Estabilidade:** firmeza na relação.
12. **Fidelidade:** constância nos compromissos (monogamia).
13. **Megafraternidade:** afetividade madura.
14. ***Ortofilia:*** afinidades sadias.
15. **Proéxis a dois:** compléxis a dois.
16. **Pudor:** decência, discrição, recato.
17. **Respeito:** consideração.

APENAS O ROSTO BONITO, O CORPO EXUBERANTE E O BOLSO CHEIO NÃO GARANTEM A COMPANHIA CERTA NA FORMAÇÃO DA DUPLA EVOLUTIVA.

Empreendimentos. A partir da *Policarmalogia,* torna-se mais fácil a estas consciências desenvolver pelo menos 2 empreendimentos de alto gabarito evolutivo, sedimentados na vivência da teática e da verbação:

1. **Minipeça.** Ser minipeça lúcida na condição de componente funcional do maximecanismo assistencial cosmoético.
2. ***Herança.*** Deixar para a humanidade *heranças assistenciais* desbravadoras da teática prioritária da evolução consciencial.

82. Qualificativos da Dupla Evolutiva

Qualificativos. No âmbito da *Holomaturologia,* existem pelo menos 10 *variáveis qualificativas* da relação em dupla evolutiva a serem empregadas como orientação ou *checklist,* aqui listadas na ordem alfabética:

01. **Assistência.** Embelezemos o corpo físico com as energias sadias, a assistência *em dia* e a consciência qualificada.

02. **Cosmoética.** O casal íntimo é a união de duas consciências diferentes, com vontades e arbítrios particulares, contudo interdependentes. Portanto, significa perda de tempo insistir no ciúme entre ambas – o extremo patológico do apego – ou a indiferença total – o extremo patológico do desapego.

03. **Desconflitividade.** Carências e queixas são fardos pesados. Superá-las torna a consciência mais leve intimamente.

04. **Fraternismo.** Há afinidades mais profundas, complexas e constantes, além da fugaz impulsividade do instinto somático.

05. **Lucidez.** Pouco adianta ao amparador mostrar a pessoa ideal para compor dupla evolutiva conosco se os interesses imaturos e paixões arraigadas estiverem obnubilando a nossa lucidez para aceitá-la.

06. **Paragenética.** Há escolhas conjugais nitidamente pautadas em princípios favoráveis para ambos, onde o foco prioritário vem inserido previamente em cada microuniverso consciencial, mesmo antes de se conhecerem na atual vida.

07. **Parapsiquismo.** No microuniverso consciencial do parceiro, a riqueza da pensenidade, da paragenética e da holomemória são dos mais preciosos atrativos capazes de estabelecer a afinidade perdurável da dupla evolutiva.

08. **Prioridade.** "Para todo chinelo velho há 1 pé torto", diz o ditado. Neste caso, a simetria e a cronêmica são a *forma;* a passada com a pessoa e o rumo certo é o *conteúdo.* As partes se completam sempre quando o megafoco se instala de modo cosmoético.

09. **Razão.** As escolhas com predomínio das emoções são embasadas em leituras difusas da realidade (percepções alteradas; atributos conscienciais; cardiochacralidade). A racionalidade constitui o ponteiro da consciência qualificada afetiva e sexualmente.

10. **Vontade.** A vontade pessoal conta mais sobre nossos piores traf*a*res. Para toda dupla, de fato evolutiva, há o êxito concreto ao concluir a jornada existencial.

X

ASSISTENCIALIDADE

83. QUALIFICAÇÃO ASSISTENCIAL

Definição. A *qualificação assistencial* é o ato de qualificar ou atribuir maior qualidade às intercessões pensênicas da consciência a favor do outro, em detrimento das manifestações inferiores, vulgares ou medíocres do egoísmo e da assedialidade.

Sinonímia. Eis, na ordem alfabética do assunto, 10 áreas da progressão sinonímica da *qualificação assistencial:*

01. **Colaboração:** cooperação universalista; dinamizações desassediantes; melhoria da colaboração evolutiva.
02. **Conviviologia:** evolução do senso de interdependência.
03. **Despertologia:** caminho para a desperticidade.
04. **Empreendimento:** aperfeiçoamento do altruísmo pessoal; carreira de amparador; empreendimento antiegocêntrico.
05. **Evoluciologia:** caminho para a condição de evoluciólogo; caminho para o teleguiamento; vivência pró-serenologia.
06. **Intervenções:** tecnicização das intercessões libertárias.
07. **Resgates:** burilamento dos resgates conscienciais.
08. **Semiconsciex:** caminho da semiconsciex assistencial.
09. **Suportes:** avanço nos suportes assistenciais; qualificação do epicentrismo cosmoético; sustentáculo assistencial crescente.
10. **Tarefas:** aprimoramento das tarefas assistenciais.

Antonímia. Eis, na ordem alfabética do assunto, 10 áreas da progressão antonímica da *qualificação assistencial:*

01. **Colaboração:** aumento da pusilanimidade pessoal; cooperação facciosa; indisponibilidades crescentes.
02. **Conviviologia:** instinto de competitividade.
03. **Despertologia:** caminho contrário à desperticidade.
04. **Empreendimento:** ampliação do egocentrismo pessoal; carreira de assediador; empreendimento pró-*umbigão*.
05. **Evoluciologia:** antagonismo ao teleguiamento sadio; oposição à condição de evoluciólogo; vivência anti-serenologia.
06. **Intervenções:** habituação às interferências aprisionantes.
07. **Resgates:** combate aos resgates conscienciais.
08. **Semiconsciex:** caminho inverso à semiconsciex.
09. **Suportes:** avanço nos suportes assediadores; sustentáculo assediador crescente.
10. **Tarefas:** dogmatização das tarefas assistenciais.

84. Aptidão

Definição. A *aptidão assistencial* é a disposição inata ou adquirida como requisito para o exercício do auxílio interconsciencial cosmoético.

Sinonímia: 1. Estrutura pessoal para assistir; condições pessoais para assistir. 2. Autoridade moral. 3. Potencial para a assistência.

Antonímia: 1. Inaptidão assistencial; incapacidade de assistir. 2. Anticosmoética. 3. Indisposição.

Qualidades. Perante a *Experimentologia,* existem, no mínimo, 5 faculdades habilitadoras da prática assistencial a todas as pessoas adultas e sãs, aqui listadas na ordem lógica:

1. **Vontade.** *Capacidade* de realizar, agir, transformar e intervir, tornando concretos os empreendimentos.
2. **Energias.** *Capacidade* de ceder, absorver e trocar energias com ambientes e demais consciências.
3. **Experiência.** *Capacidade* de tornar úteis as experiências pessoais acumuladas (holomemória; Paragenética; teática).
4. **Raciocínio.** *Capacidade* de associar, formular e encadear idéias racionais.
5. **Comunicação.** *Capacidade* de transmitir, receber e trocar informações.

Cedo ou tarde, toda consciência há de se especializar em pelo menos 1 ato: a assistência interconsciencial cosmoética, lúcida.

Superação. A consciência pode ter muito a ensinar aos outros a respeito do traf*ar* pessoal em processo de superação. Porém, logicamente, a pessoa qualifica mais a assistência quando aborda o traf*ar* plenamente superado.

Teoria. O maior conjunto de teorias, ou o mais profundo e complexo acervo de idéias, não garantem a autoridade moral.

Exemplarismo. A autoridade moral se conquista pelo exemplarismo qualificado (teaticidade), ou seja, através da prática dos princípios elevados da Cosmoética.

85. DISPOSIÇÃO

Objetivos. O nível evolutivo pode ser medido segundo a qualidade e a dimensão dos reais objetivos da consciência, considerando-se pelo menos 3 preceitos lógicos quanto ao aqui-e-agora:

1. **Fazer.** As realizações para *melhor* são sempre mais importantes comparadas ao modo *pior* como estão as coisas.
2. **Hoje.** Construir hoje quem queremos ser no *futuro* é mais importante sobre a lembrança de quem fomos no *passado*.
3. **Melhora.** Nunca é tarde para *melhorar* quando já poderíamos ter *melhorado*.

Tendências. Oferecer-se para ajudar ainda não é ajuda de fato. Há quem estenda a mão para ter o prazer de soltá-la. As tendências assistenciais da consciência podem variar entre a inativa (teórica) e a ativa (prática).

QUANTO MAIS EVOLUÍMOS, MAIS SE TORNA INTRÍNSECO E NATURAL, E NÃO DEVER OU OBRIGAÇÃO, O INTERESSE EM AJUDAR AOS OUTROS.

Retribuição. O ato de retribuição pessoal à vida se resume nesta fórmula altruísta: *a unidade* de assistência recebida implica em, pelo menos, *duas unidades* de assistência a ser praticada.

Descontinuísmo. Perante o descontinuísmo pessoal em relação à disposição para assistir, cabe se questionar: quais fatores realmente inspiram ou motivam minha postura assistencial?

Atributos. Eis 2 atributos preponderantes e inevitáveis para a vivência da Cosmoética dentro da convivialidade: a compreensão interconsciencial lúcida e a cooperação interconsciencial cosmoética.

Princípio. Aqui, encontramos 1 princípio importante: atos anticosmoéticos são reprováveis, mas os indivíduos sempre recuperáveis, seja na atual vida ou mais tarde em outras existências.

Cumplicidade. Isso não significa, contudo, apelar para paternalismos, indulgências ou cumplicidades anticosmoéticas.

Investigação. Investiguemos sempre: quem éramos, quem somos e quem seremos.

86. SERVIÇO SOCIAL

Camada. O nível evolutivo da consciência não é, necessariamente, correspondente à camada social da qual ela faz parte enquanto conscin. Por aí sobrevém princípios indispensáveis para reflexão quanto às intervenções qualificadas do assistente social.

Estágios. Pela *Parassociologia,* é razoável cogitar o aperfeiçoamento natural, através de 3 estágios alcançados com o passar do tempo, relativo ao perfil profissional do Assistente Social quanto a necessidades, paradigmas, teorias, estratégias, ações e práticas assistenciais predominantes (V. **Martinelli,** Maria Lúcia; ***O Serviço Social na Transição para o Próximo Milênio;*** *Serviço Social & Sociedade;* São Paulo, SP; Julho, 1998; páginas 133 a 148):

1. **Assistente.** Primeiro, o papel do *Assistente Social,* hoje indispensável, contudo ainda consolador e materialista (Paradigma Fisicalista; assistencialismo).
2. **Amparador.** Depois, o Assistente Social pode ser substituído pelo *Amparador Social* (epicons e seres despertos), não sendo tão-somente mediador ou mero *tapa-buracos* das relações sociais problemáticas, mas esclarecedor da realidade consciencial mais ampla, no sentido da Paraprofilaxia e Holomaturologia (Paradigma Consciencial).
3. **Orientador.** Em futuro mais distante, o antigo Assistente Social, depois de passar pela condição de Amparador, será o *Orientador Social,* dispensando maiores trabalhos para solucionar as problemáticas sociais mais críticas, quase extintas (Socin Conscienciológica), dedicando-se à policarmalidade mais avançada.

Deficit. Evitemos as omissões deficitárias causadas pelas obnubilações afetivas.

Ambigüidade. Temos a chance de qualificar os auxílios interconscienciais através do exercício da seguinte postura ambígua: abrir a mão perante outras consciências (doação), apontando o dedo para si (autocrítica).

Amor. A postura mais *amável* em relação ao megassediador é a de pronunciar a verdade relativa de ponta, praticando a impactoterapia destrutiva, no entanto cosmoética, através da tares. Assim, podemos ajudá-lo não só com boa intenção mas adotando autodiscernimento realista e exemplarismo.

87. RESULTADOS COLATERAIS

Casuística. As práticas interconscienciais de assistência podem desencadear efeitos paralelos nocivos, inevitáveis em determinadas circunstâncias, a exemplo de 6 casos, aqui listados na ordem alfabética do assunto (V. deste autor: ***Resultado Concomitante Nocivo***; *Conscientia;* Foz do Iguaçu, PR; Abril-Junho, 2000; páginas 123 a 125):

1. **Afonia.** O risco de o professor ficar afônico (*sem voz*) após muito tempo falando ou mesmo devido ao ar condicionado direto.
2. **Assim.** Os efeitos decorrentes da incapacidade de a conscin se desvencilhar de companhias extrafísicas e energias doentias, através da desassimilação simpática, após o ato assistencial.
3. **Coluna.** As curvaturas crônicas (cifoescoliose) da coluna do capuchinho Frei Damião (1898–1997), desencadeada pela postura errada e permanente adotada enquanto atendia aos fiéis.
4. **Contrafluxo.** A reação das consciências incomodadas, neofóbicas e sectárias, contrárias à tarefa libertária promovida através do esclarecimento das verpons nesta Socin patológica, provocando inclusive casos de *poltergeist,* acidentes de percurso e até mesmo desvios de proéxis.
5. **Ectoplasmia.** A perda de peso derivada da prática de efeitos físicos através da ectoplasmia, por exemplo, na sessão de materializações. Quando intensivas, podendo ocorrer descalcificações periféricas nas unhas dos pés, se houver predisposição orgânica nesse caso (V. **Vieira,** Waldo; ***Projeciologia: Panorama das Experiências da Consciência Fora do Corpo Humano;*** Rio de Janeiro, RJ; 1999; página 603).
6. **Tenepes.** As microlesões nas fibras musculares não habituadas a constantes movimentos físicos na exteriorização de energias, por exemplo, durante as práticas da tenepes.

Procrastinação. O retardamento prolongado ou a procrastinação para a próxima vida dos compromissos inevitáveis quanto aos atos assistenciais em prol da proéxis, dentro da Holocarmalogia, pode acarretar, não raramente, efeitos colaterais nocivos diversos, à semelhança da melin ou da melex após a dessoma.

Abstinência. Os efeitos patológicos provocados pela *abstinência antiassistencial* são sempre maiores em relação a quem tenta praticar assistência, mesmo de modo amador.

Tentativa. Neste particular, a *tentativa* sempre traz mais ganhos quando comparada à *omissão.*

88. Ego Antiassistencial

Egos. Existem pelo menos 16 termos apropriados para designar personalidades sob a condição do excessivo apego a si mesmas ou ao próprio ego, abaixo listadas na ordem alfabética:

01. **Autofilia:** conscin autofílica.
02. **Autolatria:** conscin autólatra.
03. **Egão.**
04. **Egocentrismo (infantil):** conscin egocêntrica.
05. **Egodefesa:** conscin egodefendida.
06. **Egocarma:** conscin egocármica.
07. **Egoísmo (adulto):** conscin egoísta.
08. **Egolatria:** conscin ególatra.
09. **Egomania:** conscin egomaníaca.
10. **Egopensene:** autopensene; *unidade de medida* do egoísmo consciencial.
11. **Egotismo:** conscin egotista.
12. **Fechadismo:** conscin fechada.
13. **Idiolatria:** conscin idiólatra.
14. **Megalomania:** conscin megalomaníaca.
15. **Narcisismo:** conscin narcísica.
16. **Umbigão.**

Antagonismo. Eis, entre outras, 4 posturas opostas ao clima intra e interconsciencial favorável à assistência sadia, apresentadas aqui na ordem alfabética:

1. **Aversão.** Instinto de aversão.
2. **Raiva.** Manifestação de raiva.
3. **Vingança.** Desejo de vingança.
4. **Violência.** Intenção de violentar.
5. **Traição.** Vontade de trair.

Fraternismo. Na análise da *Egocarmalogia,* o ego de quem assiste é o componente menos importante perante o trabalho assistencial evoluído, cedendo espaço ao discernimento, ao fraternismo e à Cosmoética. As funções estão acima dos egos.

Ódio. Quem revela ódio em relação aos outros é assediador ou, no mínimo, o representa.

Amor. A verdade relativa de ponta, a heterocrítica e a acareação pública constituem legítimas demonstrações de amor.

89. CONTRAPOSIÇÃO AO MELHOR

Definição. A *contraposição ao melhor* é o ato ou efeito de se posicionar contrariamente à verdade relativa de ponta ou em oposição ao consenso do ideal cosmoético no momento evolutivo.

Sinonímia: 1. Contrariedade irracional; divergência insensata; oposição anticosmoética. 2. Ignorância consciencial. 3. Pessimismo. 4. Refutação belicista. 5. Antagonismo acrítico; conscin antagonista. 6. Defesa da anticosmoética; propagação da insensatez.

Antonímia: 1. Acolhimento racional; consentimento cosmoético; defesa do melhor. 2. Inteligência evolutiva. 3. Otimismo. 4. Refutação esclarecedora. 5. Propagação do melhor.

Indignação. A indignação é compreensível a partir da natureza do ser humano e pode até ser Cosmoética.

Antiassistência. No entanto, o tipo de indignação mais estúpida é aquela dirigida contra os amparadores e o trabalho de assistência por eles executado.

Exemplos. A contraposição ao melhor pode ser observada no político oposicionista ao consenso geral, habituado a dar o contra nos projetos assistenciais do governante; e na pessoa assediada, esquivando-se do ser desperto e evitando proximidade ou contato maior com ele.

Sombra. Neste caso, há, na maioria das vezes, a sombra assediadora da emoção obtusa, do monoideísmo vicioso e do orgulho justiceiro na conscin míope em relação à multidimensionalidade.

Preferência. Os alicerces das construções universalmente úteis não desaparecem apenas por assim preferirem os adeptos dos subpensenes contrapostos à evolução consciencial.

ESQUIVAR-SE DO BEM COSMOÉTICO OU REPELIR O MELHOR PARA TODOS JÁ CONFIGURA, EM CONSEQÜÊNCIA, O PARTIDO PELO PIOR PARA SI.

Cosmoética. A Cosmoética é matéria de interesse prioritário das consciências lúcidas, e de interesse secundário da humanidade. A qualificação das escolhas diferencia os níveis evolutivos.

90. ESTORVOS ANTITENEPES

Antes. Eis, na ordem alfabética, 12 fatores pré-tenepes adversos às práticas, a serem evitados a fim de qualificar a assistência:

01. **Alimentação.** Desequilíbrio alimentar (fome).
02. **Ansiedade.** Ansiedade no momento da passividade.
03. **Anticosmoética.** Conduta anticosmoética prévia.
04. **Campo.** Despreparação do campo no local da prática.
05. **Carência.** Acentuada carência afetivo-sexual.
06. **Desorganização.** Descontinuísmo na auto-organização.
07. **Expectativa.** Grande expectativa anterior.
08. **Inexperiência.** Inexperiência parapsíquica.
09. **Intencionalidade.** Má intenção (egoísmo adulto).
10. **Pensenes.** Entropia pensência pessoal (psicossoma).
11. **Quarto.** Falta de quarto próprio para as práticas.
12. **Tempo.** Dispersividade no tempo-espaço.

Durante. Eis 10 manifestações nocivas a serem alijadas durante as práticas da tenepes, listadas em ordem alfabética:

01. **Ansiedade.** Angústias, medos, pressa.
02. **Assincronia.** Dificuldade para acoplar com amparador.
03. **Barulho.** Barulho ou ruídos intensos à volta.
04. **Cosmograma.** Clima de *praça pública* no local.
05. **Holopensene.** Entropia holopensênica no ambiente.
06. **Lucidez.** Lapsos de lucidez.
07. **Luminosidade.** Excesso de claridade no local.
08. **Medo.** Medo das experiências, de consciexes, de energia.
09. **Sono.** Sonolência (carga horária de sono defasada).
10. **Temperatura.** Temperatura do ambiente inadequada.

Após. Eis, na ordem alfabética, 4 aspectos negativos a serem abolidos posteriormente ou em decorrência do exercício da tenepes:

1. **Acomodamento.** Auto-acomodação antiassistencial com falso sentimento de satisfação e trabalho cumprido (autocorrupção).
2. **Alienação.** Alienação das responsabilidades intrafísicas permanentes, ou a perda do senso de prioridade.
3. **Desculpa.** Quando a tenepes se torna desculpa para justificar omissões pessoais deficitárias.
4. **Deslumbramento.** Fascínios e obcecações irracionais.

91. HETEROPENSENIZAÇÕES

Paradoxo. Quanto mais eficazes e sadias são as *autodefesas* conscienciais, mais *desarmado* é o conteúdo dos autopensenes.

Síntese. O processo de aperfeiçoamento da assistência é expresso na seguinte síntese: – *Qualifiquemos nossos pensenes.*

NESTE PLANETA-HOSPITAL-ESCOLA CHAMADO TERRA, A MATURIDADE DEVE SER PRECONIZADA SEMPRE, NÃO APENAS FRENTE À TRAGÉDIA COLETIVA MAIOR.

Megafraternidade. A maturidade começa na intimidade de cada microuniverso consciencial, por exemplo, através de 3 posturas megafraternais, entre outras:

1. **Pensenes.** Desejar o melhor para todo *ser alvo* de pensenizações.
2. **Traf*a*res.** Quanto mais perceber os traf*a*res alheios, mais ajudar a diminuí-los ou eliminá-los.
3. **Melhor.** Quanto melhor estiver, mais procurar compartilhar o estado íntimo e melhorar os outros também.

Torcidas. Na análise da *Pensenologia,* eis, sem tendenciosidades egoísticas, 3 *torcidas* para o bem de alguém, de acordo com os princípios cosmoéticos do *melhor para todos* e o de *não pensar mal de ninguém:*

1. **Lucidez.** Para essa pessoa ampliar ao máximo possível, cada dia mais, a autolucidez embasada na inteligência evolutiva.
2. **Desassédio.** Para essa pessoa, ainda na qualidade de pré-serenão, alcançar, progressivamente, maior autodesassédio, até vivenciar a desperticidade através da heteroassistência.
3. **Proéxis.** Para essa pessoa acertar e manter, quanto antes seja possível, o rumo na programação existencial individual e dentro do grupo evolutivo.

Pensenes. Aqui, o leitor ou a leitora pode se perguntar: Como reagem meus pensenes perante minhas inaptidões? Qual o padrão pensênico ideal para minhas ambições evolutivas?

92. Tares

Responsabilidade. A responsabilidade assistencial cresce na medida do aumento dos conhecimentos prioritários sobre a evolutividade nesta época de aceleração da História.

Magnas. As consciências lúcidas procuram descobrir, produzir, praticar, expressar, debater e compartilhar as idéias magnas, enquanto o restante fica para as consciências dormentes.

O POPSTAR *AGLUTINA PESSOAS EM QUANTIDADE À VOLTA.* A *IDÉIA LIBERTÁRIA AGLUTINA CONSCIÊNCIAS DE QUALIDADE PARA PROPAGÁ-LA.*

Recado. Diante da *Assistenciologia,* atuando sobre o ponto nevrálgico das questões críticas da multidimensionalidade, a tares se propõe a *dar o recado* da verdade relativa de ponta, constituindo o cerne da proéxis antimimética.

Esclarecimento. O intuito da assistência pela tares não é *encantar o cliente* como ocorre no meio comercial, e sim *esclarecer o evoluciente* do modo mais eficaz, a fim de entrar em conformidade com a Cosmoética. Para isso, às vezes, acaba-se sendo até antipático (impactoterapia).

Ferramentas. O *pesquisador-professor* da Conscienciologia é o *compositor-intérprete* da consciência. Eis, entre outras, 6 ferramentas técnicas fornecidas pela Conscienciologia para a prática da assistência interconsciencial:

1. **Consciencioterapia.** Terapêutica multidimensional.
2. **Docência.** A partir da docência, o ato de assistir se torna facilitado em vista de 4 fatores: comunicação; proxêmica; interatividade; reencontros. A verbação qualifica a docência.
3. **Obras.** Emprego da grafopensenidade.
4. **Projetabilidade.** Projeções assistenciais.
5. **Tenepes.** Dedicação à tarefa energética pessoal.
6. **Voluntariado.** O anti-sectarismo caracteriza o voluntário *do bem* ou da evolutividade (Conscienciocentrologia), mais avançado e muito distante do voluntário militar (pátria belicista).

93. AUTODISCERNIMENTO

Qualificação. Através da *Mentalsomática,* o Homem pode qualificar o nível das práticas assistenciais através do autodiscernimento, diferenciando-se dos *subumanos amparadores* em 3 casos:

1. **Cego.** O *cão-guia* quando orienta a pessoa cega.
2. **Residência.** O *cão de guarda* quando promove a segurança da residência contra invasores.
3. **Filhote.** A *cadela mãe* quando amamenta o filhote.

Variáveis. Torna-se relevante otimizar pelo menos 5 variáveis relacionadas à assistência interconsciencial objetivando qualificar os resultados cosmoéticos:

1. **Momento:** a ocasião ideal. Escolher o instante do deslocamento de carro para fazer impactoterapia com o motorista não é prudente (V. **Negreiros,** Adriana; ***A Raiva ao Volante é Mortal;*** *Veja;* São Paulo, SP; 28.11.01; página 112). Importa observar a assim-chamada "fúria no trânsito" (*road rage*).
2. **Companhias:** o grupo ideal. Amparador lúcido, seja intra ou extrafísico, não pede e nem espera retribuição para si.
3. **Intencionalidade:** o objetivo ideal. A assistência interconsciencial legítima surge no exato instante quando sucumbi o império egocármico pessoal (V. **Mainardi,** Diogo; ***Parabéns para Mim;*** *Veja;* São Paulo, SP; 02.02.2000; página 146).
4. **Local:** o ambiente ideal. Há lugar para tudo.
5. **Autolucidez:** a visão de conjunto ideal. O guia cego não sabe a diferença entre impor e expor. Tende a praticar assistência dentro de limitada visão, favorecendo somente os interesses de comparsas.

Qualificação. Eis 4 características da assistência madura:

1. **Rastros.** Não deixa rastros negativos.
2. **Regressões.** Não apela para regressões infantis.
3. **Imoralidade.** Não se desvirtua pela imoralidade instintiva.
4. **Excessos.** Não comete excessos desprovidos de razão.

Senso. Sem a qualificação crescente do senso assistencial não há, para o pré-serenão, autodesassédio rumo à desperticidade.

Prática. A autoridade moral é conquistada pela prática e não pela teoria da Cosmoética.

94. QUALIFICATIVOS DA ASSISTÊNCIA

Qualificativos. No universo da *Holomaturologia,* existem pelo menos 11 *variáveis qualificativas* da assistência interconsciencial a serem empregadas como orientação ou *checklist,* aqui listadas na ordem alfabética:

01. **Conhecimento.** As imperícias, as imprudências e as negligências interconscienciais são, antes de erros médicos, erros antievolutivos de toda consciência. Ignorantismo é *necrose cerebral.*

02. **Cosmoética.** A função da tares não é opinar ou doutrinar; é informar a verdade relativa de ponta. Somar e convergir dados para se alcançar o consenso mais racional é a função do debate conscienciológico.

03. **Cosmovisão.** Enquanto a conscin *anda para frente,* deixa simultaneamente o *rastro para trás.* A cosmovisão é a profilaxia dos resultados colaterais deletérios.

04. **Discernimento.** Extirpar as fantasias, mistificações, emocionalismos, *douração de pílula* e irracionalidades. As imaturidades pessoais são as maiores e únicas inimigas da consciência.

05. **Fraternismo.** Senso de auto-sacrifício a favor da assistência interconsciencial, reduzindo ou afetando o bem-estar pessoal em benefício do bem-estar alheio. Há especialistas em reaproximar consciências, promovendo reconciliações cosmoéticas diversas.

06. **Intenção.** A autolucidez assistencial faz o ser desperto se aproximar da conscin vulgar a fim de assisti-la e aprender com ela. No entanto, o nível de maturidade ainda as distanciam.

07. **Organização.** Preparo cabível antes (profilaxia) e depois das atividades assistenciais, sejam quais forem.

08. **Parapsiquismo.** Atentar para o emprego dos acoplamentos áuricos e assimilações energéticas interconscienciais, seja em relação aos amparadores ou às consciências assistidas.

09. **Prioridade.** Errar é humano. Acertar também é. Corrigir erros pessoais perante a vida é acertar evolutivamente. A prioridade do acerto qualifica a assistência interconsciencial.

10. **Universalismo.** Toda consciência diante de nós, seja intra ou extrafísica, homem ou mulher, merece o mesmo padrão de heteropensenes: o melhor possível, o máximo cosmoético.

11. **Vontade.** A vontade de assistir se insere antes da tarefa, seja através da tacon ou da tares, com ou sem parapsiquismo.

XI

GRAFOPENSENIDADE

95. QUALIFICAÇÃO GRAFOPENSÊNICA

Definição. A *qualificação grafopensênica* é o ato ou efeito de qualificar os rastros autorais da consciência, atribuindo maior qualidade a obras e assinaturas pensênicas em detrimento das omissões deficitárias e apologias anticosmoéticas (V. deste autor: ***Anotações Utilitárias (Comunicologia);*** *Conscientia;* Out.-Dez., 2001; páginas 165 a 169).

Sinonímia. Eis, na ordem alfabética do assunto, 10 áreas da progressão sinonímica da *qualificação grafopensênica:*

01. **Assistenciologia:** gestações conscienciais policármicas; pangrafia; propagação das verpons; *tares pelo papel.*
02. **Autoria:** aperfeiçoamento autoral.
03. **Comunicologia:** qualificação comunicacional.
04. **Cosmoética:** produção de obras cosmoéticas.
05. **Didática:** *análise e síntese;* comunicabilidade apurada; didática esclarecedora.
06. **Estilística:** congruência entre conteúdo e forma; estilo mentalsomático de escrever.
07. **Evoluciologia:** escritos libertários.
08. **Mentalsomática:** criatividade esclarecedora; limpidez de idéias; organização mental.
09. **Palavras:** ampliação do dicionário cerebral; emprego lúcido das palavras; poliglotismo universalista.
10. **Pensenologia:** aprimoramento de assinaturas pensênicas.

Antonímia. Eis, na ordem alfabética do assunto, 10 áreas da progressão antonímica da *qualificação grafopensênica:*

01. **Assistenciologia:** agrafia; gestações humanas; mercador de subinformação; propagação de calúnias.
02. **Autoria:** autorias artísticas; autorias beligerantes.
03. **Comunicologia:** desqualificação comunicacional.
04. **Cosmoética:** produção de obras anticosmoéticas.
05. **Didática:** didática retrógrada ineficaz.
06. **Estilística:** estilo confuso de escrever; ilegibilidade; *nonsense;* prolixidade.
07. **Evoluciologia:** materiais funestos antievolutivos.
08. **Mentalsomática:** idéias confusas; obnubilação mental.
09. **Palavras:** analfabetismo; monoglotismo vulgar.
10. **Pensenologia:** assinaturas patopensênicas.

96. ESCRITA

Síntese. Eis 1 megapensene trivocabular capaz de sintetizar este assunto: – *Escritor: comunicólogo gráfico.*

Conhecimento. A partir da *Comunicologia,* sob o ponto de vista cultural, a comunicação pela escrita é, hoje, mais eficaz no acúmulo do conhecimento e na difusão de idéias.

Arte. Supera a expressão pela pintura, pelo desenho, pela escultura ou por meio de qualquer outro recurso próprio das artes plásticas, campo ainda primário da comunicação humana.

Analogismo. Esta arte visual, primária, é análoga ao recurso gráfico da redação científica, bem mais avançado pelo contato de mentalsoma para mentalsoma, quando o ponteiro da consciência recai mais sobre o conteúdo útil, a mensagem libertária ou a essência evolutiva.

Avanço. Pela *Holomaturologia,* a escrita científica é o estágio mais avançado quanto ao uso predominante das faculdades mentaissomáticas através do autodiscernimento, antes emocionais pela psicossomática no universo artístico, entretanto continuando entrelaçadas ao mecanismo da motricidade.

Mérito. Neste ponto, cabe registrar: existem gatos pintores, capazes de produzir obras de arte moderna, rigorosamente abstratas (V. **Gaudio,** Roberto; ***Você Sabia que há Gatos que Pintam?;*** *Pulo do Gato;* Edição 17; Campinas, SP; páginas 20 e 21).

A FACULDADE DE ARTICULAR AS PALAVRAS COM SAPIÊNCIA DISTINGUE O SER HUMANO DE TODAS AS OUTRAS ESPÉCIES SOBRE ESTE PLANETA.

Desafio. Produzir gestações conscienciais através da escrita, da participação em debates e apresentação de cursos, esmerando-se nas idéias referentes ao estudo de todos nós, consciências em evolução, é bem mais difícil e desafiador.

Expressividade. Contudo, é mais gratificante se comparado à zona de conforto e o nivelamento por baixo do *universo estacionário* das artes plásticas, a cada dia mais distante da expressão da realidade (neofobia).

97. ANOTAÇÕES

Exercício. De acordo com a *Parapedagogia,* a regularidade na prática e análise das anotações pessoais permite, por si só, a aquisição, o exercício e desenvolvimento de, no mínimo, 16 habilidades ou atributos, abaixo ordenadas alfabeticamente:

01. **Aprendizagem:** apreensão; captação de idéias.
02. **Atenção.**
03. **Auto-organização.**
04. **Caligrafia:** coordenação motora.
05. **Concentração:** profundidade; serenidade.
06. **Criatividade:** idéias originais.
07. **Detalhismo:** minudências.
08. **Memória:** retenção de informações.
09. ***Mudança de bloco:*** renovação.
10. **Neossinapses.**
11. **Ortografia:** impecabilidade textual.
12. **Parapsiquismo:** cosmovisão.
13. **Redação:** expressividade gráfica.
14. **Sinalética parapsíquica:** interdimensionalidade.
15. **Sintetismo:** *resumo da ópera.*
16. **Taquipsiquismo:** agilidade mental.

Unidade. A anotação é a unidade de medida prática do interesse pela aprendizagem.

Palavras. Por incapacidade natural, subumanos não registram pensamentos em palavras. Muitos humanos, embora aptos, sequer têm esse interesse.

Omissão. Não publicar determinada obra pode ser omissão superavitária. Não registrar a *boa idéia* é sempre autocorrupção.

Terapia. Mediante a *Paraterapêutica,* estudos revelam diversos efeitos positivos, a exemplo da melhoria no convívio social e na motivação para viver, desencadeados pelo ato de registrar em papel as impressões, idéias e conclusões baseadas em eventos traumáticos vividos pela pessoa, inclusive ajudando a superá-los mais facilmente (V. **IstoÉ;** ***Escrita Terapêutica;*** Revista; São Paulo, SP; 04.09.02; página 71).

Questão. Quais não seriam os benefícios das anotações, portanto, quando empregada fora de qualquer contexto patológico?

98. Captação de Idéias

Descoincidência. A partir da *Holossomática,* a descoincidência dos veículos de manifestação da consciência favorece a criatividade através de, pelo menos, 2 meios:

1. **Holomemória.** O acesso à holomemória.
2. **Parapsiquismo.** O emprego de faculdades parapsíquicas.

Ocasiões. Frente à *Parapercepciologia,* as neoidéias desencadeadas pela qualidade da autopensenidade do progenitor, surgem onde e com quem menos se espera. Contudo, há momentos mais propícios e comuns neste processo, a exemplo destes 12, listados na ordem alfabética:

01. **Adormecimento.** *Durante* a hipnagogia ou entre o deitar e o dormir.
02. **Banho.** *Durante* o banho diário.
03. **Despertamento.** *Durante* a hipnopompia ou entre o acordar e o levantar.
04. **Energias.** *Durante* mobilizações básicas de energia (estado vibracional, exteriorizações e absorções).
05. **Laboratórios.** *Durante* experimentos laboratoriais conscienciológicos, sejam individuais ou grupais (*Acoplamentarium*).
06. **Leituras.** *Durante* a leitura de livro útil.
07. **Natureza.** *Durante* interação com ambientes naturais.
08. **Pesquisas.** *Durante* o estudo concentrado de algum assunto, por exemplo, empregando o cosmograma.
09. **Projeções.** *Durante* projeção para fora do corpo físico.
10. **Reuniões.** *Durante* reuniões e conversas em grupo, inclusive cursos ou palestras, seja ministrando ou assistindo.
11. **Tenepes.** *Durante* as práticas diárias da tenepes (semipossessão benigna).
12. **Viagens.** *Durante* o percurso de determinada viagem, seja de curta, média ou longa duração.

Toalete. No universo da *Intrafisicologia,* portanto, é inteligente não desperdiçarmos nem mesmo as boas idéias surgidas enquanto estamos no toalete.

Registro. Na *Experimentologia,* independente da dificuldade para acertar na forma, não deixemos de registrar o conteúdo das idéias. *Rem tene, verba sequentur.*

99. CEAEC

Observação. Pela *Paracronologia,* a observação conscienciológica praticada pela conscin a partir do *re*início da vida, geralmente obedece pelo menos os seguintes 3 estágios:

1. **Microuniverso.** O próprio microuniverso consciencial é o primeiro laboratório de auto-observações da conscin autocrítica.
2. **Família.** A família nuclear é o segundo laboratório nas heterobservações da conscin heterocrítica.
3. **Cosmos.** O Cosmos (humanidade e para-humanidade) é o terceiro laboratório nas megaobservações da conscin *cosmoparticipativa.* Há limites físicos e conscienciais criados por nós.

CEAEC. Convergindo com o terceiro item, no CEAEC – Centro de Altos Estudos da Conscienciologia, em Foz do Iguaçu –, devido às condições otimizadas multidimensionalmente, as vivências parapsíquicas são vastas, o intercâmbio de experiências é dinâmico e as idéias originais aparecem mais facilmente (*insights*, associações de idéias), especialmente para o experimentador motivado.

Holociclo. As diversas torres de papéis (tipo *letter*), em branco, existentes no Holociclo e disponíveis para uso, servem, entre outras finalidades, para estimular as anotações e, conseqüentemente, evitar o desperdício de idéias dos pesquisadores atuantes na produção da Enciclopédia da Conscienciologia (V. **CEAEC,** Jornal do; ***Holociclo: Celeiro das Idéias de Ponta;*** 2001; página 4).

Livro. Efeito disto está aqui: praticamente todo este livro foi produzido nos ambientes do CEAEC – nos *laboratórios de autopesquisa,* no *Holociclo,* na *Holoteca* e durante cursos (em geral), incluindo as *tertúlias* ministradas pelo prof. Waldo Vieira.

HÁ PESSOAS DEDICADAS A TIRAR PARTIDO DE OUTRAS NO* BIOTÉRIO HUMANO, *MANTENDO-SE COSMOÉTICAS E VISANDO A EVOLUTIVIDADE GRUPAL.

Bolha. O ambiente ou base física de produção intelectual pode ser preparado até se tornar *bolha interdimensional* fertilizante de idéias, sustentada pelo campo mentalsomático qualificado.

100. VULGARIZAÇÃO

Intenções. Qualquer obra libertária já começa assincrônica com a policarmalidade quando movida por estas 6 intenções:

1. **Anticosmoética.** Incitações ou apologias anticosmoéticas (assédio interconsciencial).
2. **Autobiografia.** Registrar o próprio nome na História.
3. **Deturpações.** Deturpação de fatos, informações ou imagens (factóide), denegrindo pessoas e fatos.
4. **Ego.** Exaltação do próprio ego por intermédio da autopromoção (sucesso temporal).
5. **Lucro.** Lucro econômico (*encher o bolso;* mercantilismo).
6. **Manipulações.** Manipulações em geral.

Necessidade. Dentro do rolo compressor das publicações fúteis, existem 4 fatos demonstrativos da necessidade de ampliação das gestações conscienciais esclarecedoras nesta socin:

1. **Mitologia.** O livro mais vendido em toda história humana, a Bíblia, é milenar e recheado de *fantasias mitológicas.*
2. **Materialidade.** A cada dia aumenta o número de publicações científicas alimentando a cultura materialista e ignorante a respeito da realidade multidimensional e evolutiva da consciência (V. **Vieira,** Waldo; ***Projeciologia: Panorama das Experiências da Consciência Fora do Corpo Humano;*** Rio de Janeiro, RJ; 1999; página 21).
3. **Maledicências.** No mundo todo prolifera revistas dedicadas à fofoca e à futilidade (fofins).
4. **Mercantilismo.** A cultura literária vem se transformando em negócio lucrativo, onde o volume de vendas importa mais em comparação à qualidade das obras.

Efeitos. O ato de escrever é simples. Os efeitos das informações divulgadas são complexos.

Pergunta. Em vista destas constatações, fica a pergunta ao leitor(a): você pretende deixar *heranças libertárias* para o conjunto de conhecimentos existentes neste planeta?

Abastecer. Banalidade não atende ao mentalsoma, somente ao subcérebro abdominal.

Seletividade. Na internet, é preciso pesquisa seletiva para obter conteúdo de qualidade (V. **Fernandes,** Manoel; ***O que Vale é o Conteúdo;*** *Veja;* São Paulo, SP; 19.01.2000; páginas 104 e 105).

101. UTILITARISMO IDEOLÓGICO

Teoria. A teoria, por mais lógica ou repleta de argumentos e fatos comprovatórios, acaba tornando-se nula quando inaplicável ou inaplicada em benefício da evolução prática dos indivíduos para os quais é dedicada.

Conteúdo. Por outro lado, devido à imaterialidade das idéias, a pequena página escrita, por exemplo, pode *conter mil livros* de conteúdo esclarecedor, útil e libertário. É a *página calhamaço,* contrária ao livrório.

Bom. Nesse sentido, tudo de bom destinado a acrescentar é bem-vindo. Mais importante ainda: tudo de bom capaz de solucionar é imprescindível.

Tares. Vigoram exatamente sobre este ponto os princípios da tares, ou tarefa do esclarecimento, sendo esta a orientação libertária de todo livro conscienciológico.

Facilidade. Repetir inutilidades é fácil. Obviamente, é sempre mais difícil ser progenitor(a) de utilidades. Discernimento não significa arte, mas ciência.

Evitações. Ao compor obra técnica, vale o esforço para adotar abordagens condizentes com os recursos já acessíveis hoje, menos piores e mais racionais quanto ao entendimento dos fatos segundo o paradigma multidimensional, evitando-se pelo menos 5 tendências antagônicas ao utilitarismo cosmoético:

1. **Arte.** Tratar-se de *arte poética,* embora empregue o *toque de criatividade estilística* maior em relação à revista científica mais formal (*journals*).
2. **Epítome.** Constituir-se em resumo, síntese ou *epítome tautológico* dos conceitos já vulgarizados.
3. **Materialismo.** Ser o subproduto da ciência materialista limitada, abordando fração secundária da realidade sobre a qual nos manifestamos.
4. **Mediocridade.** Aderir ao subnivelamento e à simplificação próprios da lei do menor esforço, alimentando a mediocridade e a preguiça de pensar características do *povão.*
5. **Religião.** Embasar-se em alguma doutrina religiosa dogmática, sectária, emocional, anacrônica ou mitológica, em contraposição ao discernimento irrestrito possibilitado pelo mentalsoma.

102. AUTOPROMOÇÃO

História. Qualquer pré-serenão, homem ou mulher, é capaz de registrar o próprio nome na História, seja qual for o feito ou realização.

Fama. Perseguindo a aura da glória popular, pode ainda tornar-se muito famoso, verdadeira celebridade, pela notoriedade das realizações ou pelas artimanhas empregadas através do *marketing*, mesmo sendo por *15 minutos*.

Paradoxo. No entanto, a pessoa mais popular pode ser também a mais solitária, como ilustra o trecho do relato de *Albert Einstein* (1879–1955) em carta enviada para *E. Marangoni*, no dia 1º de outubro de 1952 (V. **Calaprice,** Alice; Compilação e Edição; ***Assim falou Einstein;*** 1998; página 41): *"É coisa muito estranha ser tão conhecido e ao mesmo tempo ser tão solitário. Mas também é um fato que esse tipo de popularidade acaba por forçar a vítima a tomar uma posição de defesa que conduz ao isolamento".*

Imagem. Além disso, a maior *moldura estética* pode ser construída sobre si ao longo de anos e com muito esforço, mas ser destruída em poucos segundos em razão de algum ato pessoal autêntico, contudo imaturo (V. **Perrone,** Marcelo; ***Um Ídolo reduzido a sua Sombra;*** Michael Jackson; *Zero Hora;* Porto Alegre, RS; 23.11.03; página 32).

Rendimento. Em síntese, nem sempre a vida na qual a conscin obtém o melhor rendimento evolutivo é aquela na qual se torna a mais conhecida popularmente.

QUEM SENTE FORTE NECESSIDADE DE APARECER COM O SOMA NO INTRAFÍSICO É PORQUE AINDA NÃO APARECE COM O DISCERNIMENTO NA AUTO-EVOLUÇÃO.

Sadio. O ego sadio faz o anonimato do Serenão.

Doentio. O ego doentio pode fazer a fama do pré-serenão.

Razão. A quantidade de amparadores de determinada conscin e respectivos nomes importam menos. A razão da assistência importa mais. *Amparo individual* pode ser *assistência coletiva.*

Temporalidade. O corpo humano é roupagem perecível, enquanto o intrafísico é cenário transitório.

103. QUALIFICAÇÃO DAS IDÉIAS

Originalidade. Pela *Evoluciologia,* o continuísmo das anotações pessoais, cotidianas, torna inevitável o irrompimento da originalidade através de novas idéias (heurística), permitindo a vivência do binômio *registro-autoria libertária.* Todo original, *neo-idéia fetal* ou minuta inovadora, há de *amadurecer* com o posterior aprofundamento do tema.

Idéias. No universo da *Conscienciocentrologia,* as boas idéias, descobertas através de inspirações geniais ou lampejos criativos, são cada dia mais cobiçadas porque possibilitam, por exemplo, consideráveis aquisições financeiras, em diversos setores da sociedade humana (V. **Aragão**, Wágner de Alcântara; ***Olho Clínico e Boas Idéias rendem Dinheiro no Bolso de Inventores;*** *Gazeta do Povo;* Jornal; 17.11.02; páginas 4 e 5).

Mentalsoma. Consoante à *Mentalsomática,* mesmo dentro deste contexto, encontramos idéias capazes de *honrar* o mentalsoma de onde emergem, enquanto outras *envergonham* pelo caráter irracional, anticosmoético e má intenção, evidenciando ser a inventividade atributo independente do nível evolutivo da consciência.

Soluções. A partir da *Intrafisicologia,* na Era Consciencial em início, onde a conscientização multidimensional sobressai em meio à massa humana impensante, as idéias mais almejadas são libertárias, pois apontam soluções e direcionamentos prioritários para o êxito do empreendimento evolutivo da conscin (V. **Vieira**, Waldo; ***Fundamentos da Era Consciencial;*** 1er FIC; II CIPRO; Barcelona, Espanha; 21-24.10.99; páginas 39 a 45).

Genialidade. Pelos conceitos da *Assistenciologia,* a superdotação atinge o auge utilitário quando encontra a prioridade cosmoética da função assistencial.

Pangrafia. Com isso, é fácil concluir: a anotação é o estágio inicial ou passo preliminar para níveis de cognição mais avançados, atacadistas, específicos da pangrafia – escrita parapsíquica multímoda, abrangente e sofisticada, própria da semiconsciex.

Destino. Através da *Evoluciologia,* a real serventia positiva da anotação vigora, obviamente, sobre o destino (aproveitamento) posterior dos registros. A anotação torna-se nula e perde a razão de ser quando eternamente inutilizada dentro de gaveta fechada, sem incrementar com direcionamento útil a teática, as pesquisas e obras pessoais esclarecedoras.

104. INCOMPLETUDE AUTORAL

Ambigüidade. Existem relações ambíguas quanto ao aproveitamento expositivo das auto-idéias por parte do escritor: as idéias *fechadas em si,* ou não publicadas; e as idéias *abertas aos outros,* ou publicadas.

Fechadas. O incompletismo autoral vigora exatamente sobre as idéias fechadas ou não publicadas.

Analogismo. Logicamente, a condição da incompletude autoral é similar ao *incompletismo existencial.*

Vícios. Eis 10 condições prorrogativas da completude dos trabalhos técnicos escritos, listados na ordem alfabética:

01. **Decidofobia:** hesitação quanto ao desenvolvimento, término ou encaminhamento da obra (*troca-troca de tema).*

02. **Desinformação:** falta de dados suficientes sobre o assunto pesquisado.

03. **Desorganização:** incapacidade de otimizar condições de trabalho (caos intrafísico e intraconsciencial).

04. **Grafopensenofobia:** receio ou medo de escrever.

05. **Inconstância:** intervalos inativos (*trabalho parado*).

06. **Inexperiência:** vivência do estresse negativo, perdas de tempo e retrabalhos desnecessários (*atecnicidade*).

07. **Inflexibilidade:** intransigência quanto às alterações necessárias (heterorrevisões) ou adaptações a normas de publicação.

08. **Irresponsabilidade:** descumprimento de prazos e metas.

09. **Perfeccionismo:** perfeccionismo para escrever.

10. **Pessimismo:** insegurança quanto à qualidade do trabalho ou a capacidades pessoais, não raro, havendo *boi na linha.*

URGE SERMOS AUTORES NÃO SÓ EMPREGANDO MÃOS E PAPÉIS, MAS SOBRETUDO COM ATOS CAPAZES DE EXEMPLIFICAR A COERÊNCIA PESSOAL.

Estima. A estima do autor em relação à própria obra pode se configurar entre o pessimismo e o deslumbramento. Ambos podem levar à condição da incompletude autoral.

105. HIPERTEORIZAÇÃO

Definição. A *hiperteorização* é o ato ou efeito de teorizar demasiadamente sem colocar em prática o conhecimento útil.

Sinonímia: *filosofice;* 1% de prática e 99% de teoria.

Antonímia: 1. Teática; 99% de prática e 1 % de teoria; pragmatismo. 2. Exemplarismo; inteligência executiva; verbação. 3. Pesquisador de campo.

HÁ QUEM TENTE SUPERAR OU TRANSCENDER A VERPON AINDA NEM APLICADA, CONDIÇÃO TÍPICA DOS HIPERTEORICÕES E FUGITIVOS DA PROÉXIS.

Prática. Eis 6 questionamentos básicos, na ordem alfabética, extremamente úteis na averiguação dos desempenhos práticos, fundamentais e prioritários ao aqui-e-agora, nesta dimensão intrafísica, objetivando promover, a partir da autocrítica, a profilaxia da hiperteorização:

1. **Anotações.** *Quantas* anotações pessoais relevantes realizei hoje?
2. **Atenção.** *Quantas* vezes hoje dediquei atenção exclusiva para alguém com problemas críticos?
3. **Atos.** *Quantos* atos assistenciais concretos pratiquei hoje?
4. **EV.** *Quantos* estados vibracionais (EVs) alcancei hoje?
5. **Exteriorizações.** *Quantas* exteriorizações básicas de energias positivas efetuei hoje?
6. **Reflexões.** *Quantas* reflexões profundas executei hoje?

Ócio. A condição do *dolce far niente,* ou do não fazer nada, própria da conscin descansada, quando vivida de modo permanente ou excessivo, não conduz à qualificação grafopensênica.

Eruditas. Entre os hiperteoricões, há conscins eruditas, contudo sem partilhar o conhecimento adquirido.

Produtivas. Também existem aquelas habituadas a produzir, mas ainda apelando para o achismo e a mistificação.

Materialistas. Há a terceira categoria de estudiosos e produtivos, contudo materialistas ou escravos da *money society.*

106. Estilo Mentalsomático

Definição. O *estilo mentalsomático* é a técnica para escrever de maneira mais racional, a fim de o conteúdo ser melhor compreendido e entrar em conformidade ou ressonância com o paracorpo do discernimento do escritor e dos leitores.

Sinonímia: 1. Estilo racional; estilo lógico; estilo bem elaborado. 2. Estilo enciclopédico; *estilo matematizado.*

Antonímia: 1. Estilo psicossomático. 2. Estilo prolixo.

A ARTE DO BEM ESCREVER* A FORMA *PRECISA DA CIÊNCIA DO BEM ESCREVER* O CONTEÚDO, *A FIM DE NÃO TRAZER* A MENSAGEM *FRÍVOLA.

Questões. Tendo em vista anatomizar a qualidade no emprego das palavras dentro do universo da comunicação escrita, eis, por exemplo, 10 questões a serem ponderadas sobre qualquer estilo:

01. **Assistenciologia.** Neste estilo, por si só, predomina a tares ou a tacon?

02. **Conformidade.** Este estilo está de acordo com a verdade relativa a qual transmite?

03. **Desleixo.** Qual o nível de desleixo permeando este estilo?

04. **Intenção.** Qual é a natureza da real intenção em adotar este estilo?

05. **Maturidade.** Este estilo é conscienciaImente maduro ou é ainda pueril?

06. **Mentalsomática.** Qual o percentual de discernimento adotado neste estilo?

07. **Parapsiquismo.** Há parapsiquismo neste estilo?

08. **Proficiência.** Este estilo é amador ou profissional?

09. **Qualificação.** Qual o nível de qualificação deste estilo?

10. **Restringimento.** Qual o nível de restringimento imposto por este estilo ao conteúdo do texto?

Teste. Após responder às perguntas aqui descritas, o leitor poderá afirmar, com razoável certeza, se este estilo examinado faz jus aos atributos mentaissomáticos.

107. Livro Libertário

Evocações. A autoria exclusiva ou totalmente anímica é impraticável em função das evocações inevitáveis ao ato de escrever.

Expressão. Portanto, o parapsiquismo permite à única mão escritora ser capaz de expressar vários mentaissomas a favor da evolutividade, significando 3 condições:

1. **Acervo.** A produção de obra conscienciológica é a disponibilização do acervo pessoal de experiências, conhecimentos e trafores em benefício das outras consciências, além do tempo e do espaço, a partir dessa dimensão intrafísica, predispondo o autorrevezamento multiexistencial.
2. **Decodificação.** O livro de Conscienciologia é a decodificação em palavras das idéias extrafísicas, sutis, provenientes de *holopensenes mentaissomáticos,* por parte da conscin interessada em transcrever para os outros as aprendizagens e conclusões alcançadas para si em matéria de evolução consciencial.
3. **Libertárias.** A gestação consciencial é a conjugação entre a lucidez do mentalsoma (autodiscernimento) e a operosidade do soma (cerebelo), dando origem aos rumos humanos libertários.

Livro de Ciência não perpetua verdades. O dinamismo dos fatos e parafatos compõe o arcabouço do holopensene científico avançado.

Pesquisa. O ato individual e grupal de pesquisar a consciência não é atribuição específica desta ou daquela proéxis. É condição inerente ao processo evolutivo.

Compartilhar. Além disso, o caráter evolutivo do universo de *experiências didáticas* vivenciadas pela conscin é chancelado através da megaexperiência de compartilhá-lo.

Durabilidade. Para tanto, o livro libertário torna mais duradoura a *aprendizagem-registro-ensino* do *aluno-autor-professor.*

Exposição. A forma dos signos gráficos ou das palavras redigidas é, neste caso, a maneira de expor o conteúdo das experiências vividas, dos fatos constatados e das idéias ponderadas.

108. QUALIFICATIVOS DO GRAFOPENSENE

Qualificativos. Com base na *Holomaturologia,* existem pelo menos 10 *variáveis qualificativas* da grafopensenidade de modo geral, a serem empregadas como orientação ou *checklist,* aqui listadas na ordem alfabética.

01. **Assistência.** No transcorrer da história humana, quanto conhecimento útil já não foi desperdiçado ou esquecido somente por não ter sido grafado intrafisicamente? Assim mensuramos o quanto a responsabilidade assistencial qualifica a grafopensenidade.

02. **Autorrevezamento.** Enquanto projetada, o soma vitalizado é a âncora na dimensão intrafísica para a consciência temporariamente na extrafisicalidade. Da mesma forma, o livro é a *âncora de idéias* no intrafísico estando a consciência, temporariamente, no período intermissivo. A qualificação da gestação grafopensênica em alto nível inclui sempre o autorrevezamento.

03. **Conhecimento.** Sempre há mais a ser descoberto e pesquisado. Os fatos e parafatos nunca se esgotam.

04. **Cosmovisão.** Há quem fale, escreva e publique trabalhos em vários idiomas, no entanto ainda desconhecendo completamente a teoria do conscienciês.

05. **Experiência.** A verdade relativa de ponta, ou verpon, conscienciológica, avança qualitativamente conforme os pesquisadores experimentam novas vivências libertárias.

06. **Parapsiquismo.** Descoincidir a paracabeça do psicossoma permite transcender a instintividade somática. Tal providência permite empregar faculdades parapsíquicas a fim de qualificar os grafopensenes pessoais.

07. **Prioridade.** Empregar a inteligência cerebral com ignorância consciencial é falta de inteligência evolutiva do mentalsoma.

08. **Teática.** A teática pessoal sempre qualifica a gestação consciencial. Escrever é praticar. Realizar é a *megaprática.*

09. **Universalismo.** Aqui, se impõe a questão: – Como pretende alguém captar idéias originais libertárias se ainda manifestar pensenes repressores ou sectários?

10. **Vontade.** Quando motivado, o pesquisador da consciência vive num constante momento de auto e heterobservações arguciosas.

XII

PARAPSIQUISMO

109. QUALIFICAÇÃO PARAPSÍQUICA

Definição. A *qualificação parapsíquica* é o ato ou efeito de qualificar as interações da conscin junto às consciexes, atribuindo maior qualidade ao emprego das parapercepções, energias e experiências multidimensionais.

Sinonímia. Eis, na ordem alfabética do assunto, 10 áreas da progressão sinonímica da *qualificação parapsíquica:*

01. **Conviviologia:** aperfeiçoamento das interações conscin-consciex; hetero-entrosamentos interdimensionais libertários.
02. **Parapercepciologia:** mega-utilização dos potenciais parapsíquicos; qualificação paraperceptiva.
03. **Parafenomenologia:** *extrapsiquismo* avançado; pangrafia.
04. **Holossomática:** emprego sadio dos parassentidos.
05. **Holochacralogia:** domínio das energias conscienciais.
06. **Cosmoética:** assistencialidade mentalsomática; parapsiquismo cosmoético.
07. **Evoluciologia:** investimento no parapsiquismo evolutivo; sofisticação das faculdades transcendentes.
08. **Experimentologia:** multidimensionalidade vivida; vivências *extranímicas* autoconscientes.
09. **Parassemiologia:** sinalética energética apurada.
10. **Extrafisicologia:** paracognições atacadistas.

Antonímia. Eis, na ordem alfabética do assunto, 10 áreas da progressão antonímica da *qualificação parapsíquica:*

01. **Conviviologia:** assédio parapsíquico; dependência interconsciencial; egoísmo.
02. **Parapercepciologia:** subutilização paraperceptiva.
03. **Parafenomenologia:** *fenomenomania.*
04. **Holossomática:** existência trancada; materialismo; restringimento intrafísico.
05. **Holochacralogia:** autodescompensações crescentes.
06. **Cosmoética:** indústria da mediunidade.
07. **Evoluciologia:** subnível parapsíquico.
08. **Experimentologia:** muletas dispensáveis; rituais místicos.
09. **Parassemiologia:** descontrole parapsíquico; possessões malignas.
10. **Extrafisicologia:** paracomatose extrafísica.

110. AUTOPERSUASÃO

Definição. A *autopersuasão* é o ato de convencer a si próprio ou alcançar individualmente, através de constatações coerentes e ratificadas por vivências pessoais, a aceitação de fatos, necessidades ou conveniências renovadoras de comportamentos.

Sinonímia: 1. *Autoconvencimento*. 2. Autodidatismo vivencial. 3. Autoprova multidimensional. 4. Paradigma consciencial.

Antonímia: 1. Autocorrupção; autopersuasão irracional; auto-sugestão. 2. Ilusão. 3. Doutrinação; heteropersuasão; lavagem cerebral; manipulação de pessoas. 4. Paradigma fisicalista.

ADERIR À CRENÇA EM DETRIMENTO DA EXPERIMENTAÇÃO É IGUAL A EVOLUIR EMPREGANDO A PEDRA LASCADA EM TEMPOS DE ASTRONÁUTICA.

Realidades. Eis, por exemplo, 10 realidades assimiladas pela pessoa através de experiências multidimensionais, inevitavelmente levando à autopersuasão evolutiva ao longo do tempo, aqui dispostas na ordem natural:

01. **Autoconsciencialidade:** minha consciência.
02. **Intraconsciencialidade:** meu universo íntimo.
03. **Extraconsciencialidade:** universo exterior.
04. **Interconsciencialidade:** outras consciências.
05. **Intrafisicalidade:** dimensão física.
06. **Extrafisicalidade:** dimensão extrafísica.
07. **Interdimensionalidade:** interação entre as dimensões.
08. **Experimentologia:** manifestações conscienciais.
09. **Conscienciometria:** qualidade dos resultados.
10. **Evoluciologia:** evolução consciencial.

Gradativa. A evolução individual caminha gradativamente de acordo com as autopersuasões racionais, lúcidas e indissociáveis dos fatos multidimensionais.

Conscienciologia. A Conscienciologia indica caminhos necess*ários* à evolução. Por intermédio das autopersuasões, tornam-se necess*idades* do conscienciólogo.

111. SUBUTILIZAÇÃO

Conhecer. Com o intuito de ajudarmos uns aos outros de maneira mais eficaz, além de saber, na teoria, é mais importante conhecer, na prática, a si mesmo e as outras consciências (holossomas, pensenes) e não somente as pessoas (somas).

Realidade. É impraticável alcançar a desperticidade conhecendo tão-somente pequena parte da realidade consciencial, principalmente sendo esta fração diminuta da dimensão intrafísica.

Analogismo. Eis duas analogias apropriadas para ilustrar a subutilização das possibilidades paraperceptivas pessoais:

1. **Sentidos.** Desconhecer as manifestações multidimensionais / Estar em meio à selva com olhos e ouvidos vendados.
2. **Membro.** Negligenciar o manejo consciente de determinado veículo do holossoma / Renunciar ao uso de algum membro do soma capaz, por exemplo, o braço.

O INVISÍVEL AOS OLHOS PODE SER PERCEPTÍVEL ÀS ENERGIAS. A MELHOR VISÃO OCULAR PODE VIR DE QUEM SEQUER CONSEGUE ABRIR OS PARAOLHOS.

Domínio. O paradigma vigente, fisicalista, exalta o heterodomínio intrafísico pela *conscin no soma.* O paradigma consciencial enfatiza o autodomínio multidimensional pela *consciência no holossoma.*

Psiquiatria. No campo da Psiquiatria, estuda-se as pessoas habituadas a *enxergar* o irreal (delírios, alucinações) por influência da esquizofrenia.

Lucidez. *Questão:* – E quanto às pessoas cegas para a realidade multidimensional, ou para as responsabilidades pessoais de execução da proéxis, em quais psicoses ou paradistúrbios psíquicos poderiam se enquadrar?

Real. Às vezes, é mais difícil assumir a responsabilidade pelo *real de fato.* É como não querer se levantar para não ter o trabalho de caminhar.

112. Recuperação Holossomática

Técnica. Torna-se possível ajustar a qualidade da homeostase holossomática pessoal ao longo do dia organizado através de, no mínimo, 7 períodos (V. **Oliveira,** Mário; ***Desperticidade: Uma das Metas da Invéxis;*** *Gestações Conscienciais;* Rio de Janeiro, RJ; 2003; páginas 225 a 235):

1. **Exercício.** *Período* para a prática de exercício físico, até transpirar, sem excessos ou agressões ao próprio soma.
2. **Banho.** *Período* para o banho de, no mínimo, 15 minutos, conjugado à técnica da chuveirada hidromagnética.
3. **Sexo.** *Período* para o exercício sexual com o parceiro ou parceira do casal íntimo, ou mesmo, caso não o tenha, a *conduta-exceção* do emprego de masturbação sem evocações doentias.
4. **Bioenergias.** *Período* de pelo menos 1 hora para práticas bioenergéticas, tipo MBE (mobilização básica de energias), relaxação psicofisiológica e circuito corono-frontochacra.
5. **Pensenes.** *Período* para reflexão profunda, associada à análise pessoal através do Conscienciograma e à eliminação de todo rancor, mágoa ou desafeição guardadas de alguém.
6. **Mentalsoma.** *Período* de 3 horas para o auto-estímulo mentalsomático através de leituras, pesquisas e exercícios intelectuais, com anotações pessoais, por exemplo, aplicando a técnica do cosmograma.
7. **Alimentação.** *Período* para a desintoxicação do organismo através de dieta rica em líquidos, fibras, verduras e legumes de cultivo isento de agrotóxicos.

Você costuma voltar a dormir logo após ser despertado(a) conscienciALmente? Sem vontade, nem as técnicas ajudam.

Anotações. Para o melhor aproveitamento desta técnica são indispensáveis as anotações de idéias e ocorrências surgidas ao longo do dia, sendo, posteriormente, registradas no computador.

Humor. Ao final do dia, ao recolher-se para o leito, a conscin deverá encontrar-se naturalmente bem-humorada, pronta para a noite de experiências assistenciais e autodesassediadoras.

113. INTENCIONALIDADE

Crime. Ambicionar o desenvolvimento do parapsiquismo ou exercitar o complexo fenomênico da consciência não é crime.

Meio. Entretanto, será demonstração de pouca inteligência colocar o parapsiquismo na condição de finalidade maior (*fenomenomania*) e não enquanto instrumento a favor da evolutividade, esperando assim receber aplausos pelas faculdades parapsíquicas.

Síntese. Eis 1 megapensene trivocabular capaz de sintetizar este estudo: – *Percebamos visando ajudar.*

Questões. A qualificação das intenções no universo parapsíquico da conscin pode ser medida através das respostas a 5 perguntas, aqui listadas na ordem lógica:

1. **Assistência.** Com o parapsiquismo, pretendo fazer assistência ou inflar mais ainda meu *egão*?
2. **Tares.** Com o parapsiquismo, pretendo desempenhar a tares ou criar dependentes praticando a tacon?
3. **Minipeça.** Com o parapsiquismo, pretendo ser minipeça cosmoética ou personalidade famosa (*status*)?
4. **Policarma.** Com o parapsiquismo, pretendo trabalhar na tarefa policármica ou competir dentro de interprisões grupais?
5. **Evolução.** Com o parapsiquismo, pretendo render evolutivamente ou obter lucros financeiros egoísticos?

HÁ QUEM TROQUE A ARMA FUNESTA PELO EMPREGO DAS ENERGIAS DE MODO ESPÚRIO. DESTA CONDIÇÃO SURGEM OS SENSITIVOS BELICISTAS EM GERAL.

Lucidez. A lucidez referente ao real conteúdo das intenções pessoais não é garantia de Cosmoética nas ações.

Autocorrupção. Há conscins plenamente lúcidas quanto ao ato imaturo realizado ou autocorrupção anticosmoética manifesta.

Orientação. A maior produção intelectual aliada à maior atividade holochacral, ainda sim podem estar dirigidas, extrafisicamente, por guias cegos.

Qualidade. É preciso qualificar a tarefa.

114. CONFOR

Combinações. A qualificação parapsíquica na forma e no conteúdo pode passar pela combinação de, no mínimo, 10 itens, aqui listados na ordem alfabética do tema:

01. **Assistência.** A assistência mais explícita e esclarecedora.

02. **Aura.** A aura mais bela e acolhedora. Nem sempre a *aparência energética* corresponde à realidade dos indivíduos com quem tratamos. Nunca esqueçamos do momento evolutivo.

03. **Campo.** O campo mais estável e assistencial. A obsessiva intenção de autodefesa através da aplicação constante do estado vibracional bloqueia ou inibe a predisposição assistencial da conscin. Ou seja, *não entra* e nem *sai nada.* A forma fica inabalável e o conteúdo profundamente arraigado.

04. **Clarividência.** A clarividência mais nítida e reveladora.

05. **Corpo.** O corpo físico mais vitalizado e vitalizador. Às vezes, a deterioração do soma na forma é reflexo da fossilização do energossoma no conteúdo.

06. **Efeito.** O efeito físico mais ostensivo e desassediador.

07. **Energia.** A energia mais intensa e curativa. As exteriorizações sadias de energias terapêuticas são tão importantes quanto os estados vibracionais profiláticos.

08. **Holopensene.** O holopensene mais compartilhado e pacifista. As interações energéticas, interconscienciais, multidimensionais, não cessam à noite, em feriados, nos finais de semana e nem mesmo nas férias. Cronêmica é forma.

09. **Idéia.** A idéia mais criativa e libertária. A consciência desperta para a evolutividade procura conhecer, dominar e aprimorar o possível e necessário, de maneira cosmoética, sem limites de tempo ou espaço, quantidade ou qualidade, forma ou conteúdo.

10. **Projeção.** A projeção mais distante e mentalsomática.

QUALQUER ELABORAÇÃO MENTAL DO PRÉ-SERENÃO, SEM PARAPSIQUISMO, AINDA ABARCA CAMPO MUITO PRIMÁRIO DA REALIDADE CONSCIENCIAL AMPLA.

115. Cinesioterapia Extrafísica

Paraterapêutica. A *cinesioterapia extrafísica* é o conjunto de técnicas terapêuticas aplicadas sobre os movimentos do psicossoma a fim de tratar disfunções energéticas da conscin ou da consciex antes da segunda dessoma (V. deste autor: ***Extraphysical Kinesiotherapy; Journal of Conscientiology;*** Abril, 2000; páginas 287 a 293).

Analogismo. Diferenciando a dimensão onde é realizada e os objetivos holossomáticos aos quais se propõe, os procedimentos da cinesioterapia extrafísica se comparam às técnicas empregadas pela cinesioterapia somática – recurso da Fisioterapia baseado na Cinesiologia humana.

Características. A cinesioterapia aplicada pela consciex no psicossoma da conscin projetada possui pelo menos 4 características:

1. **Manobras.** Exercícios ou manobras repetitivas aplicadas sobre os segmentos do psicossoma (paramembros), por exemplo, através de flexões, extensões e rotações.

2. **Controle.** A consciex terapeuta controla a direção, velocidade, intensidade e duração dos exercícios. A conscin tratada permanece em condição passiva, autoconsciente e com notável bem-estar.

3. **Paratecnologia.** Em certos casos, são empregadas aparelhagens extrafísicas (Paratecnologia) como auxílio ao tratamento, à semelhança dos métodos convencionais empregados pela Mecanoterapia (Fisioterapia).

4. **EV.** De modo concomitante, a consciex instala intensos estados vibracionais nos locais do psicossoma tratado e em movimento, por exemplo, nas *articulações*.

A VIVÊNCIA DA CINESIOTERAPIA EXTRAFÍSICA FAZ PENSAR: A FUNÇÃO (MOVIMENTO) DO PSICOSSOMA FAVORECE A BOA FORMA (SAÚDE) DO ENERGOSSOMA.

Projecioterapia. Em função destas características, a cinesioterapia extrafísica pode ser enquadrada entre as técnicas da Projecioterapia – especialidade da Conscienciologia – valendo-se integralmente, neste caso, da assistência de consciex amparadora.

116. TENEPES

Maestria. Pela *Homeostática,* a atuação conjugada e equilibrada do praticante com o amparador compõe a *maestria holossomática* das aspersões de energias durante a prática da tenepes.

Passividade. Por isso, a passividade física tem papel relevante no desenvolvimento da tenepes.

Insuficiente. Contudo, somente a relaxação muscular ou passividade do corpo físico não são suficientes para qualificar as interconexões e resultados dos acoplamentos.

Pensenes. A conscin pode alcançar a predisposição máxima do soma para o exercício parapsíquico e manter ainda os pensenes contraídos, fechados ou egoístas.

Convite. Amparador não precisa de convite, mas de passagem. Daí a importância do holopensene pessoal. Lamentável é: há quem não goste da presença sadia e dinamizadora das energias conscienciais estimuladas pelas consciências mais lúcidas.

Incomum. Por este e outros motivos, o praticante da tenepes difere da pessoa vulgar ou robotizada nesta Socin. Está consciente de, pelo menos, 3 condições:

1. **Rotina.** A tenepes é a adesão à rotina diária do altruísmo, além das rotinas egocármicas habituais de higiene e sobrevivência física, a exemplo da alimentação e do banho diário.
2. **Energias.** A tarefa energética pessoal para o resto da vida intrafísica é o procedimento técnico da conscin interessada em empregar as energias a favor da assistência interconsciencial.
3. **Compromisso.** O exercício da tenepes não é brincadeira, mas sim comprometimento. É meio, não o fim em si.

LOGICAMENTE, O PROPÓSITO MAIOR DA TENEPES NÃO É ATENDER ÀS CARÊNCIAS DO PRATICANTE, E SIM ÀS DOS ASSISTIDOS PELAS PRÁTICAS.

Emoções. A partir da assistência *psicossoma-psicossoma,* de qual maneira a pessoa com as emoções à *flor da pele* poderá ajudar alguém necessitando apaziguar perturbações emocionais?

117. Qualificativos do Parapsiquismo

Qualificativos. Conforme a *Holomaturologia,* existem pelo menos 12 *variáveis qualificativas* do parapsiquismo a serem empregadas como orientação ou *checklist,* aqui listadas na ordem alfabética:

01. **Assistência.** Parapsiquismo útil, assistencial. Cabe aliarmos a constância nas mobilizações energéticas ao investimento constante na qualidade do emprego cosmoético do parapsiquismo.

02. **Cosmoética.** Parapsiquismo incorruptível, holocarmicamente sadio. Qualificação parapsíquica não é fruto de jogo anticosmoético ou troca de favores espúrios entre conscins e consciexes.

03. **Cosmovisão.** Parapsiquismo vivido no atacado. Investir no desenvolvimento parapsíquico pessoal é ampliar, conseqüentemente, a qualificação de todas as outras atividades ou campos de desempenho humano aos quais a pessoa se dedique.

04. **Experiência.** Parapsiquismo respaldado e qualificado pelas experiências pessoais.

05. **Fraternismo.** Esqueçamos nossos egos e lembremos sempre da mensagem a ser transmitida ou repassada. Assim surge o parapsiquismo fraternal, antibelicista, *megaqualificado.*

06. **Intenção.** Parapsiquismo bem intencionado. O parapsiquismo é ferramenta e atributo, não dom especial.

07. **Lucidez.** Parapsiquismo reflexivo e autoconsciente, empreendimento inevitável para a conquista do autoconhecimento e dinamização evolutiva pessoal.

08. **Modéstia.** Parapsiquismo modesto, rumo ao anonimato.

09. **Ortopensene.** Amparador não é composto só de energossoma. Pouco adianta buscar o acoplamento maior com a consciex considerando apenas as ligações energéticas. A empatia pensênica é fator *sine qua non* na qualificação parapsíquica.

10. **Prioridade.** O desassédio pessoal passa, necessária e fundamentalmente, pelo interesse no desassédio dos outros. Independente de conhecermos ou não a necessidade do outro, estejamos sempre dispostos a doar o melhor de nós.

11. **Universalismo.** Parapsiquismo universalista, anti-sectário.

12. **Vontade.** Parapsiquismo orientado pela vontade pessoal, distante das mistificações ou muletas dispensáveis. Muitas vezes as mobilizações energéticas são necessárias naqueles momentos quando menos vontade se tem de realizá-las.

XIII

EXEMPLARISMO

118. QUALIFICAÇÃO EXEMPLARISTA

Definição. A *qualificação exemplarista* é o ato ou efeito de qualificar os comportamentos pessoais exemplificados e os reconhecimentos de modelos a serem seguidos com discernimento, atribuindo maior qualidade às avaliações conscienciométricas pessoais (V. deste autor: ***Referencial Comparativo;*** *Journal of Conscientiology;* Abril, 2002; páginas 291 a 301).

Sinonímia. Eis, na ordem alfabética do assunto, 10 áreas da progressão sinonímica da *qualificação exemplarista:*

01. **Coerência:** eliminação das incoerências pessoais.
02. **Exemplos:** heteroconscienciometria apurada; identificação de exemplos cosmoéticos.
03. **Modelos:** adoção de modelos evolutivos.
04. **Moral:** autoridade moral; força presencial cosmoética.
05. **Paradigma:** reciclagem paradigmática.
06. **Proéxis:** compléxis; condução incorruptível da proéxis.
07. **Referenciais:** aperfeiçoamento dos referenciais pessoais.
08. **Teática:** evolução nas explicitações de atos; qualificação executiva; qualificação teática; teorias lúcidas ratificadas pelas práticas cosmoéticas.
09. **Verbação:** palavras lúcidas ratificadas pelos atos cosmoéticos; verbação coerente.
10. **Vivência:** vivência exemplar da multidimensionalidade.

Antonímia. Eis, na ordem alfabética do assunto, 10 áreas da progressão antonímica da *qualificação exemplarista:*

01. **Coerência:** propagação das incoerências pessoais.
02. **Exemplos:** identificação de exemplos anticosmoéticos.
03. **Modelos:** adoção de modelos antievolutivos; modelos medíocres; *modelos sagrados.*
04. **Moral:** imoralidade vulgar crescente; violência física.
05. **Paradigma:** estagnação paradigmática fisicalista.
06. **Proéxis:** ações comprometedoras da proéxis; antiproéxis grupal indefensável; incompléxis.
07. **Referenciais:** regressão dos referenciais pessoais.
08. **Teática:** desqualificação executiva; explicitações de atos imaturos; teorização desqualificada.
09. **Verbação:** verbação incoerente.
10. **Vivência:** vivência multidimensional da paracomatose.

119. RESULTADOS

Unidade. O resultado é a *unidade de medida* do ato, o elemento final no contexto das ações da consciência.

Âmbitos. A ocorrência dos resultados pode surgir em 4 âmbitos, abaixo destacados na ordem natural:

1. **Intraconsciencial:** pensenizações.
2. **Holossomático:** veículos de manifestação da consciência.
3. **Extraconsciencial:** multidimensionalidade.
4. **Interconsciencial:** relações interconscienciais.

A AÇÃO COMEÇA PELA NECESSIDADE DE REALIZÁ-LA E TERMINA COM OS RESULTADOS DO ATO REALIZADO. AMBOS SÃO PENSENES EXPLICITADOS.

Tipos. Os resultados das ações da consciência são classificados em, pelo menos, 2 tipos:

1. **Intencional.** Resultado buscado intencionalmente, de modo consciente ou voluntário, proposital.

Eficácia. O resultado intencional define a maior ou menor eficácia na consecução do objetivo.

2. **Colateral.** Resultado gerado simultaneamente ou paralelo ao resultado intencional.

Saldo. Através da relação entre resultados intencionais e colaterais é possível identificar o saldo ou balanço final da ação.

Qualificar. A pessoa demonstra interesse pela evolutividade quando procura qualificar os resultados das manifestações pessoais.

Realidade. Contudo, a aparência dos resultados intrafísicos nem sempre corresponde à realidade dos fatos multidimensionais.

Prazos. A conscin pode errar ingenuamente. Pode, também, acertar sem saber. Neste ponto, importam o surgimento e as vivências dos resultados a curto, médio e longo prazos, em todas as dimensões, existências humanas e períodos intermissivos.

Síntese. Eis 1 megapensene trivocabular capaz de sintetizar este assunto: – *Resultado: rastro conscienciométrico.*

120. Reconhecimentos

Adjetivações. Eis, entre outras, 13 adjetivações geralmente empregadas para designar as personalidades acima da média no desempenho de alguma atividade: *ícone; imortal; inesquecível; inigualável; insuperável; invulgar; maior; melhor; memorável; número 1; padrão; personagem; principal.*

Critérios. Eleger bons modelos requer critérios inteligentes para reconhecer os bons exemplos.

Lobby. O lobismo pode criar o mito e decantá-lo como o melhor exemplo, alimentando ilusões por intermédio do sugestionamento, da lavagem cerebral e do *marketing.*

Identificação. A escolha do modelo envolve não só o reconhecimento do desempenho exemplificado, mas também a identificação, afinidade ou empatia afetiva, interconsciencial.

Idolatria. Desta condição diagnosticam-se as *filias sadias* e *patológicas.*

Há ídolos criados para o fanatismo público. Há exemplos formados para a evolução consciencial. Qual você costuma reconhecer mais?

Perfeição. Inexiste conscin perfeita.

Complexidade. Na dimensão humana, mesmo o modo mais simples de viver reveste o universo mais complexo da consciência em evolução.

Parapsiquismo. Portanto, não nos enganemos com as aparências. Por meio do parapsiquismo acessamos a multidimensionalidade (matriz) e através dela o cerne das consciências.

Fonte. As dimensões extrafísicas mais evoluídas são fontes permanentes de bons exemplos para a conscin, situando-se no extremo oposto da ribalta intrafísica onde predomina o escopo dos *15 minutos* de fama efêmera.

Projeções. A projeção lúcida permite a identificação de novos e legítimos exemplos evolutivos. A interação extrafísica junto a consciências mais evoluídas pode, gradativamente, qualificar as escolhas dos modelos da conscin quando auto-incorrupta.

121. SUBNIVELAMENTO

Definição. O *subnivelamento* é o nivelamento por baixo nas avaliações conscienciais através da adoção de modelos comparativos menos evoluídos ou mais atrasados.

Sinonímia: lei do menor esforço; nivelamento por baixo.

Antonímia: nivelamento por cima; *supranivelamento*.

Reflexão. A análise do subnivelamento consciencial pode começar pela reflexão sobre, no mínimo, 3 aspectos:

1. **Competição.** O nivelamento por baixo pode revelar o instinto competitivo da conscin dedicada a ser a *melhor* entre os *piores* apenas para ganhar destaque (egão) perante os demais.

2. **Problema.** O excesso de energia colocada sobre os problemas ao supervalorizar os erros representa o subnivelamento limitador dos desempenhos da própria consciência.

3. **Autocomparação.** No presente, a partir da holomemória, a consciência dispõe de maior grau de maturidade comparado ao passado remoto, devido ao acúmulo de experiências. Portanto, a exclusiva comparação consigo mesmo representa, a rigor, avaliação nivelada por baixo.

QUANDO APOIADA EM REFERENCIAIS EMBASADOS NA MÉDIA DA POPULAÇÃO HUMANA DE PRÉ-SERENÕES, A AVALIAÇÃO TENDE A SER MENOS EXIGENTE.

Superpovoamento. Cabe aos líderes, políticos e demais *autoridades sociais* o bom senso de atentarem para a explosão demográfica mundial e os efeitos nocivos desencadeados, condição já producente dos maiores aglomerados de pessoas em áreas urbanas (junção de cidades próximas), superpovoadas, pelo mundo todo.

Holopensene. Tal efeito predispõe o nivelamento por baixo comum às multidões adormecidas pelo holopensene multidimensionalmente poluído, sob os quais vivem.

Tecnologia. Por mais evoluídos tecnologicamente, a Terra e o corpo humano continuarão constituídos de matéria. Importa mais o avanço da consciência no holossoma e na extrafisicalidade.

122. DOUTRINAS

Legado. Cada conscin deixa por onde passa, inevitavelmente, o legado de exemplos e realizações, mais positivas ou mais negativas, no campo restrito do grupocarma e/ou no campo abrangente do policarma.

Doutrinas. Eis, na condição de exemplos, 10 doutrinas marcadas pelos nomes de personalidades defensoras de crenças, princípios, convicções e práticas adotadas enquanto referência dentro da cultura e história humana:

01. **Agostinismo:** doutrina filosófica e teológica de Aurelius Augustinus, o Santo Agostinho (354–430).
02. **Aristotelismo:** doutrina filosófica generalista, de Aristóteles (384–322 a.e.c.).
03. **Baconismo:** doutrina filosófica de Francis Bacon (1561–1626), embasando a metodologia científica experimental.
04. **Confucionismo:** doutrina filosófica e política de K'ung-fu-tzu, o Confúcio (551–479 a.e.c.), dentro da cultura chinesa.
05. **Epicurismo:** doutrina filosófica dos prazeres do grego Epicuro (341–270 a.e.c.).
06. **Hitlerismo:** doutrina política e social, segregacionista, de Adolf Hitler (1889–1945), no universo nazifascista.
07. **Kardecismo:** doutrina, reencarnacionista, do francês Hippolyte Léon Denizard Rivail, o Allan Kardec (1804–1869).
08. **Maoísmo:** doutrina política em defesa do comunismo de Mao Tse-tung (1893–1976).
09. **Maquiavelismo:** sistema do filósofo e político italiano Maquiavel (1469–1527), contra toda lei moral.
10. **Platonismo:** doutrina filosófica do comportamento moral e organização política, de Platão (427–347 a.e.c.).

Nostalgia. O saudosismo ou a nostalgia em relação a personalidades, costumes ou objetos do passado é condição antagônica à qualificação exemplarista.

Mudança. O tempo passa, condições intrafísicas mudam, consréus ressomam e os cursos intermissivos avançam.

Ritmo. É preciso estar atualizado quanto ao ritmo da evolução consciencial a partir deste Planeta para não paralisar a autopensenidade.

123. MAUS EXEMPLOS PÚBLICOS

Público. De acordo com a *Parassociologia,* a pessoa em evidência pública, por exemplo, o cantor famoso, esportista recordista ou indivíduo ocupando importante cargo político, há de aprimorar a exemplificação pessoal para não influenciar negativamente os fãs ou admiradores.

Deseducação. Precisa ter cuidado redobrado com as palavras e atos para não cometer deslizes comprometedores, deseducação, gafes, impulsividades e, com isso, denegrir a própria imagem (credibilidade) ou daqueles a quem representa (V. **Manchete;** Redação; ***O Ídolo Vaiado;*** Revista; Rio de Janeiro, RJ; 10.05.97; página 94).

Antiexemplos. Eis, entre inúmeros outros, 5 situações onde o mau exemplo aparece entre personalidades públicas:

1. **Atleta.** O atleta recordista adepto de esteróides anabolizantes para competir.
2. **Ator.** O ator famoso do cinema protagonizando personagem fumante e violento (belicismo).
3. **Cantor.** O cantor de grande sucesso, responsável por envolvimentos pedofílicos.
4. **Modelo.** A modelo internacional desfilando com roupas de pele (V. **Charão,** Cristina; ***"Cuidado, sua Sanguessuga";*** Protestos Contra as Roupas de Pele exibidas por Gisele Bündchen; *Veja;* São Paulo, SP; 13.11.02; páginas 98 e 99). Neste caso, dezenas de subumanos são sacrificados para atender a 1 capricho: a peça de roupa vistosa e original. *Questão:* – Qual é o limite racional e cosmoético da vaidade?
5. **Presidente.** O Presidente da República acostumado a beber em eventos públicos (V. **Mainardi,** Diogo; ***Meu Conselho ao Presidente;*** Artigo; *Veja;* São Paulo, SP; 24.03.04; página 131).

A POSTURA DO GUIA CEGO APONTA: "NÃO QUERO O MAL PARA O OUTRO, MAS SIM O BEM PARA MIM, NÃO IMPORTANDO SE ISSO CAUSAR O MAL ALHEIO".

Aparências. O exemplarismo embasado na intenção apenas de *manter aparências* inexiste frente à multidimensionalidade.

124. Exemplos de Auto-Superação

Surpresa. Tais quais os maus exemplos, os bons exemplos podem surpreender, assustar e até causar repúdio. Há incompreensões derivadas de diferenças culturais, paragenéticas e evolutivas.

Personalidades. Sob a ótica da *Somática,* eis, à conta de exemplos, 8 personalidades auto-superadoras das próprias limitações físicas, verdadeiras demonstrações do aproveitamento de trafores pessoais em contribuição a diversas áreas da cultura humana, a seguir listadas na ordem alfabética:

1. **Antônio Feliciano de Castilho** (1800–1875), poeta, prosador, ensaísta e pedagogo português. Padeceu de cegueira desde os 6 anos de idade.
2. **Antônio Francisco da Costa Lisboa** (1730–1814), chamado de *Aleijadinho,* escultor barroco brasileiro. Artista mesmo depois de perder os dedos dos pés e atrofiarem os dedos das mãos (doença desconhecida).
3. **Demóstenes** (384–322 a.e.c.), grande orador ateniense, mesmo sendo gago.
4. **Lev Semenovich Pontryagin** (1908–1988), russo de grandes contribuições à Matemática. Completamente cego desde os 14 anos de idade devido à explosão acidental (V. **Kawano,** Carmen; ***Números no Escuro;*** *Galileu;* São Paulo, SP; Março, 2004; páginas 66 e 67).
5. **Ludwig Van Beethoven** (1770–1827), compositor alemão. Era deficiente auditivo.
6. **Luís Vaz de Camões** (1524–1580), poeta lírico e épico da língua portuguesa. Trabalhou mesmo após perder o olho direito.
7. **John Milton** (1608–1674), poeta e ensaísta inglês. Produziu mesmo sendo deficiente visual, totalmente cego.
8. **William Hickling Prescott** (1796–1859), considerado o primeiro *historiador científico* americano. Possuía graves problemas de visão, inclusive com períodos de cegueira total.

Impossibilidade. Com autovitimizações comodistas, nenhuma realização positiva é possível ao portador de alguma deficiência somática profunda.

Reciclagem. Nem todo subnivelamento é desprezível. Constatar os problemas dos outros, maiores quando comparados aos nossos, às vezes estimula significativas reciclagens.

125. QUALIFICATIVOS DO EXEMPLARISMO

Qualificativos. Conforme a *Holomaturologia,* existem pelo menos 10 *variáveis qualificativas* dos exemplos pessoais e grupais, de modo geral, a serem empregadas como orientação ou *checklist,* aqui listadas na ordem alfabética:

01. **Autocrítica.** Não havendo razoável senso autocrítico, dificilmente a consciência consegue obter, por ela mesma, nível realista nas avaliações pessoais, mesmo adotando paradigmas avançados.

02. **Conhecimento.** Quanto mais limitada nas associações de idéias a partir do *cérebro físico,* menos condições tem a pessoa para alcançar e sobretudo entender, a partir do *mentalsoma,* modelos mais evoluídos em qualidade.

03. **Cosmoética.** Há conscins incapazes de aplicar a moral apregoada por elas próprias, inclusive recorrendo à seguinte expressão autocorrupta: – *Siga minhas palavras e não os meus atos.*

04. **Cosmovisão.** A inspiração em modelos qualificados de pensenidade exige da conscin a aquisição de senso cósmico maior, multidimensional.

05. **Experiência.** Tiremos partido cosmoético das circunstâncias críticas. Cada experiência pessoal tem valor quanto à aprendizagem, mas nem todas são indispensáveis.

06. **Fraternismo.** O traf*o*r empregado de modo cosmoético pelo outro há de ser sempre modelo para copiar (inteligência) e não para combater (*cotoveloma*).

07. **Intenção.** Os autopensenes constroem a qualidade da *auto-ambientação* da conscin, constituindo a força da presença pessoal exemplificadora.

08. **Lucidez.** O corpo físico é fardo nivelador. Quanto mais subordinada aos efeitos do restringimento intrafísico estiver a conscin, maior será o subnivelamento devido à falta de lucidez.

09. **Priorização.** O horizonte nunca permanece igual para quem se eleva do solo. Ao superar cada degrau à frente, surge novo degrau adiante. Sempre existe o passo evolutivo prioritário, em busca do estágio próximo, intransferível, no percurso evolutivo da consciência.

10. **Vontade.** O exemplarismo dentro da grupalidade se qualifica pela evolução íntima da consciência. A vitória evolutiva é aquela ocorrida sobre os lados obscuros de si mesmo (problemáticas intraconscienciais).

XIV

LIBERDADE

126. QUALIFICAÇÃO LIBERTÁRIA

Definição. A *qualificação libertária* é o ato ou efeito de qualificar os movimentos de auto e heterolibertação da consciência, atribuindo maior qualidade ao ritmo evolutivo a fim de superar o ciclo multiexistencial, em detrimento da vitimização aos aprisionamentos anticosmoéticos estagnantes.

Sinonímia. Eis, na ordem alfabética do assunto, 10 áreas do universo da progressão sinonímica da *qualificação libertária:*

01. **Assistenciologia:** libertação pela assistência qualificada.
02. **Conviviologia:** aprimoramento da *interdependência policármica.*
03. **Cosmoética:** *escravidão à Cosmoética;* libertação das amarras anticosmoéticas.
04. **Experimentologia:** expansão de cosmovivências.
05. **Fraternismo:** aquisição da megafraternidade cósmica.
06. **Holomaturologia:** priorizações além da mediocridade.
07. **Intrafisicologia:** excarceração troposférica crescente.
08. **Mentalsomática:** evitação do ignorantismo escravizador.
09. **Teática:** universalização da teática pessoal.
10. **Vontade:** eliminação das autovitimizações cômodas.

Antonímia. Eis, na ordem alfabética do assunto, 10 áreas do universo da progressão antonímica da *qualificação libertária:*

01. **Assistenciologia:** restringimento pela inoperância assistencial.
02. **Conviviologia:** padecimento de dependências mafiosas.
03. **Cosmoética:** manutenção dos vícios anticosmoéticos.
04. **Experimentologia:** encantoamento no fechadismo egocármico.
05. **Fraternismo:** cegueira cósmica para o fraternismo.
06. **Holomaturologia:** priorizações varejistas cronicificadas.
07. **Intrafisicologia:** aprisionamento comatoso troposférico.
08. **Mentalsomática:** exaltação do ignorantismo funesto.
09. **Teática:** sectarização de teorias dogmáticas.
10. **Vontade:** clausura intraconsciencial; vitimização sob limitações superáveis.

127. AÇÕES

Variáveis. Eis, em seqüência alfabética, 35 variáveis da estrutura geral das ações da consciência, passíveis de otimização visando qualificar as manifestações evolutivas do interessado(a):

01. **Amplitude:** varejismo ou atacadismo.
02. **Autoria:** personagem ou responsável pela ação.
03. **Coerência:** nexo no proceder.
04. **Companhias:** consciências envolvidas na ação.
05. **Competência:** conhecimentos, aptidões e habilidades.
06. **Completude:** integridade da ação (começo, meio, fim).
07. **Conformidade:** nível de aceitação social (consenso).
08. **Continuidade:** constância na execução da tarefa.
09. **Critério:** norma ou fundamento das escolhas.
10. **Decisão:** nível de definição e determinação do ato.
11. **Discernimento:** grau de lucidez sobre a ação.
12. **Domínio:** controle sobre os elementos da ação pessoal.
13. **Eficácia:** nível de proveito e funcionalidade da ação.
14. **Entropia:** derivações entrópicas da ação (prejuízo).
15. **Epifenômenos:** efeitos paralelos (concomitância).
16. **Época:** momento evolutivo da ação.
17. **Influência:** elementos influenciadores da ação.
18. **Instrumento:** ferramentas para concretizar a ação.
19. **Justificativa:** causa da ação praticada (argumento).
20. **Momento:** ação prematura, oportuna ou atrasada.
21. **Necessidade:** grau de exigência propulsora da ação.
22. **Objetivo:** objetivo da ação (intencionalidade).
23. **Organização:** estrutura da ação (detalhismo).
24. **Orientação:** modelos inspiradores da ação.
25. **Prática:** procedimento direto, o ato em si (execução).
26. **Precedentes:** fatos análogos; comparações (histórico).
27. **Predisposição:** tendências envolvedoras da ação.
28. **Prioridade:** senso de ordenação e utilitarismo.
29. **Problemática:** problema, lacuna ou *gênese* da ação.
30. **Recursos:** meios para *realizar ações concretas.*
31. **Reparação:** compensações de erros cometidos.
32. **Restrições:** limites impostos à ação (restringimento).
33. **Resultados:** efeitos almejados e alcançados.
34. **Saldo:** balanço final, a relação *custo/benefício.*
35. **Vontade:** expressão da vontade para agir.

128. APRISIONAMENTOS RÚSTICOS

Definição. O *aprisionamento consciencial* é a condição da consciência dominada, subordinada, dependente ou ligada de modo compulsório a algum elemento, provocando certa limitação ou restringimento às manifestações pelo livre arbítrio (V. deste autor: ***Conscientiall Imprisionment***; *Journal of Conscientiology;* Outubro, 2001; páginas 99 a 112).

Sinonímia: vivência compulsória; *coleira do ego.*

Antonímia: libertação consciencial; Consciex Livre.

O LEITOR PODE SE PERGUNTAR: QUAIS FATORES RESTRINGEM O MEU PARAPSIQUISMO, A MINHA CONSCIENCIALIDADE E OS MEUS PENSENES MAIS SADIOS?

Rústico. Com base na *Intrafisicologia,* o presente e a História mostram inúmeros casos de aprisionamentos conscienciais evidentes de maneira grosseira, rústica ou mais explícita. Entre os seres humanos podemos encontrar 7 exemplos:

1. **Grilhão.** Negros explorados pela escravatura.
2. **Trabalho.** Trabalho forçado (campo de concentração).
3. **Prisão.** Criminoso encarcerado na penitenciária.
4. **Guerra.** Soldado *prisioneiro de guerra.*
5. **Seqüestro.** Cidadão em cativeiro durante seqüestro.
6. **Irmão.** Gêmeos xifópagos ligados fisicamente.
7. **Útero.** Feto dentro do útero da mulher grávida.

Subumanos. Também podemos encontrar 3 exemplos de aprisionamentos mais explícitos vividos por subumanos:

1. **Jaula.** O leão (felídeo) preso na jaula.
2. **Gaiola.** A ave mantida dentro da gaiola.
3. **Coleira.** O cão preso pelo pescoço à coleira.

Seriéxis. Do ponto de vista da *Holorressomática,* toda consciência humana vive ainda o cativeiro maior: o ciclo multiexistencial, ou seriéxis, a partir da intrafisicalidade.

Eficácia. Portanto, torna-se inteligente procurar conhecer os cárceres para podermos nos libertar deles de maneira mais eficaz.

129. APRISIONAMENTOS SOMÁTICOS

Ambigüidade. Os aprisionamentos ao soma, sejam mais explícitos ou implícitos, apresentam pelo menos duas categorias relevantes para o nosso estudo:

1. **Doença.** Há quem viva prisioneiro de doença incurável, degeneração progressiva ou deficiência física irreversível (V. **Jornal do Comércio;** Redação; ***Papa é Prisioneiro do Próprio Corpo;*** Porto Alegre, RS; 24.04.2000; página 15).
2. **Estética.** Por outro lado, existem os aprisionados à estética ou obcecados pela imagem do soma (V. **Côrtes,** Celina; ***Prisão Sinuosa;*** Livro "Nu & Vestido"; *IstoÉ;* São Paulo, SP; 27.03.02; página 67).

EM COMUM ENTRE OS APRISIONAMENTOS SOMÁTICOS ESTÁ O GRANDE DISPÊNDIO DE TEMPO E ENERGIA SOBRE O VEÍCULO MAIS PASSAGEIRO DA CONSCIÊNCIA.

Corpolatria. A indústria de dietas, cosméticos, cirurgias plásticas e erotismo é apenas a ponta do *iceberg* na análise das causas da assim-chamada *corpolatria,* não devendo ser esquecida a condição da insegurança e da competitividade humana.

Incoerência. Tendo em vista o risco de adquirir câncer de pele, quem passa horas sob os raios solares durante o dia, na praia por exemplo, mostra incoerência crassa quando alega o interesse pela saúde pessoal como desculpa para o culto exagerado ao soma.

Distúrbios. O problema fica mais sério e profundo diante de 3 distúrbios (V. **Zaché,** Juliane; ***Paranóia Precoce;*** *IstoÉ;* São Paulo, SP; 13.02.02; página 46):

1. **Anorexia.** A anorexia, quando o doente sempre se acha gordo e evita comer. Pode terminar em morte por desnutrição.
2. **Bulimia.** A bulimia, onde o doente sente-se culpado ao comer e provoca vômito. Aumenta o risco de parada cardíaca.
3. **Bigorexia.** A bigorexia, condição na qual o doente se acha sempre franzino e torna-se compulsivo quanto aos exercícios físicos. Pode levar ao incompléxis (V. **Vieira,** Waldo; ***Bigorexia (Somática);*** *Conscientia;* Foz do Iguaçu, PR; Abril-Junho, 2000; páginas 87 a 89).

130. Aprisionamentos Ideológicos

Maturidade. Existem pessoas antagônicas a idéias inovadoras sem ao menos saber se a novidade é boa ou não, podendo surgir, desta condição, pelo menos 3 exemplos relevantes de aprisionamentos referentes ao universo das idéias:

1. **Subcérebro.** A conscin vulgar, instintiva, vive aprisionada às idéias fomentadas pelo *subcérebro abdominal* (porão consciencial).
2. **Dogma.** O religioso, ou *crente cego,* vive recluso às idéias caracterizadas por *dogmas sagrados.*
3. **Fisicalista.** O cientista materialista, contraposto à experiência pessoal direta com a multidimensionalidade, vive aprisionado às idéias fisicalistas do paradigma *newtoniano-cartesiano.*

Sectarismo. O sectarismo, ou a extensão do *império egocármico* da consciência, mantém relação com o aprisionamento consciencial em pelo menos 3 casos:

1. **Família.** A superestima atribuída aos rótulos ou personagens representados pelos componentes do *sectarismo da família.*
2. **Apriorismose.** O preconceito dentro do contexto racial e o sexismo na *guerra dos gêneros.*
3. ***Bandeira.*** A defesa do emblema, do hino (Hinologia) ou da *bandeira* de qualquer ideologia sectária, do clube de futebol, do partido político ou da *pátria amada.* (V. **Lessa,** Hermoro; ***Sem Bandeiras e Hinos;*** *A Gazeta do Iguaçu;* Foz do Iguaçu, PR; 20.08.02; página 35). Cabe lembrar: universalismo não é sinônimo de murismo.

O SECTARISMO LEVA A DUAS VIAS: QUANTO MAIS A PESSOA ANSEIA EM DEMARCAR O PRÓPRIO MUNDINHO, MAIS ASPIRA MAGNIFICÁ-LO EGOISTICAMENTE.

Nós. Enquanto o *eu egóico* impera, *nós universalistas* inexistem e a qualidade dos pensenes desvalida-se.

Evolução. Ninguém ganha evolutivamente com isso, nem eu e nem você.

Qualiquantidade. Evoluir é quantificar a qualidade.

131. APRISIONAMENTOS CONVIVENCIAIS

Assédio. O assédio interconsciencial, ou a *escravocracia energívora,* inclusive a eventual, é exemplo de aprisionamento consciencial. Em nível menor, o aprisionamento ocorre, por exemplo, na relação existente entre a conscin e o guia extrafísico cego.

Interprisão. A interprisão repercutida no presente, provocada por escolhas e realizações pretéritas, constitui o aprisionamento dentro do grupocarma. O interprisionamento consciencial é invariavelmente fruto de auto-aprisionamentos holopensênicos.

Educação. O aprisionamento pode ser notado na situação cujo os pais exploram os filhos pequenos, a quem promovem o sustento e a educação, através da autoridade ou força física (V. **Crancio,** Fernanda; ***Casal Mantinha Três Filhos Trancados em Passo Fundo;*** *Zero Hora;* 23.03.2000; página 50).

Mesologia. Toda consciência ressoma e se desenvolve intrafisicamente sob certo nível de aprisionamento provocado pela mesologia. Vive, portanto, o aprisionamento às necessidades alimentadas pela Socin, nem sempre sadias, por exemplo, a competitividade desenfreada e a vulgaridade exaltada através da mídia (V. **Luiz,** Macksen; ***A Cela do Confinamento Social;*** Peça "Barrela"; *Jornal do Brasil;* Rio de Janeiro, RJ; 20.03.04; página B 4).

Trabalho. O aprisionamento consciencial pode ser observado nos casos de *trabalho forçado,* comuns do dia-a-dia, quando o trabalhador é indulgente em relação ao nível de obrigatoriedade a ele imposto, em condições muitas vezes apoiadas nas Leis Trabalhistas e Convenções da Socin (V. **Presse,** France; ***Funcionário da Coca é demitido por Beber Pepsi;*** *Folha de S. Paulo;* 15.06.03; página B 3).

Territórios. As delimitações ou fronteiras sociais entre nações distintas criam aprisionamentos diversos neste planeta a caminho da globalização. Sem perceber claramente, a pessoa pode estar aprisionada à certa cidade, instituição ou meio sócio-cultural.

Opressão. O tipo de política econômica adotada por 1 ou mais países *poderosos* pode provocar sentimento de opressão por parte de outros países *mais fracos.* Aqui, vale considerar as restrições geradas pelo protetorado e o liberticídio. Tais nações desfavorecidas passam a viver o aprisionamento capaz de redundar, mais adiante, em movimentos críticos de revolta à semelhança do *terrorismo,* sempre lamentável para todos.

132. LIBERTAÇÃO CONSCIENCIAL

Definição. A *autolibertação consciencial* é a ação ou efeito de pôr em liberdade a si próprio, condição de quem não é submetido a qualquer força constrangedora física ou moral, não cativo ou propriedade de outrem.

Sinonímia: 1. Livre arbítrio pleno; auto-emancipação consciencial. 2. Consciex Livre.

Antonímia: 1. Cativeiro; interprisão grupocármica. 2. Agrilhoteca.

Síntese. A liberdade pessoal qualificada é expressa no seguinte megapensene trivocabular: – *Liberdade: responsabilidade oportunizada.*

CL. Somente a CL, ou Consciex Livre, conquistou a libertação definitiva (tritanatose) de todos os tipos, níveis e naturezas de aprisionamentos existenciais ou humanos.

Instrumentos. Eis duas ferramentas úteis para a libertação temporária das restrições, insuficiências ou limitações impostas pelo corpo biológico ou *máquina somática:*

1. **Tecnologia.** Os recursos tecnológicos, quando bem empregados (V. **IstoÉ;** Redação; ***Mais Liberdade;*** Cadeira de Rodas para Levantar Verticalmente o Usuário; São Paulo, SP; 10.04.02; página 59).

2. **Projeção.** A projeção para fora do corpo humano a fim de percorrer dimensões extrafísicas.

O SER DESPERTO ATINGIU A IMPER-**MEABILIDADE HOLOCHACRAL SADIA** ***AO DEIXAR DE SER VÍTIMA DE INTRUSÕES DE ENERGIAS DOENTIAS SOBRE SI.***

Procedimento. Saber como proceder com a liberdade é tão importante quanto almejá-la.

Esbanjamento. Pela *Mnemossomática,* o esquecimento do esforço despendido ao longo da seriéxis para ampliar o alcance da expressividade pessoal é muitas vezes a causa dos atos imaturos redutores da liberdade pessoal.

133. Técnicas Libertárias Básicas

Técnicas. Eis 7 exemplos de técnicas evolutivas, listadas na ordem alfabética, de utilidade prática para o desenvolvimento individual e grupal das libertações conscienciais:

1. **Cosmograma.** *Técnica do Cosmograma.* Análise de fatos e parafatos através da seleção, classificação e arquivamento de matérias da mídia. Aprimora as associações de idéias e o autodiscernimento, opondo-se à misologia e ao ignorantismo (V. **Zero Hora; *Leitura que Liberta;*** Porto Alegre; RS; 22.09.03; página 10).

2. **EV.** *Técnica do Estado Vibracional.* Prática das mobilizações energéticas intensas, preventivas e terapêuticas. Promove a manutenção da lucidez e do equilíbrio holossomático (V. **Vieira,** Waldo; ***Autoconsciência Holochacral (Holochacralogia);*** *Jornal do CEAEC;* Foz do Iguaçu, PR; Fevereiro, 2002; página 2 e 3).

3. **Invéxis.** *Técnica da Inversão Existencial.* Evitação, de maneira cosmoética, do maior número possível de aprisionamentos existenciais, visando a execução plena da proéxis através da liberdade de expressão consciencial maior.

4. **Perdão.** *Técnica do Perdão.* Prática autêntica do heteroperdão, da gratidão e da desdramatização, compondo a fórmula da reconciliação interconsciencial no âmago das relações grupocármicas (V. **Balona,** Málu; ***Autocura através da Reconciliação: Um Estudo Prático sobre a Afetividade;*** Rio de Janeiro, RJ; 2003; páginas 190 a 192).

5. **Recéxis.** *Técnica da Reciclagem Existencial.* Desfazimento, de modo cosmoético, do maior número possível de aprisionamentos dispensáveis, adquiridos ao longo do tempo, através da *virada de mesa* com o propósito de acertar o rumo na execução da proéxis. Sem mudanças para melhor não há recéxis.

6. **Sexo.** *Técnica do Sexo Diário* da dupla evolutiva. Favorece o saciamento das carências afetivas e sexuais.

7. **Tábula.** *Técnica da Tábula Rasa Consciencial.* Análise crítica de hábitos e manias humanas, contribuindo com o descondicionamento mesológico da conscin.

HÁ QUEM LUTE PELA LIBERDADE COM ARMAS NA MÃO. PORÉM, HÁ QUEM PREFIRA LUTAR PELA LIBERDADE COM A COSMOÉTICA NOS PENSENES.

134. AMBIGÜIDADES

Favorecimento. Eis o paradoxo da consciência quanto à necessidade de viver na dimensão intrafísica: o restringimento humano atua em favor da libertação da consciência.

Prática. No livro *Coragem para Evoluir,* o autor, Luciano Vicenzi (1964–), aborda aspectos relevantes para o estudo dos aprisionamentos e respectivas libertações conscienciais: "O paradoxo é que a liberdade, embora atraente do ponto de vista teórico, nem sempre é desejada na prática porque implica no constante desafio de assumir responsabilidades, a primeira delas, sobre o próprio destino, o atual e o almejado" (V. **Vicenzi,** Luciano; ***Coragem para Evoluir;*** 188 p.; Rio de Janeiro, RJ; 2001; página 15).

O NÍVEL DO RESTRINGIMENTO VIVIDO PELA CONSCIÊNCIA CONTRA SI DEMARCA, POR OUTRO LADO, O LIMITE DA LIBERDADE ALCANÇADA EM FAVOR PRÓPRIO.

Fuga. Sob a ótica da *Holocarmalogia,* ninguém qualifica a autolibertação consciencial apelando para a fuga de si mesmo, protelando as responsabilidades intrafísicas ou negligenciando a convivialidade. A pior penitenciária é o patopensene. O autodiscernimento é o responsável pelos auto-resgates mais eficazes.

Promiscuidade. No universo da *Sexossomática,* muitas vezes estar preso significa estar livre e, em outras vezes, liberdade pode ser sinônimo de aprisionamento. Basta observarmos os efeitos nocivos da permissividade e da libertinagem nesta Socin patológica, por exemplo, a Aids.

Paratroposfera. Pela *Extrafisicologia,* há relatos de projetores apontando a existência de consciexes escravizadas nas dimensões extrafísicas troposféricas. Inclusive presas a *paracorrentes* ao modo das adotadas nas escravidões humanas tradicionais.

Inexperiência. Quanto à *Experimentologia,* a inexperiência é agente causador de inúmeros aprisionamentos conscienciais, nesta dimensão mesmo.

Vícios. Na *Holomaturologia,* a imaturidade consciencial, da mesma forma, gera os aprisionamentos a viciações diversas.

135. QUALIFICATIVOS DOS ATOS LIBERTÁRIOS

Qualificativos. Conforme a *Holomaturologia,* existem pelo menos 11 *variáveis qualificativas* da libertação consciencial, de modo geral, a serem empregadas como orientação ou *checklist,* aqui listadas na ordem alfabética e abordadas na forma de autoquestionamentos:

01. **Assistência.** A prática da assistência já possui espaço entre minhas providências autolibertárias? Nela predomina a tares ou a tacon?

02. **Conhecimento.** Já descobri o papel da erudição, da cultura pessoal e da intelectualidade no desprendimento das amarras do meu ignorantismo?

03. **Cosmoética.** O quanto dos meus esforços incidem na tarefa de *rechear* meus atos de Cosmoética? Qual é o caráter das minhas escolhas quando não libertárias para todos?

04. **Cosmovisão.** Consigo enxergar ao menos as *vendas físicas,* restringidoras, sustentadas pelo meu corpo humano?

05. **Experiência.** Como venho empregando meu soma? As experiências pelas quais suo são libertárias ou aprisionantes, inteligentes ou levianas?

06. **Fraternismo.** Consigo compreender as incompreensões alheias? A liberdade buscada *por mim* é a mesma defendida *por mim* para os outros?

07. **Intenção.** Minhas intenções *nascem quadradas atrás das grades* da minha vontade cega, ou já fluem para o Cosmos como os raios do Sol?

08. **Lucidez.** A linearidade do pensamento, a limpidez do raciocínio e a clareza das idéias *temperam* meu autodiscernimento em nível razoável? Estou livre da obnubilação do belicismo?

09. **Parapsiquismo.** Minha passividade é ativa ou totalmente passiva? O quanto ainda me mantenho escravizado(a) às energias alheias (V. **Vieira**, Waldo; ***700 Experimentos da Conscienciologia;*** 1.058 p.; IIPC; Rio de Janeiro, RJ; 1994; página 260).

10. **Universalismo.** O nível do meu universalismo já promove minha liberdade íntima ou ainda sucumbe ao meu nível de sectarismo e monoideísmo vicioso?

11. **Vontade.** Combato as autovitimizações diante de quaisquer adversidades? Qual a real influência do meu otimismo e do meu pessimismo sobre os fatos?

Considerações Conclusivas

Maturidade. Qualificar-se consciencialmente é aumentar
o percentual de maturidade nas manifestações pessoais.

Bem. A teática da Cosmoética e da assistencialidade não fazem mal a ninguém. Só trazem benefícios ao universo íntimo da consciência e à qualidade das relações interpessoais do interessado na auto-evolução. Até para o maior assediador, é vivência insubstituível para melhor.

Prática. Entretanto, não se engane, leitor ou leitora. As técnicas aqui transmitidas podem parecer pequenas ou simples no papel, mas podem tornar-se grandes, complexas e árduas quando almejamos o respectivo emprego prático das verpons em nosso atual nível evolutivo.

Opções. A superação do traf*a*r ou o amadurecimento do atributo pessoal pode ser alcançado segundo duas opções:

1. **Natural.** Deixar a cargo do tempo ou da natureza o processo de aprimoramento do atributo, de acordo com as vivências pessoais ou injunções da existência humana, empregando a *vontade pessoal empírica* no percurso natural da evolução.
2. **Técnica.** Empregar algum exercício específico a fim de aperfeiçoar o atributo por intermédio da *vontade pessoal técnica* e direcionada de maneira autoconsciente e mais funcional.

O AMPARADOR NÃO DETERMINA ESCOLHAS DE NINGUÉM, MAS SUGERE E INTERVÉM A PARTIR DAS ESCOLHAS JÁ DEFINIDAS PELO ASSISTIDO (INTENÇÃO).

Sínteses. Eis a síntese das razões para o investimento técnico, voluntário, na qualificação consciencial:

1. **Acerto.** Acertar mais nos resultados e errar menos nas intenções. Qualificação consciencial é correção de valores.
2. **Tempo.** Aproveitar melhor o tempo existencial e perder menos oportunidades evolutivas. *Viver bem* é bem-fazer.
3. **Êxito.** Obter mais êxitos cosmoéticos e diminuir os fracassos autocorruptos. Caminhar é não tropeçar, cair ou estacionar.
4. **Utilidade.** Ser mais útil interconsciencialmente e abster-se das inutilidades ególatras. Futilidade não predispõe o compléxis.
5. **Todos.** Propagar o melhor para todos e abolir o pior dentro de si. Escolhas abrem e fecham caminhos.

Imassificação. A Conscienciologia é imassificável não pelos valores dos materiais didáticos e eventos pedagógicos – muitas vezes oferecidos gratuitamente – e sim pelo caráter avançado das idéias preconizadas.

Evolução. Tarefa nobre da ciência da *consciência integral* é promover desafios evolutivos. Eis aqui 1: a conquista da holomaturidade.

Paradoxo. Ninguém expande o próprio amadurecimento pensando em si o tempo todo e tendo como fim sempre o bem-estar pessoal. *Pensar-agir* visando o melhor para todos é a *técnica-síntese* das qualificações da consciência.

Glossário da Conscienciologia

Observações. Aqui estão listadas 210 denominações, vocábulos compostos, expressões e equivalentes técnicos extraídos do livro *Manual de Redação da Conscienciologia,* de autoria do prof. Waldo Vieira.

Acidente parapsíquico – Distúrbio físico ou psicológico gerado por influências energéticas, interconscienciais, doentias, em geral de origem extrafísica, ou multidimensional.

Acoplamento áurico – Interfusão das energias holochacrais entre duas ou mais consciências.

Alucinação (Latim: *hallucinari,* errar) – Percepção aparente de objeto externo não presente no momento; erro mental na percepção dos sentidos, sem fundamento em uma realidade objetiva.

Amência consciencial – Condição da consciência incapaz de pensar com equilíbrio mental razoável.

Amparador – Consciex auxiliadora de uma conscin ou de várias conscins; benfeitor extrafísico. Expressões equivalentes, arcaicas, desgastadas e envilecidas pelo emprego continuado: *anjo da guarda; anjo guardião; anjo de luz; guia; mentor.*

Andaimes conscienciais – *Muletas* psicológicas ou fisiológicas quando dispensáveis.

Androchacra *(andro + chacra)* – O sexochacra do homem.

Andropensene (palavra composta: *andro + pen + sen + ene)* – Pensene específico da conscin masculina primitiva ou o *machão.*

Androssoma *(andro + soma)* – O corpo humano masculino ou específico do homem.

Animismo (Latim: *animus,* alma) – Conjunto dos fenômenos intra e extracorpóreos produzidos pela conscin, sem interferências externas, como, por exemplo, o fenômeno da projeção consciente induzida pela própria vontade.

Antipensene *(anti + pen + sen + ene)* – O pensene antagônico, comum nas refutações, nos omniquestionamentos e nos debates produtivos.

Assedialidade – Intrusão pensênica interconsciencial, doentia. Expressão equivalente, anacrônica: *obsessão;* há numerosas conscins que se defendem contra esta palavra.

Assim *(as + sim)* – Assimilação simpática de ECs, ou energias conscienciais, pela vontade, não raro com a decodificação de um conjunto de pensenes de outra(s) consciência(s).

Atacadismo consciencial – Sistema de comportamento individual caracterizado pela diretriz de se levar em conjunto, ou de eito, os atos conscienciais, sem deixar rastros ou *gaps* evolutivos, negativos, para trás.

Autoconsciencialidade – Qualidade do nível de autoconhecimento por parte da própria consciência; megaconhecimento.

Autoconscientização multidimensional (AM) – Condição da lucidez madura da conscin quanto à vida consciencial no estado evoluído de multidimensionalidade, alcançado através da PL, ou projetabilidade lúcida.

Automimese existencial – Imitação, por parte da conscin, das próprias vivências ou experiências passadas, sejam do renascimento intrafísico atual ou de existências anteriores.

Autorrevezamento consciencial – Condição avançada na qual a consciência evolui entrosando uma existência intrafísica com outra, consecutivamente *(proéxis vinculadas)*, ao modo dos elos de uma cadeia (seriéxis), dentro do seu ciclo multiexistencial *(holobiografia)*.

Binômio admiração-discordância – Postura da conscin, madura quanto à evolução consciencial, que já sabe viver em coexistência pacífica com uma outra conscin, a quem ama e admira, e, ao mesmo tempo, não concorda sempre ou 100% com ela quanto aos seus pontos de vista, opiniões ou posicionamentos.

Biopensene *(bio + pen + sen + ene)* – O pensene específico da consciência humana ou intrafísica.

Bitanatose – Desativação e descarte do holochacra, depois da dessoma, incluindo a retirada dos resquícios das conexões energéticas do holochacra no psicossoma; *segunda morte;* segunda dessoma.

Cardiochacra *(cardio + chacra)* – O quarto chacra básico, agente influente na emotividade da conscin, vitalizador do coração e dos pulmões.

Casal incompleto – Par de homem e mulher que *não* chega a formar o casal íntimo (aquele casal que pratica o ato sexual completo), contudo, mantém forte laço afetivo.

Catatonia extrafísica – Condição fixa da conscin, quando projetada, que mantém atos extrafísicos estereotipados, repetidos e, em geral, inúteis ou dispensáveis quanto à sua evolução.

Chacra – Núcleo ou campo limitador de energia consciencial, cujo conjunto constitui basicamente o *holochacra,* paracorpo energético dentro do soma, fazendo a junção com o psicossoma, atuando como ponto de conexão pelo qual a EC flui de um veículo consciencial para outro. A palavra *chacra* é um dos nossos *limites críticos neologísticos.* Este autor não encontrou outro vocábulo internacional, uninominal, mais adequado, ou ideal, para colocar em seu lugar e combater o *preconceito filosófico* existente a seu respeito (seus derivados e cognatos). O que importa, leitor ou leitora, antes de tudo, neste contexto, é o *conteúdo ideático* e não a *forma lingüística.* Vivemos na *deficienciolândia,* mas a evolução consciencial prossegue com a Holo*chacra*logia.

Ciclo mentalsomático – O ciclo ou curso evolutivo da consciência que se inicia na sua condição de CL, ou Consciex Livre, na qual desativa definitivamente o seu psicossoma (terceira dessoma) e vive tão-só com o mentalsoma.

Ciclo multiexistencial – Sistema ou condição de alternância contínua, em nosso nível evolutivo médio, de um período de renascimento intrafísico *(seriéxis)* com outro período pós-desativação somática, extrafísico, ou a *intermissão.*

Compensação intraconsciencial – Técnica conscienciométrica fundamentada no emprego maior de um atributo consciencial, mais desenvolvido (traf*or*), sobre outro, ou outros atributos conscienciais menos desenvolvidos (traf*ar*es) no microuniverso da conscin.

Compléxis *(comple + exis)* – Condição da completude existencial da proéxis da consciência humana.

Comunidade extrafísica – Reunião e vida em comum de consciexes em uma dimensão extrafísica.

Con – Unidade hipotética de medida do nível de lucidez da conscin ou da consciex.

Confor *(con + for)* – Interação do conteúdo (idéia, essência) com a forma (apresentação, linguagem) nos processos da comunicação interconsciencial (comunicologia).

Consciex (Latim: *con + scientia,* com conhecimento) **Livre (CL)** – Consciência – ou melhor: consciex – que se libertou definitivamente (desativação) do psicossoma ou paracorpo emocional, e das fieiras da seriéxis, situada na *hierarquia evolutiva* depois do *Homo sapiens serenissimus.*

Conscienciês – Idioma telepático, não simbólico, nativo nas dimensões conscienciais das Sociexes muito evoluídas.

Conscienciocentrismo – Filosofia social que centraliza os seus objetivos na consciência em si, e em sua evolução, especialidade da Conscienciologia, sob o nome de *Conscienciocentrologia,* que estuda a criação e a manutenção da instituição conscienciocêntrica ao modo de uma cooperativa consciencial, dentro da Comunidade Conscienciológica, com base nos vínculos empregatício e consciencial.

Conscienciograma – Planilha técnica das medidas avaliativas do nível de evolução da consciência; megateste consciencial que tem por modelo o *Homo sapiens serenissimus,* responsável por uma conta corrente egocármica positiva. Instrumento básico empregado nos testes conscienciométricos.

Conscienciologia – Ciência que estuda a consciência de modo integral, holossomático, multidimensional, multimilenar, multiexistencial e, sobretudo, conforme as suas reações perante as EIs e as ECs, bem como em seus múltiplos estados.

Conscienciometria – Disciplina ou área que estuda as medidas conscienciológicas, ou da consciência, através dos recursos e métodos oferecidos pela Conscienciologia, capazes de assentar as bases possíveis da *matematização da consciência.* Instrumento principal: conscienciograma.

Consciencioterapia – Especialidade que estuda o tratamento, alívio ou remissão de distúrbios da consciência, executados através dos recursos e técnicas derivados da Conscienciologia.

Consciex *(consci + ex)* – Consciência *extra*física; o paracidadão ou paracidadã da Sociex. Sinônimo envilecido pelo uso: *desencarnado.*

Conscin *(consci + in)* – Consciência *intra*física; a personalidade humana; o cidadão ou cidadã da Socin. Sinônimo envilecido pelo uso: *encarnado.*

Contrapensene *(contra + pen + sen + ene)* – Pensene *intra*consciencial da conscin; refutação mental muda; *palavra mental;* o pensene mudo; um tipo de *intrapensene.*

Coronochacra *(corono + chacra)* – O chacra da área do sincipúcio, *coroa* o holochacra.

Cosmoconsciência – Condição ou percepção interior da consciência do cosmo, da vida e da ordem do Universo, em uma exaltação intelectual e cosmoética impossível de se descrever, quando a consciência sente a presença viva do Universo e se torna una com ele, em uma unidade indivisível. Há comunicação interconsciencial nesta condição peculiar.

Cosmoética *(cosmo + ética)* – Ética ou reflexão sobre a moral cósmica, multidimensional, que define a holomaturidade, situada além da moral social, intrafísica, ou que se apresenta sob qualquer rótulo humano. É uma especialidade da Conscienciologia.

Cosmopensene *(cosmo + pen + sen + ene)* – Pensene específico do consciencíês ou do estado da cosmoconsciência; forma de comunicação do consciencíês.

Curso intermissivo – Conjunto de disciplinas e experiências teáticas administradas à consciex, depois de determinado nível evolutivo, durante o período da intermissão consciencial, dentro do seu ciclo de existências pessoais, objetivando o completismo consciencial (compléxis) da próxima vida.

Dermatologias da consciência – Expressão composta atribuída às Ciências convencionais, fisicalistas, subordinadas ao paradigma newtoniano-cartesiano, mecanicista, que centram as suas pesquisas tão-somente no soma, porque não dispõem da instrumentalidade necessária para as investigações técnicas, diretas, da consciência em si; dermatologias da conscin; ciências peri-conscienciais.

Desassim *(desas + sim)* – Desassimilação simpática de ECs exercida pela impulsão da vontade, normalmente através do EV.

Descoincidência vígil – Condição parapsíquica da conscin – projetor ou projetora – na qual a mesma se percebe com o psicossoma fora do estado da coincidência, em plena vigília física ordinária, sem se sentir completamente integrada ao soma, gerando a intensificação de parapercepções e fenômenos energéticos e parapsíquicos.

Desperto *(des + per + to)* – Ser intrafísico, ou conscin, desassediado, permanente, total, plenamente autoconsciente da sua qualidade de desperticidade.

Dessoma *(des + soma)* – Desativação somática, próxima e inevitável para todas as conscins; projeção final; *primeira morte*; morte biológica; monotanatose. A dessoma (simplesmente) ou *primeira* dessoma é a desativação do corpo humano ou soma. A *segunda* dessoma é a desativação do holochacra. A *terceira* dessoma é a desativação do psicossoma.

Dimener *(dimc + ener)* – Dimensão energética das consciências; dimensão holochacral; dimensão *três-e-meio.* Dimensão natural do holochacra.

Dupla evolutiva – Duas consciências (casal íntimo) que interagem positivamente em evolução conjunta; condição existencial de *evolutividade intercooperativa* a dois.

Ectopia consciencial – Execução insatisfatória da proéxis, de maneira excêntrica, deslocada, fora do roteiro programático escolhido para a própria vida intrafísica.

Egocarma *(ego + carma)* – Princípio de causa e efeito, atuante na evolução da consciência, quando centrado exclusivamente no ego em si. Estado do livre-arbítrio preso ao egocentrismo infantil. A palavra *carma* é outro dos nossos *limites críticos neologísticos.* Este autor não encontrou outro vocábulo internacional, uninominal, mais adequado, ou ideal, para colocar em seu lugar e combater o *preconceito científico* existente a seu respeito (seus derivados e cognatos). O que importa, leitor ou leitora, antes de tudo, neste contexto, é o *conteúdo ideático* e não a *forma lingüística.* Vivemos na *deficienciolândia,* mas a evolução consciencial prossegue com a Holo*carma*logia.

Energia consciencial (**EC**) – A energia imanente que a consciência emprega em suas manifestações em geral; o *ene* do pensene.

Energia imanente (**EI**) – Energia primária, vibratória, essencial, multiforme, impessoal, difusa e dispersa em todos os objetos ou *realidades* do Universo, de modo onipotente, ainda indomada pela consciência humana, e demasiadamente sutil para ser descoberta e detectada pelos atuais instrumentos tecnológicos.

Enumerologia – Técnica didática de feitura e processamento de textos, centrada na autocrítica informativa.

Epicon *(epi + con)* – Epicentro consciencial; conscin-chave do epicentrismo operacional, que se torna um fulcro de lucidez, assistencialidade e construtividade interdimensional, através da ofiex. Tem relação direta com a *tenepes* ou a tarefa energética pessoal.

Era consciencial – Aquela na qual a média das conscins encontrar-se-á suficientemente evoluída, através dos impactos, redefinições e revoluções criadas pela vivência da projetabilidade lúcida (PL), implantando-se o *primado da autoconsciencialidade.*

Estado vibracional (**EV**) – Condição técnica de dinamização máxima das energias do holochacra, através da impulsão da vontade.

Euforex *(eufor + ex)* – Condição de euforia extrafísica, após a desativação somática, gerada pelo cumprimento razoável da proéxis; euforia *post-mortem;* para-euforia; euforia pós-somática.

Euforin *(eufor + in)* – Condição da euforia intrafísica, antes da desativação somática gerada pelo cumprimento razoável da proéxis; euforia *pré-mortem.* Condição predisponente ideal à moréxis positiva.

Eunuco de bases conscienciais – Conscin castrada e manipulada consciencialmente pelos sectários, domesticadores dos *robôs satisfeitos,* os escravos modernos da massa impensante.

Evoluciologia – Especialidade da Conscienciologia que estuda a evolução da consciência abordada de modo integral, em alto nível, matéria adstrita especificamente ao evoluciólogo ou orientador evolutivo.

Evoluciólogo – Consciência coadjutora da coordenação inteligente da proéxis (programação existencial) ou da evolução consciencial de uma ou mais consciências, do mesmo grupocarma. Expressão mais adequada do que *orientador evolutivo.*

Existência trancada – Vivência humana ou da vida sem a produção de PCs; vida humana troposférica somente com projeções inconscientes, vegetativas, características do estado do paracoma evolutivo; seriéxis trancada.

Experiência da Quase-Morte (**EQM**) – Ocorrência projetiva, involuntária ou forçada por circunstâncias humanas, críticas, da consciência humana, comum a doentes terminais, pacientes morituros e sobreviventes da morte clínica.

Extrafísico – Relativo àquilo que esteja fora, ou além, do estado *intra*físico ou humano; estado consciencial *menos* físico do que o soma.

Fitopensene *(fito + pen + sen + ene)* – O pensene rudimentar da planta; a *unidade léxica* da planta, segundo a Conscienciologia.

Geoenergia *(geo + energia)* – Energia imanente (EI) proveniente do solo ou da terra e absorvida pela conscin através da *pré-kundalini*. Expressão arcaica: *energia telúrica*.

Gestação consciencial – Produtividade evolutiva, útil, da consciência humana, dentro do quadro de obras pessoais da programática da sua proéxis.

Ginochacra *(gino + chacra)* – O sexochacra da mulher.

Ginopensene *(gino + pen + sen + ene)* – O pensene específico da linguagem e comunicabilidade feminina.

Ginossoma *(gino + soma)* – O corpo humano feminino ou específico da mulher, especializado na reprodução animal da vida intrafísica da conscin; o corpo afrodisíaco.

Grafopensene *(grafo + pen + sen + ene)* – A *assinatura pensênica* da consciência humana ou intrafísica.

Grecex *(gr + rec + ex)* – Grupo de reciclantes existenciais; reunião e vivência intrafísica, conjunta, em grupo, objetivando a experiência das recéxis planificadas. Plural: grecexes.

Grinvex *(gr + inve + ex)* – Grupo de inversores existenciais; reunião e vivência intrafísica, conjunta, em grupo, objetivando a experiência das invéxis planificadas. Plural: grinvexes.

Grupocarma *(grupo + carma)* – Princípio de causa e efeito, atuante na evolução da consciência, quando centrado no grupo evolutivo. Estado do livre-arbítrio individual, quando ligado ao grupo evolutivo.

Grupopensene *(grupo + pen + sen + ene)* – O pensene sectário, corporativista e antipolicármico; mas o grupopensene pode ser também construtivo.

Heteropensene *(hetero + pen + sen + ene)* – O pensene de outrem em relação a nós ou o pensene pessoal em relação aos outros.

Hiperacuidade – Qualidade da lucidez máxima da conscin alcançada pela recuperação – que lhe é possível – dos cons.

Hiperpensene *(hiper + pen + sen + ene)* – O pensene heurístico; a idéia original da descoberta; o pensene neofílico; a *unidade de medida* da invenção, segundo a Conscienciometria.

Holocarma *(holo + carma)* – Reunião dos 3 tipos de ações e reações conscienciais – egocarma, grupocarma e policarma – dentro dos princípios de causa e efeito, atuantes na evolução da consciência.

Holochacra *(holo + chacra)* – Paracorpo energético da consciência humana.

Holomaturidade *(holo + maturidade)* – Condição da maturidade integrada – biológica, psicológica, holossomática e multidimensional – da consciência humana.

Holomemória *(holo + memória)* – Memória causal, composta, multimilenar, multiexistencial, implacável, ininterrupta, pessoal, que retém todos os fatos relativos à consciência; multimemória; polimemória.

Holopensene *(holo + pen + sen + ene)* – Pensenes agregados ou consolidados. Sinônimo envilecido pelo uso: *egrégora*. Esta palavra gera resistência em larga faixa dos leitores sérios das ciências.

Holorgasmo *(holo + orgasmo)* – Orgasmo holossomático; êxtase máximo gerado pelas energias de todo o holossoma.

Holossoma *(holo + soma)* – Conjunto dos veículos de manifestação da conscin: soma, holochacra, psicossoma e mentalsoma; e da consciex: psicossoma e mentalsoma.

Homeostase holossomática – Estado integrado, hígido, de harmonia do holossoma.

Homo sapiens serenissimus – Consciência quando na vivência integral da condição do serenismo lúcido. Sinônimo de emprego popular: *Serenão*.

Incompléxis *(in + comple + exis)* – Condição existencial da proéxis incompleta da consciência humana.

Interfusão holossomática – Estado das assins máximas entre duas consciências.

Intermissão – Período extrafísico da consciência entre duas de sua seriéxis pessol.

Interprisão grupocármica – Condição da inseparabilidade grupocármica do princípio consciencial evolutivo ou consciência.

Intraconsciencialidade – Qualidade das manifestações específicas da intimidade da consciência.

Intrafisicalidade – Condição da vida intrafísica, humana, ou da existência da consciência humana.

Intrusão energética – Invasão de uma consciência em outra através das ECs ou do holochacra.

Intrusão holochacral – Invasão de uma conscin em outra através do holochacra; intrusão energética.

Intrusão holossomática – Invasão de uma consciência em outra através de todo o holossoma.

Intrusão interconsciencial – Ação exercida por uma consciência sobre outra.

Intrusão mnemônica – Colisão da memória intrusiva de uma consciex assediadora sobre a memória cerebral ou biomemória de uma conscin assediada *(paramnésia)*.

Intrusão pensênica – Invasão de uma consciência em outra através do mentalsoma.

Intrusão psicossomática – Invasão de uma consciência em outra através da emocionalidade, ou pelo psicossoma.

Intrusão volitiva – Invasão da vontade de uma consciência em outra através da hetero-sugestão ou heterohipnose.

Inversor existencial – Conscin que se dispõe a executar a invéxis na vida intrafísica.

Invéxis *(inve + exis)* – Técnica da inversão existencial executada pela consciência humana ou intrafísica.

Macro-PK destrutiva – Psicocinesia ou PK *(psychokinesis)* nociva, capaz de acarretar prejuízos à conscin, podendo estes, inclusive, serem fatais ao soma.

Macrossoma *(macro + soma)* – Soma fora-de-série ou *supermaceteado* para a execução de uma proéxis específica.

Materpensene *(mater + pen + sen + ene)* – Idéia-mãe ou a matriz de todo um desenvolvimento de tese, teoria ou ensaio, o *leitmotiv,* o pilar mestre ou o pensene predominante em um holopensene.

Maxifraternidade – Condição interconsciencial, universalista, mais evoluída, fundamentada na fraternidade pura da consciência auto-imperdoadora e heteroperdoadora, meta inevitável na evolução de todas as consciências. Sinônimo: Megafraternidade.

Maximoréxis *(maxi + mor + exis)* – Condição da moréxis existencial – a maior – ou quando vem para a conscin *completista,* na qualidade de acréscimo ou adendo (base superavitária), quanto ao compléxis da sua proéxis; portanto, a execução de um *extra sadio* de um mandato existencial concluído.

Maxipensene *(maxi + pen + sen + ene)* – O pensene peculiar às CLs ou Consciexes Livres.

Maxiproéxis *(maxi + pro + exis)* – Programação existencial máxima, *no atacado,* ou visando à execução de tarefa na vivência do universalismo e da maxifraternidade, com bases policármicas.

Megapensene *(mega + pen + sen + ene)* – O mesmo que ortopensene.

Megatrafar *(mega + tra + far)* – O tra*far* máximo da consciência.

Megatrafor *(mega + tra + for)* – O tra*for* máximo da consciência.

Melex *(mel + ex)* – Condição da melancolia extrafísica, pós-somática ou *post-mortem;* paramelancolia.

Melin *(mel + in)* – Condição da melancolia intrafísica ou *pré-mortem.*

Mentalsoma *(mental + soma)* – Corpo mental; o *paracorpo* do discernimento da consciência. Plural: *mentalssomas.*

Minimoréxis *(mini + mor + exis)* – Condição da moratória existencial – a menor – ou quando vem para a conscin *incompletista* ressarcir o seu *deficit holocármico* (base deficitária) ou concluir a condição do compléxis quanto à sua proéxis; portanto, o acabamento de um mandato existencial ainda inconcluso.

Minipensene *(mini + pen + sen + ene)* – O pensene específico da criança, às vezes em função do cérebro ainda em desenvolvimento.

Miniprimener *(mini + prim + ener)* – Condição da primavera energética mínima ou efêmera.

Miniproéxis *(mini + pro + exis)* – Programação existencial mínima, *a varejo,* ou objetivando a execução de uma tarefa mínima, ainda grupocármica.

Monodotação consciencial – Vida intrafísica sob a pressão de assédios constantes de seres doentios experienciada pela conscin medíocre, de poucos talentos, sem versatilidade.

Monopensene *(mono + pen + sen + ene)* – O pensene repetitivo; o monoideísmo; a idéia fixa; o eco mental; *re*pensene.

Moréxis *(mor + exis)* – Condição da moratória existencial, ou um complemento de vida intrafísica, facultado a determinadas conscins, conforme o seu mérito holocármico. A moréxis pode apresentar uma base deficitária – a menor –

minimoréxis; ou superavitária – a maior – maximoréxis, quanto aos resultados da proéxis.

Morfopensene *(morfo + pen + sen + ene)* – O pensamento ou um conjunto de pensamentos quando reunidos e se expressando, de algum modo, como uma *forma.* Expressão arcaica, agora em desuso: *forma-pensamento.* A acumulação de morfopensenes compõe o holopensene.

Neofilia – Adaptação fácil da conscin às situações, coisas e acontecimentos novos. Oposto de neofobia.

Neopensene *(neo + pen + sen + ene)* – O pensene da conscin, quando se manifesta através de novas sinapses ou conexões interneuroniais, capaz de criar a recin ou a reciclagem *intra*consciencial; a *unidade de medida* da renovação consciencial, segundo a Conscienciologia, ou, mais apropriadamente, a Conscienciometria.

Orientador Evolutivo – Consciência coadjutora da coordenação inteligente de proéxis, ou da evolução consciencial de uma ou mais consciências, do mesmo grupocarma. Condição evolutiva entre o ser desperto e o Serenão. O mesmo que *evoluciólogo.*

Ortopensene *(orto + pen + sen + ene)* – O pensene *reto* ou cosmoético, próprio da holomaturidade consciencial; a *unidade de medida* da cosmoética prática, segundo a Conscienciometria.

Para – Prefixo que significa *além de, ao lado de*, como em *paracérebro.* Significa, também, *extrafísico.*

Paracérebro – Cérebro extrafísico do psicossoma da consciência nos estados extrafísico (consciex), intrafísico (conscin) e projetado, quando através do psicossoma.

Paracomatose consciencial – Estado de coma extrafísico da conscin, quando projetada, que permanece invariavelmente inconsciente e, portanto, sem rememorações extrafísicas.

Paradigma consciencial – Teoria-líder da Conscienciologia fundamentada na própria consciência.

Parafisiologia – Fisiologia dos veículos de manifestação da consciência. É uma especialidade da Conscienciologia.

Paragenética – A genética adstrita às heranças da consciência, através do psicossoma, da vida anterior ao embrião humano. É uma especialidade da Conscienciologia.

Para-homem – Consciex com visual de homem ou conscin-homem projetada. Expressão sinônima, desgastada e envilecida pelo uso: *entidade espiritual masculina.*

Paramulher – Consciex com visual de mulher ou conscin-mulher projetada. Expressão sinônima, desgastada e envilecida pela uso: *entidade espiritual feminina.*

Parapatologia – Patologia dos veículos de manifestação da consciência. É uma especialidade da Conscienciologia.

Passes-para-o-escuro – Expressão popular para significar a transmissão técnica, diária, de energias conscienciais, ou ECs, por uma conscin, diretamente a consciexes, conscins projetadas, ou no estado da vigília física ordinária, com assistência permanente de amparadores. Expressão técnica: *tenepes* (*ta*refa *ener*gética *pes*soal).

Patopensene *(pato + pen + sen + ene)* – O pensene patológico ou da amência consciencial; o *pecadilho mental;* a vontade patológica; a intenção doentia; a *ruminação cerebral.*

Pensene *(pen + sen + ene)* – Unidade de manifestação prática da consciência, segundo a Conscienciologia, que considera o *pen*samento ou idéia (concepção), o *sen*timento ou a emocão e a EC (*ene*rgia consciencial) em conjunto, de modo indissociável.

Pensenedor – Instrumento pelo qual a consciência manifesta os seus pensamentos e atos. No caso específico da conscin, o pensenedor fundamental é o soma.

Podossoma *(podo + soma)* – O soma considerado especificamente quanto à aplicação dos pés ou o trabalho com os pés, por exemplo, o do jogador de futebol.

Policarma *(poli + carma)* – Princípio de causa e efeito, atuante na evolução da consciência, quando centrado no senso e vivência da maxifraternidade cósmica, além do egocarma e do grupocarma.

Porão consciencial – Fase de manifestação infantil e adolescente da conscin, até chegar ao período da adultidade, caracterizada pelo predomínio dos traf*a*res mais primitivos da consciência multiveicular, multiexistencial e multimilenar.

Pré-casal – Condição inicial, preliminar ou de tateios, da sexualidade humana prática dentro da Socin.

Precognitarium – Base física preparada tecnicamente para a produção de PCs precognitivas.

Pré-kundalini – Chacra secundário plantar. Há 2 plantochacras na conscin. Expressão própria da Conscienciologia.

Pré-serenão – Conscin, ou consciex, que ainda não vive o serenismo lúcido.

Pré-serenão intrafísico alternante – Conscin capaz de viver consciente, ao mesmo tempo, no estado da vigília física ordinária e projetada, de quando em quando, em dimensões extrafísicas.

Primener *(prim + ener)* – Primavera energética; condição pessoal, mais ou menos duradoura, de apogeu das ECs sadias e construtivas.

Primener a dois – Primavera energética da dupla evolutiva, cujos parceiros se amam de fato e dominam as aplicações das ECs sadias, com inteira lucidez, construindo as suas proéxis através de gestações conscienciais.

Primopensene *(primo + pen + sen + ene)* – O mesmo que *causa primária do Universo;* o primeiro pensamento que foi composto. Este vocábulo não tem plural.

Proéxis *(pro + exis)* – Programação existencial específica de cada conscin em sua seriéxis, no caso, a existência intrafísica.

Proéxis avançada – Programação existencial da conscin, líder evolutiva, dentro de uma tarefa libertária específica do grupocarma, mais universalista e policármica, onde é *mini*peça lúcida e atuante dentro do *maxi*mecanismo da equipe multidimensional.

Projeção consciente (PC) – Projeção da conscin para além do soma; experiência extracorpórea.

Projeção semiconsciente (PSC) – Experiência onírica na qual a conscin projetada se reconhece lúcida em parte, de modo desordenado. Não é uma projeção consciencial ideal; sonho lúcido.

Projeciocrítica – Crítica projeciológica. É uma especialidade da Conscienciologia.

Projeciografia – Estudo técnico dos registros projeciológicos. É uma especialidade da Conscienciologia.

Projeciologia (Latim: *projectio,* projeção; grego: *logos,* tratado) – Ciência que estuda as projeções da consciência e seus efeitos, inclusive as projeções das ECs para fora do holossoma. É uma especialidade da Conscienciologia.

Projecioterapia – Ciência das profilaxias e terapias derivadas das pesquisas e técnicas da Projeciologia.

Projetabilidade lúcida (PL) – Qualidade parafisiológica, projetiva, lúcida, da consciência, capaz de descoincidir-se ou tirar os seus veículos de manifestação da condição de alinhamento do holossoma, inclusive através da impulsão da própria vontade.

Projetarium – Base física preparada tecnicamente para a produção das PCs.

Protopensene *(proto + pen + sen + ene)* – O pensene mais rudimentar; o mesmo que fitopensene ou hipopensene.

Psicossoma (Grego: *psyckhé,* alma; *soma,* corpo) – Paracorpo emocional da consciência; o *corpo objetivo* da conscin.

Quirossoma *(quiro + soma)* – O soma considerado especificamente quanto à aplicação das mãos ou o trabalho manual.

Recesso projetivo – Fase existencial da conscin caracterizada pela cessação espontânea – temporária quase sempre – das experiências projetivas lúcidas, dentro de uma seqüência de experimentos intensivos.

Recéxis *(rec + exis)* – Técnica da reciclagem existencial executada pela consciência humana.

Recin *(reci + in)* – A reciclagem intrafísica, existencial, *intra*consciencial ou a renovação cerebral da conscin através da criação de novas sinapses ou conexões interneuroniais capazes de permitir o ajuste da proéxis, a execução da recéxis, a invéxis, a aquisição de novas idéias, os neopensenes, os hiperpensenes e outras conquistas neofílicas da consciência humana automotivada.

Repensene *(re + pen + sen + ene)* – O pensene repetido. O mesmo que *mono*pensene, idéia fixa ou monoideísmo.

Retrocognição (Latim: *retro,* atrás; *cognoscere,* conhecer) – Faculdade perceptiva pela qual a conscin fica conhecendo fatos, cenas, formas, objetos, sucessos e vivências pertencentes ao tempo passado distante, comumente relacionados com a sua holomemória.

Retropensene *(retro + pen + sen + ene)* – O pensene específico das autoretrocognições; o mesmo que o *engrama* da Mnemotécnica; a *unidade de medida* das retrocognições, segundo a Conscienciometria.

Robéxis *(rob + exis)* – Robotização existencial; condição da conscin troposférica, excessivamente escravizada à intrafisicalidade ou quadridimensionalidade.

Romance extrafísico – Conjunto dos atos pelos quais a conscin namora ou mantém um caso afetivo sadio ou positivo, estando projetada fora do soma.

Sedução holochacral – Ação energética, com intenção dominadora mais ou menos consciente, de uma consciência sobre outra(s).

Serenão – Nome popular do *Homo sapiens serenissimus*.

Seriéxis *(seri + exis)* – Serialidade existencial, evolutiva, da consciência; existências sucessivas; renascimentos intrafísicos em série.

Sexochacra *(sexo + chacra)* – O chacra radical ou sexual básico da consciência humana. Expressão antiga relativa à EC deste chacra: *kundalini (o fogo serpentino)*.

Sexopensene *(sexo + pen + sen + ene)* – A fantasia sexual; a *unidade de medida* do adultério mental, segundo a Conscienciometria.

Sexossoma *(sexo + soma)* – O soma considerado especificamente quanto ao seu sexo.

Sexossomática – Estudo específico do soma quanto ao seu sexo, ou sexossoma, e suas relações com a conscin, seja o homem ou a mulher. É uma especialidade da Conscienciologia.

Sinalética parapsíquica – Existência, identificação e emprego autoconsciente dos sinais energéticos, anímicos, parapsíquicos e personalíssimos, ou que toda conscin possui.

Sociex *(soci + ex)* – Sociedade Extrafísica ou das consciexes. Plural: Sociexes.

Socin *(soci + in)* – Sociedade Intrafísica ou das conscins; Sociedade Humana. Plural: Socins.

Soltura do holochacra – Condição de liberdade relativa de atuação do paracorpo energético da conscin, em relação ao psicossoma e ao soma.

Soma – Corpo humano; o corpo do indivíduo do reino *Animal,* filo *Cordata,* classe *Mamíferos,* ordem *Primatas,* família *Hominidia,* gênero *Homo,* espécie *Homo sapiens,* o mais elevado nível de animal sobre este Planeta; apesar do exposto, o veículo mais rústico do holossoma da consciência humana.

Subcérebro abdominal – O umbilicochacra (centro de energia consciencial acima do umbigo), quando escolhido inconscientemente pela conscin, ainda de evolução medíocre, para sede de suas manifestações. O cérebro abdominal, *pseudo*cérebro abdominal, ou *sub*cérebro abdominal é a *eminência parda* do cérebro natural, encefálico (coronochacra e frontochacra); um embaraço indefensável na auto-evolução consciente.

Subpensene *(sub + pen + sen + ene)* – O pensene carregado pelas energias conscienciais adstritas ao *sub*cérebro abdominal, notadamente do umbilicochacra; a *unidade de medida* do subcérebro abdominal, segundo a Conscienciometria.

Tacon *(ta + con)* – Tarefa da consolação, assistencial, pessoal ou grupal, primária.

Tares *(tar + es)* – Tarefa do esclarecimento, assistencial, pessoal ou grupal, avançada. Plural: tarefas do esclarecimento.

Teática *(te + ática)* – Vivência conjunta da teoria e da prática por parte da conscin ou da consciex.

Tenepes *(t + ene + pes)* – Tarefa energética pessoal, diária, multidimensional, com assistência permanente de amparadores, a longo prazo ou para o restante da vida intrafísica. Expressão popular: *passes-para-o-escuro.*

Trafar *(tra + far)* – Traço-fardo da personalidade da consciência; componente negativo da estrutura do microuniverso consciencial que a consciência ainda não consegue alijar de si ou desvencilhar-se até o momento.

Trafor *(tra + for)* – Traço-força da personalidade da consciência; componente positivo da estrutura do microuniverso consciencial que impulsiona a evolução da consciência.

Tridotação consciencial – Qualidade dos 3 talentos conjugados mais úteis ao conscienciólogo: a intelectualidade, o parapsiquismo e a comunicabilidade; tridotalidade consciencial.

Tritanatose – Desativação e descarte do psicossoma com a entrada da consciência do *Homo sapiens serenissimus* na condição de Consciex Livre (CL); *terceira dessoma.*

Umbilicochacra *(umbilico + chacra)* – O chacra umbilical (acima do umbigo) ou relativo à fisiologia e parafisiologia (abdominais) da consciência humana.

Universalismo – Conjunto de idéias derivadas da universalidade das leis básicas da Natureza e do Universo e que, através da evolução natural da consciência, torna-se inevitavelmente, a sua filosofia dominante; cosmismo.

Varejismo consciencial – Sistema primário de comportamento individual caracterizado pela ação através de atos conscienciais menores, isolados e de mínimo resultado produtivo ou efeito evolutivo magno.

Verbação *(verb + ação)* – Interação prática do verbo e da ação no comportamento coerente da consciência; resultado da palavra ratificada pelo exemplo através dos testemunhos vividos pela conscin.

Verpon *(ver + pon)* – A *ver*dade relativa de *pon*ta é o conhecimento resultante das perquirições de vanguarda, própria da ciência, sujeita às refutações de todas as procedências e naturezas, contrária à verdade absoluta (dogma).

Vínculo consciencial – Ligação cosmoética, autolúcida, voluntária e policármica, entre o colaborador e uma instituição. O vínculo consciencial se situa além do vínculo empregatício.

Xenofrenia (Grego: *xenos,* estranho; *phrem,* mente) – Estado da consciência humana, fora do padrão normal da vigília física ordinária, induzido por agentes físicos, fisiológicos, psicológicos, farmacológicos ou parapsíquicos.

Xenopensene *(xeno + pen + sen + ene)* – O pensene intrusivo do assediador nas ocorrências de intrusão pensênica ou assedialidade; a *cunha mental;* a *unidade de medida* do assédio interconsciencial, segundo a Conscienciometria.

Zoopensene *(zoo + pen + sen + ene)* – O pensene do animal subumano, sem autoconsciencialidade; a *unidade de medida* do princípio consciencial do animal subumano, segundo a Conscienciometria.

Bibliografia Específica Exaustiva

Afetividade:

01. **Folha de S. Paulo;** Redação; ***Homem que deixou Mancha Roxa na Filha com Beijo é Absolvido;*** Jornal; Diário; Ano 83; N. 27.023; Caderno: *Cotidiano;* Seção: *Judiciário;* São Paulo, SP; 29.03.03; página C 3.

02. **Gava,** Renato; ***Muricy e Claudião, os Desafetos;*** *Diário Gaúcho;* Tablóide; Diário; Seção: *Esporte / Convivência Complicada;* 1 foto; Porto Alegre, RS; 17.09.03; página 9.

03. **Poniwass,** Luigi; ***Pedofilia, Incesto e Paixão*** (Peça "Como Aprende a Dirigir um Carro"); *O Estado do Paraná;* Jornal; Diário; Ano 52; N. 15.439; Seção: *Almanaque;* 1 foto; Curitiba, PR; 19.07.02; página 17.

04. **Vieira,** Waldo; ***Conscienciograma: Técnica de Avaliação da Consciência Integral;*** 344 p.; 100 folhas de avaliação; 2.000 itens; 4 índices; 11 enus.; 7 refs.; glos 282 termos; 150 abrevs.; alf.; 21 x 14 cm; br.; 1ª Edição; Rio de Janeiro, RJ; IIP; 1996; página 127.

05. **Vieira,** Waldo; ***Homo sapiens reurbanisatus;*** 1.584 p.; 479 caps.; 40 ilus.; 7 índices; 102 sinopses; 7.653 refs.; glos. 241 termos; 139 abrevs.; geo.; ono; alf.; 28 x 21 x 7 cm; enc.; Associação Internacional do Centro de Altos Estudos da Conscienciologia; Foz do Iguaçu, PR; 2003; página 694.

06. **Vieira,** Waldo; ***700 Experimentos da Conscienciologia;*** 1.058 p.; 700 caps.; 300 testes; 8 índices; 2 tabs.; 600 enus.; ono.; 5.116 refs.; geo.; glos. 280 termos; 147 abrev.; alf.; 28,5 x 21,5 x 7 cm; enc.; 1.ª edição; Rio de Janeiro, RJ; Brasil; Instituto Internacional de Projeciologia; 1994; páginas 256, 257, 338, 366, 367, 369, 698, 720, 727 e 731.

Afetividade – Amor:

07. **Folha de S. Paulo;** Redação; ***RS tem Santa dos Amores Contrariados;*** Jornal; Diário; Ano 83; N. 27.002; Caderno: *Folha Cotidiano;* São Paulo, SP; 08.03.03; página C 4.

08. **O Estado do Paraná;** Redação; ***Filosofia do Amor*** (Livro "O Banquete ou do Amor"); Jornal; Diário; Ano 52; N. 15.442; Seção: *Almanaque;* 1 foto; Curitiba, PR; 23.07.02; página 17.

09. **Petrocelli,** Renata; ***Amor que Não tem Cura;*** *Zero Hora;* Tablóide; Diário; Ano 40; N. 13.847; Caderno: *TV + Show;* Seção: *TV + Perfil;* 1 foto; Porto Alegre, RS; 20.07.03; página 12.

10. **Schelp,** Diogo; ***Contra o Amor;*** Entrevistada: Laura Kipnis; *Veja;* Revista; Semanário; Ano 37; N. 20; Ed. 1.854; Seção: *Entrevista;* 1 foto; São Paulo, SP; 19.05.04; páginas 11 a 15.

11. **Vieira,** Waldo; ***700 Experimentos da Conscienciologia;*** 1.058 p.; 700 caps.; 300 testes; 8 índices; 2 tabs.; 600 enus.; ono.; 5.116 refs.; geo.; glos. 280 termos; 147 abrev.; alf.; 28,5 x 21,5 x 7 cm; enc.; 1.ª edição; Rio de Janeiro, RJ; Brasil; Instituto Internacional de Projeciologia; 1994; página 365.

12. **Zaffari,** Fernanda; & **Andrade,** Guaracy; ***Amor de Top;*** *Zero Hora;* Tablóide; Diário; Ano 40; N. 13.847; Caderno: *Donna ZH;* Seção: *RSvip Gente;* 3 fotos; Porto Alegre, RS; 20.07.03; página 7.

Afetividade – Automobilismo:

13. **Massignan Filho,** Roberto; ***Para os Apaixonados por Carros;*** *Gazeta do Povo;* Jornal; Diário; Ano 84; N. 26.715; Seção: *Automóveis / Presentes de Natal;* 11 fotos; 1 enu.; 1 ilus.; Curitiba, PR; 15.12.03; página 2.

14. **Mattiussi,** Luciana; ***Paixão Argentina*** (Mundial de Rali); *Auto-esporte;* Revista; Mensário; N. 457; Seção: *Rali;* 6 fotos; São Paulo, SP; Junho, 2003; páginas 86 e 87.

15. **Primeira Linha**; Redação; ***Empresário une Paixão pelo Motociclismo ao Trabalho;*** Tablóide; Semanário; Ano XV; N. 723; Caderno: *Folha de Notícias;* Seção: *Perfil Empresarial;* 1 foto; Foz do Iguaçu, PR; 29.05.03-04.06.03; página 3.

Afetividade – Ciúme:

16. **Medeiros,** Martha; ***Ciúme das Coisas;*** Artigo; *Zero Hora;* Tablóide; Diário; Ano 40; N. 13.847; Caderno: *Donna ZH;* 1 ilus.; Porto Alegre, RS; 20.07.03; página 22.

17. **Sant'ana,** Paulo; ***Ciúme Não é Doença;*** Artigo; *Zero Hora;* Tablóide; Diário; Porto Alegre, RS; 18.11.96; página 71.

Afetividade – Inteligência:

18. **Goleman,** Daniel; ***Inteligência Emocional: A Teoria Revolucionária que redefine o que é Ser Inteligente;*** trad. Marcos Santarrita; 370 p.; 16 caps.; alf; 23 x 16 cm; 61ª ed.; Ed. Objetiva; Rio de Janeiro, RJ; 1995; páginas 69 a 71, 193 a 195 e 304.

Afetividade – Internet:

19. **Rojtenberg,** Charles; ***O Passo-a-passo do Amor On-line;*** *Veja;* Revista; Semanário; Ano 37; N. 1; Edição 1.835; Seção: *Contexto;* 2 ilus.; 1 tab.; São Paulo, SP; 07.01.04; página 35.

Afetividade – Literatura:

20. **Marthe,** Marcelo; ***140 Histórias de Amor*** (Nora Roberts & Ficção Romântica); *Veja;* Revista; Semanário; Ano 37; N. 1; Edição 1.835; Seção: *Livros;* 1 foto; estatísticas; São Paulo, SP; 07.01.04; páginas 108 e 109.

Afetividade – Paixão:

21. **Alves Filho,** Francisco; ***Paixão de Traficante;*** *IstoÉ;* Revista; Semanário; N. 1.381; Seção: *Perfil;* 1 foto; São Paulo, SP; 20.03.96; página 43.

22. **Berman,** Deborah; ***Paixão e Intimidade em Bico de Pena;*** *Manchete;* Revista; Semanário; Seção: *Literatura;* 3 citações; 10 fotos; Rio de Janeiro, RJ; 10.05.97; páginas 66 a 68.

23. **Eduardo,** Cléber; ***Paixão Acima das Barreiras*** (Filme *A Última Ceia); Época;* Revista; Semanário; Ano IV; N. 201; Semanário; Seção: *Cultura;* 1 foto; São Paulo, SP; 25.03.02; página 98.

24. **Navarro,** Jesse; ***Paixão por Um Condenado;*** *IstoÉ Gente;* Revista; Semanário; Ano III; N. 131; Seção: *Romance / Cláudia Liz;* 2 fotos; São Paulo, SP; 04.02.02; páginas 44 e 45.

25. **Schaffner,** Fábio; ***Bra-Pel, Clássico de Paixões;*** *Zero Hora;* Tablóide; Diário; Ano 40; N. 13.911; Caderno: *Esportes;* 1 foto; 1 tab.; Porto Alegre, RS; 22.09.03; página 12.

26. **Schilling,** Voltaire; ***Itália, a Paixão dos Alemães;*** Artigo; *Zero Hora;* Tablóide; Diário; Ano 40; N. 13.847; Seção: *Opinião;* Porto Alegre, RS; 20.07.03; página 17.

27. **Valiente,** Daniela; ***Futebol, a Paixão Nacional;*** *A Gazeta do Iguaçu;* Tablóide; Diário; Ano 14; N. 4.192; Caderno: *Caderno 2;* Seção: *Comportamento;* 5 fotos; Foz do Iguaçu, PR; 19.07.02; capa do caderno (manchete) e páginas 18 e 19.

28. **Veja;** Redação; ***Uma Paixão Argentina*** (Filme "Assassination Tango); Revista; Semanário; Ano 36; N. 15; Edição 1.798; Seção: *Gente;* 1 foto; São Paulo, SP; 16.04.03; página 98.

Afetividade – Parapatologia:

29. **Zero Hora;** Redação; ***Estudante morre ao Ser baleado por Amigo;*** Tablóide; Diário; Seção: *Geral;* Porto Alegre, RS; 10.09.03; página 37.

30. **Zero Hora;** Redação; ***Mulher ferida a Bala ao Receber Buquê;*** Tablóide; Diário; Ano 40; N. 13.907; Seção: *Polícia / Violência;* Porto Alegre, RS; 18.09.03; página 40.

Afetividade – Pedagogia:

31. **Sayão,** Rosely; ***Dar Afeto aos Filhos é Bem Diferente de Educar;*** Artigo; *Folha de S. Paulo;* Jornal; Diário; Caderno: *Folha Equilíbrio;* Seção: *S.O.S. Família;* 1 ilus.; São Paulo, SP; 12.06.03; página 5.

32. **Stadnik,** Liliana; ***A Afetividade como Mediadora do Ensinar e do Aprender: Uma Possibilidade Psicopedagógica para o Fazer Docente;*** Artigo; *Psicologia Brasil;* Revista; Mensário; Ano 1; N. 4; 2 fotos; São Paulo, SP; Dezembro, 2003; páginas 24 a 29.

Afetividade – Suicídio:

33. **Stenzel,** Clovis; ***Dor, Suicídio e Leis*** (Pai suicidou-se ao Ver Esposa e Filho Mortos após Acidente de Carro provocado por Ele); *Jornal do Comércio;* Tablóide; Diário; Seção: *Opinião;* Porto Alegre, RS; 19.07.2000; página 4.

Afetividade – Transferência:

34. **Gomes,** José Raimundo; ***Jung Apaixonado: A Secreta Simetria com Sabina Spielrein;*** Entrevistado: Aldo Carotenuto; *Ano Zero;* Revista; Mensário; N. 9; Seção: *Entrevista;* 1 ilus.; 7 fotos; Rio de Janeiro, RJ; Janeiro, 1992; páginas 42 a 47.

Afetividade – Vínculo:

35. **Brkanitch Filho,** Emilio; ***Vínculo Homem e Mulher;*** *Psicologia Brasil;* Revista; Mensário; Ano 1; N. 4; Seção: *Psicoterapia;* 3 fotos; São Paulo, SP; Dezembro, 2003; capa da revista e páginas 5 a 9.

36. **Hallack,** Jô; **Lemos,** Nina; & **Affonso,** Raq; ***O Amor é um Grande Laço;*** *Folha de S. Paulo;* Jornal; Diário; Ano 83; N. 27.095; Caderno: *Folha Teen;* Seção: *02 Neurônios;* 1 ilus.; 1 enu.; São Paulo, SP; 09.06.03; página 10.

Aproveitamento:

37. **Exame;** Redação; ***Lições do Fracasso;*** (Executivos e Empresários opinam sobre Fracasso); Revista; Quinzenário; Ano 32; N. 6; Ed. 684; Seção: *Fórum;* 4 fotos; 1 ilus.; São Paulo, SP; 24.03.99; páginas 127 e 128.

38. **Kawano,** Carmen; ***Números no Escuro;*** *Galileu;* Revista; Mensário; N. 152; Seção: *Eureca;* 1 ilus.; 4 fotos; 1 tab.; São Paulo, SP; Março, 2004; páginas 66 e 67.

39. **Vieira,** Waldo; ***Manual da Proéxis: Programação Existencial;*** 164 p.; 40 caps.; 10 refs.; 21 x 14 cm; IIPC; 3ª Edição; Rio de Janeiro, RJ; 2003; página 80, 106 e 111.

40. **Whiteman,** Vivian; ***Ler ou não Ler, eis a Questão;*** *Veja;* Revista; Semanário; Ano 34; N. 38; Suplemento: *Veja Jovens;* Seção: *Cultura;* 7 fotos; 1 tab.; São Paulo, SP; páginas 52 e 53.

Aproveitamento – Cronêmica:

41. **Chiari,** Tatiana; ***Na Luta Contra o Relógio;*** *Veja;* Revista; Semanário; Ed. 1643; Ano 33; N. 14; Seção: *Guia;* 4 fotos; 1 tab.; São Paulo, SP; 05.04.2000; páginas 146 e 147.

42. **Jardim,** Lauro; ***Apenas Dois Anos para Aproveitar a Novidade*** (Modelos Novos de Automóveis & Concorrência); *Veja;* Revista; Semanário; Ed. 1.835; Ano 37; N. 1; Seção: *Radar;* 1 foto; São Paulo, SP; 07.01.04; página 32.

43. **Lima,** Maurício; ***"Dez Anos em Poucos Meses"*** (Lula & Reformas da Previdência); *Veja;* Revista; Semanário; Ed. 1.798; Ano 36; N. 15; Seção: *Brasil;* 2 fotos; 1 tab.; São Paulo, SP; 16.04.03; páginas 76 e 77.

44. **Weinberg,** Monica; ***Em Busca do Tempo Perdido;*** *Veja;* Revista; Semanário; Ed.1632; Ano 33; N. 3; Seção: *Trabalho;* 6 fotos; 1 tab.; 2 grafs.; São Paulo, SP; 19.01.2000; páginas 62 a 67.

Aproveitamento – Desperdício:

45. **Essenfelder,** Renato; ***Desperdício pode "Roer" até 20% do Lucro;*** *Folha de S. Paulo;* Jornal; Diário; Caderno: *Classificados;* Seção: *Negócios / Dinheiro no Lixo;* 3 ilus.; São Paulo, SP; 02.02.03; página E 8.

Aproveitamento – Distinções:

46. **Superinteressante;** Redação; ***Qual é a Diferença entre Psiquiatra, Psicólogo e Psicanalista?*** Revista; Mensário; Ed. 196; Seção: *Grilo na Cuca;* 1 foto; São Paulo, SP; Janeiro, 2004; página 46.

Aproveitamento – Organização:

47. **Albuquerque,** Eliete; ***Agenda Organizada é Trunfo;*** *Zero Hora;* Tablóide; Diário; Caderno: *Empregos;* Seção: *Carreira;* 1 enu.; Porto Alegre, RS; 06.09.98; página 2.

48. **Gross,** Julio; ***Principles of Consciential Organization;*** *Journal of Conscientiology;* Vol. 2, N.º 5; IIPC Ed.; Miami, FL; Outubro, 1999; páginas 45 a 51.

Aproveitamento – Reciclagem:

49. **Lucchese,** Fernando A.; ***Pílulas para Viver Melhor: Dicas Práticas para sua Saúde;*** 140 p.; 25 caps.; 17 x 10 cm; 32ª ed.; L&PM Pocket; Porto Alegre, RS; 2001; página 14.

50. **PUCinformação;** Redação; ***Crises podem Provocar Criatividade;*** Informativo Universitário, Pontifícia Universidade Católica do Rio Grande do Sul; Bimensário; Ano XXIV; N. 107; Porto Alegre, RS; Novembro-Dezembro, 2000; página 9.

51. **Vieira,** Waldo; ***"Teoria e Prática (Teática) Conscienciológica";*** *Recéxis;* Revista; Ano 4; N. 3; Seção: *Entrevista;* 10 ilus.; 2 fotos; Publicação: *Grecex;* Março, 2000; páginas 18 a 27.

Aproveitamento – Saber:

52. **Baptista,** Cristina; ***A Dor de Nunca Saber o Bastante;*** *Veja;* Revista; Semanário; Ano 34; N. 35; Ed. 1.716; Seção: *Comportamento;* 1 ilus.; entrevista; 6 fotos; 2 enus.; São Paulo, SP; 05.09.01; páginas 62 a 66.

Assistencialidade:

53. **A Gazeta do Iguaçu;** Redação; ***Câmara aprova Projetos de Alimentação Popular;*** Tablóide; Diário; Ano 14; N. 4.237; Caderno: *Caderno 1;* Seção: *Cidade / Sopão;* 1 foto; Foz do Iguaçu, PR; 10.09.02; página 10.

54. **Mainardi,** Diogo; ***Parabéns para Mim***; *Veja;* Revista; Semanário; Ano 33; N. 5; 1 ilus.; São Paulo, SP; 02.02.2000; página 146.

55. **Negreiros,** Adriana; ***A Raiva ao Volante é Mortal;*** *Veja;* Revista; Semanário; Ano 34; N. 47; Ed. 1.728; Seção: *Trânsito;* 2 fotos; 1 teste; estatísticas; São Paulo, SP; 28.11.01; página 112.

56. **Veja;** Redação; ***O Melhor Cão de Guarda;*** Revista; Semanário; Ano 34; N. 23; Especial: *Sua Segurança;* Seção: *Sua Casa / Vigilância;* 6 fotos; 6 fichários; São Paulo, SP; páginas 86 e 87.

57. **Vieira,** Waldo; ***Auxílio (Assistenciologia);*** *Jornal do CEAEC;* Mensário; Ano 7; N. 80; Seção: *Boletim de Conscienciologia – 62;* Foz do Iguaçu, PR; Março, 2002; páginas 2 e 3.

58. **Vieira,** Waldo; ***Homo sapiens reurbanisatus;*** 1.584 p.; 479 caps.; 40 ilus.; 7 índices; 102 sinopses; 7.653 refs.; glos. 241 termos; 139 abrevs.; geo.; ono; alf.; 28 x 21 x 7 cm; enc.; Associação Internacional do Centro de Altos Estudos da Conscienciologia; Foz do Iguaçu, PR; 2003; página 238.

59. **Wilson,** Edward O.; ***Marchar ou Morrer;*** *Zero Hora;* Tablóide; Diário; Caderno: *Cultura / The New York Times Magazine;* Seção: *A Melhor Espécie;* 1 foto; Porto Alegre, RS; 27.12.99; página 10.

Assistencialidade – Ensino:

60. **A Gazeta do Iguaçu;** Redação; ***Parque Presidente II recebe Escola Ampliada;*** Tablóide; Diário; Ano 14; N. 4.237; Caderno: *Caderno 1;* Seção: *Educação;* 1 foto; Foz do Iguaçu, PR; 10.09.02; página 25.

61. **Paraguassú,** Lisandra; ***MEC aumenta Tempo de Cursos de Alfabetização;*** *O Globo;* Jornal; Diário; Seção: *O País;* Rio de Janeiro, RJ; 20.03.04; página 13.

62. **Perdoná,** Ciliany; ***STI inaugurou Escola Alexandre Zilli Neto;*** *A Gazeta do Iguaçu;* Tablóide; Diário; Ano 14; N. 4.237; Caderno: *Caderno 1;* Seção: *Região / Educação;* 2 fotos; Foz do Iguaçu, PR; 10.09.02; página 27.

Assistencialidade – Homenagens:

63. **Maisonnave,** Fabiano; ***Brasileiro é Homenageado por Salvar Judeus*** (Luís Martins de Souza Dantas); *Folha de S. Paulo;* Jornal; Diário; Ano 83; N. 27.100; Caderno: *Mundo;* Seção: *História;* 2 fotos; São Paulo, SP; 14.06.03; página A 18.

Assistencialidade – Resultados Colaterais:

64. **Almeida,** Julio G.; ***Resultado Concomitante Nocivo***; *Conscientia;* Revista Técnico-científica; Trimestral; Vol. 4; N. 2; 1 enu.; Foz do Iguaçu, PR; Abril-Junho, 2000; páginas 123 a 125.

65. **Vieira,** Waldo; ***Projeciologia: Panorama das Experiências da Consciência Fora do Corpo Humano;*** 1.248 p.; 525 caps.; 43 ilus.; 1.907 refs.; glos. 300 termos; 150 abrev.; ono.; geo.; alf.; 27 x 18,5 x 6 cm; enc.; 4a edição; Rio de Janeiro, RJ; Brasil; Instituto Internacional de Projeciologia e Conscienciologia; 1999; página 603.

66. **Xexéo,** Artur; ***Tudo Tem um Lado Bom e Outro Ruim***; *Jornal do Brasil;* Diário; Caderno: *Caderno B*; 1 ilus.; 1 foto; Rio de Janeiro, RJ; 22.11.98; página 10.

Assistencialidade – Serviço Social:

67. **Martinelli,** Maria Lúcia; ***O Serviço Social na Transição para o Próximo Milênio: Desafios e Perspectivas;*** Artigo; *Serviço Social & Sociedade;* Periódico Técnico-científico; Ano 19; N. 57; 1 ilus.; 16 refs.; Ed. Cortez; São Paulo, SP; Julho, 1998; páginas 133 a 148.

Assistencialidade – Tenepes:

68. **Vieira,** Waldo; ***Manual da Tenepes: Tarefa Energética Pessoal;*** 138 p.; 34 caps.; 5 refs.; glos. 282 termos; 21 x 14 cm; IIPC; Rio de Janeiro, RJ; 1995; página 33.

Convivialidade:

69. **Almeida,** Julio ***Immediate Thosene;*** *Journal of Conscientiology;* Periódico Técnico-científico; Quadrimestral; Vol. 6; N. 21; 12 enus.; 7 refs.; IAC; Miami; EUA; Julho, 2003; páginas 23 a 32.

70. **Corrêa,** Carlos; ***Os Chatos das Salas de Cinema;*** *Zero Hora;* Tablóide; Diário; Caderno: *Revista ZH Donna;* Seção: *Comportamento;* 1 foto; 3 ilus.; Porto Alegre, RS; 27.05.01; páginas 20 e 21.

71. **Ferroni**, Marcelo; ***Caixinha de Surpresas***; *IstoÉ;* Revista; Semanário; N. 1.720; Seção: *Ciência & Tecnologia*; 1 foto; São Paulo, SP; 18.09.02; página 100.

72. **François,** Jullien; ***Tratado da Eficácia;*** trad. Paulo Neves; 236 p.; 12 caps.; 21 x 14 cm; Editora 34; São Paulo, SP; 1998; páginas 183 a 200.

73. **IstoÉ;** Redação; ***Correios sem Pum;*** (Na Inglaterra, Agências dos Correios proibe Flatulência dos Funcionários no Local de Trabalho); Revista; Semanário; N. 1.702; Seção: *A Semana / Inglaterra;* São Paulo, SP; 15.05.02; página 20.

74. **Manchete;** Redação; ***Bailey Fatura Simpatia;*** Revista; Semanário; Seção: *Esportes;* 1 foto; Rio de Janeiro, RJ; 10.05.97; página 94.

75. **Oliveira,** Deise de; ***Em Paz com os Colegas;*** *Zero Hora;* Tablóide; Diário; Ano 40; N. 13.847; Caderno: *Empregos & Oportunidades;* 1 teste; 1 foto; 2 enus.; 1 tab.; Porto Alegre, RS; 20.07.03; capa do caderno e página 3.

76. **Varella,** Flávia; ***Vexame no Ar*** (Ator André Gonçalves tumultua Vôo); *Veja;* Revista; Semanário; Edição 1.708; Ano 34; N. 27; Seção: *Comportamento;* 5 fotos; estatísticas; 1 gráf.; São Paulo, SP; 11.07.01; páginas 88 e 89.

77. **Weil,** Pierre; ***Relações Humanas na Família e no Trabalho***; 48° Edição; Editora Vozes; Petrópolis, RJ; Brasil; 1998; páginas 25 a 32.

Convivialidade – Agressividade:

78. **Aronson,** Elliot; ***O Animal Social: Introdução ao Estudo do Comportamento Humano;*** trad. Noé Gertel; 312 p.; 9 caps.; 277 refs.; 21 x 14 cm; 2ª ed.; IBRASA; São Paulo, SP; 1986; páginas 149 a 175.

Convivialidade – Boas Maneiras:

79. **Baldrige,** Letitia; ***A Paladina das Boas Maneiras;*** *Ícaro Brasil;* Revista; Mensário; Ano XIV; N. 161; 4 fotos; 1997; páginas 54 a 57.

80. **Janeiro,** Iglezias; & **Daly,** Maureen; ***Regras Práticas de Boas Maneiras;*** 96 p.; 38 caps.; Ed. Antonio de Carvalho; 22 enus.; 4ª ed.; São Paulo, SP; 1961; páginas 8 e 35.

Convivialidade – Gafes:

81. **Folha de S. Paulo;** Redação; ***O Morto que Não tinha Morrido;*** Jornal; Diário; Ano 83; N. 27.095; Seção: *Esporte / Contra-ataque;* São Paulo, SP; 09.06.03; página D 2.

82. **Trindade,** Eliane; ***Grosserias Cucarachas*** (Gafes); *IstoÉ;* Revista; Semanário; N. 1.379; Seção: *Diplomacia;* 1 foto; São Paulo, SP; 06.03.96; página 90.

83. **Veja;** Redação; ***Natal sem Gafe;*** Revista; Semanário; Ed. 1.782; Ano 35; N. 50; Seção: *Guia;* 1 foto; São Paulo, SP; página 144.

Convivialidade – Hegemonia:

84. **Chomsky,** Noam; ***O Império Americano: Hegemonia ou Sobrevivência;*** trad. Regina Lyra; 274 p.; 9 caps.; alf.; 23 x 16 cm; Elsevier Editora; Rio de Janeiro, RJ; 2004; páginas 11, 12, 48 e 49.

Convivialidade – Laringochacra:

85. **Zero Hora;** Redação; ***Dia da Voz;*** Tablóide; Diário; Ano 38; N. 13.382; Caderno: *Vida;* 1 ilus.; 1 fichário; 1 teste; Porto Alegre, RS; 13.04.02; página 7.

Convivialidade – Rivalidade:

86. **Gazeta do Povo**; Redação; ***Mais Briga pela Audiência***; Jornal; Caderno: *G*; Ano 84; N. 26.715; 3 fotos; Curitiba, PR; 15.12.02; página 2.

Duplismo:

87. **Alegretti,** Wagner; ***Duplas Evolutivas;*** *BIPRO;* Boletim; Quinzenário; Vol. 5; N. 11; Seção: *Artigo;* Porto Alegre, RS; 11.04.98; página 6.

Duplismo – Agências:

88. **Guerra,** Carlos Alberto Morais; ***Paixão ao Primeiro Fax;*** *Claudia;* Artigo; Revista; Mensário; Ano 36; N. 9; Seção: *Palavra de Homem;* 1 foto; São Paulo, SP; Setembro, 1997; páginas 180 e 181.

89. **Leão,** Danuza; ***Cafetina Eletrônica ajuda Solteiros;*** *Folha de S. Paulo;* Jornal; Diário; Caderno: *Ilustrada;* Seção: *Televisão / Crítica;* São Paulo, SP; 15.06.03; página E 7.

Duplismo – Casamento:

90. **Carneiro,** Marcelo; ***Ph.D. em Casamento;*** Entrevistado: Chico Anysio; *Veja;* Revista; Semanário; Ano 33; N. 22; Ed. 1.651; 1 foto; São Paulo, SP; 31.05.2000; páginas 150 e 151.

91. **Chiari,** Tatiana; ***Aprendendo a Casar;*** (Curso para Noivos); *Veja;* Revista; Semanário; Ano 33; N. 13; Ed. 1.642; Seção: *Guia;* 2 fotos; 1 enu.; São Paulo, SP; 29.03.2000; páginas 204 e 205.

92. **Dubugras,** Elsie; ***As Teias do Casamento;*** *Planeta;* Revista; Mensário; Ed. 238; Ano 20; N. 7; Seção: *Fronteiras do Desconhecido;* São Paulo, SP; Julho, 1992; páginas 55 a 57.

Duplismo – Crise:

93. **Amaro,** Vera; ***Crise no Relacionamento;*** *Zero Hora;* Tablóide; Diário; Seção: *Geral / Viva Melhor;* Porto Alegre, RS; 07.06.98; página 52.

Duplismo – Diferenças:

94. **Kimura,** Doreen; ***Diferenças Cerebrais entre os Sexos;*** *Scientific American Brasil;* Revista; Mensário; 2 fotos; 3 gráfs.; 1 tab.; Brasil; Abril, 2004; capa da revista (chamada) e páginas 34 a 39.

95. **Negreiros,** Adriana; ***O Amor Sem Fronteira;*** *Veja;* Revista; Semanário; Ano 34; N. 32; Ed. 1.713; Seção: *Comportamento;* 3 fotos; São Paulo, SP; 15.08.01; páginas 88 e 89.

Duplismo – Distâncias:

96. **Camacho,** Marcelo; ***Ele Lá, Ela Acolá;*** *Veja;* Revista; Semanário; Ano 33; N. 10; Ed. 1.639; Seção: *Família;* 3 fotos; 1 tab.; São Paulo, SP; 08.03.2000; páginas 54 e 55.

97. **Nunomura,** Eduardo; ***Entre o Véu e as Grades;*** *Veja;* Revista; Semanário; Ano 33; N. 20; Ed. 1.649; Seção: *Casamento;* 5 fotos; São Paulo, SP; 17.05.2000; páginas 112 a 114.

Duplismo – Divórcio:

98. **Bydlowski,** Lizia; & **Oyama,** Thaís; ***Até que o Casamento os separe;*** *Veja;* Revista; Semanário; Ano 33; N. 12; Ed. 1.641; Seção: *Especial;* 2 ilus.; 7 fotos; 1 gráf.; 1 enu.; São Paulo, SP; 22.03.2000; páginas 120 a 124.

99. **Fantini,** Flamínio; & **Nunes,** Angela; ***Duelo na Separação Conjugal;*** (Partilha de Bens e Pensão Alimentícia); *Veja;* Revista; Semanário; Ano 34; N. 23; Ed. 1.704; Seção: *Especial;* 11 fotos; 3 enus.; 5 gráfs.; 3 estatísticas; São Paulo, SP; 13.06.01; páginas 122 a 129.

100. **Menconi,** Darlene; ***Divórcio;*** *IstoÉ;* Revista; Semanário; N. 1.699; Seção: *Século 21 / Internet;* São Paulo, SP; 24.04.02; página 98.

Duplismo – Encontros:

101. **Oates,** Joyce Carol; ***Quando Tristão encontrou Isolda;*** *Zero Hora;* Tablóide; Diário; Caderno: *Cultura / The New York Times Magazine;* Seção: *A Melhor Idéia;* 1 ilus.; Porto Alegre, RS; 27.12.99; página 32.

Duplismo – Escolha:

102. **Muggiati,** Anna; ***Os Mistérios do Amor;*** *Manchete;* Revista; Semanário; Seção: *Psicologia;* 3 fotos; Rio de Janeiro, RJ; 10.05.97; páginas 36 a 38.

Duplismo – Estabelecimentos:

103. **Fontenelle,** André; ***Paraísos da Paquera;*** *Veja;* Revista; Semanário; Ano 36; N. 15; Ed. 1.798; Seção: *Guia;* 1 foto; 1 tab.; São Paulo, SP; 16.04.03; páginas 110 e 111.

Duplismo – Manual:

104. **Vieira,** Waldo; ***Manual da Dupla Evolutiva;*** 208 p.; 40 caps.; 16 refs.; alf.; 21 x 14 cm; br.; 1ª edição; Rio de Janeiro, RJ; Instituto Internacional de Projeciologia e Consciencologia; 1997; página 102 e 107.

Exemplarismo:

105. **Claudia;** Redação; ***Do Tipo que Não manda Flores;*** Revista; Mensário; Ano 36; N. 9; Seção: *O Assunto é...;* 1 foto; São Paulo, SP; Setembro, 1997; página 22.

106. **Correio Braziliense;** Redação; ***Hitler e Gandhi disputam Mesmo Título*** (Eleição para "Personagem do Século"); Jornal; Diário; Seção: *Mundo;* Brasília, DF; 06.04.99; página 5.

107. **Gross,** Julio; ***Referencial Comparativo;*** *Journal of Conscientiology;* Vol. 4; N. 16; 18 refs.; 13 enus.; IAC; Miami; USA; Abril, 2002; páginas 291 a 301.

108. **Mainardi,** Diogo; ***Meu Conselho ao Presidente;*** Artigo; *Veja;* Revista; Ano 37; N. 12; Ed. 1.846; 1 foto; São Paulo, SP; 24.03.04; página 131.

109. **O Estado do Paraná;** Redação; ***Paulo Coelho, Enfim Imortal;*** Jornal; Diário; Ano 52; N. 15.445; Seção: *Almanaque;* 1 foto; Curitiba, PR; 26.07.02; página 17.

110. **PubliCidade;** Editorial; ***Seguindo o Exemplo;*** Tablóide; Semanário; Ano 1; N. 2; Seção: *Ao Leitor;* Foz do Iguaçu, PR; 22-28.10.02; página 2.

111. **Toledo,** Roberto Pompeu de; ***O Exemplo dos Bons Selvagens;*** Artigo; *Veja;* Revista; Semanário; Ano 33; N. 52; Ed. 1.681; Seção: *Ano 2000;* 3 fotos; 6 ilus.; São Paulo, SP; 27.12.2000; páginas 64 a 69.

112. **Veja;** Redação; ***Exemplo de Cima;*** Revista; Semanário; Seção: *Educação;* São Paulo, SP; 30.04.03; página 33.

Exemplarismo – Bons Exemplos:

113. **A Gazeta do Iguaçu,** Redação; ***Vila Rural é Exemplo para o Mundo, diz Zilda Arns;*** Tablóide; Diário; Ano 14; N. 4.194; Caderno: *Caderno 1;* Seção: *Geral / Ação Social;* 1 foto; Foz do Iguaçu, PR; 22.07.02; página 27.

114. **Castro,** Silvana de; ***Exemplo de Prosperidade nas Missões;*** *Zero Hora;* Tablóide; Diário; Ano 40; N. 13.847; Seção: *Geral;* 1 foto; Porto Alegre, RS; 20.07.03; página 33.

115. **CREA-PR;** Redação; ***Bom Exemplo: Software Livre;*** Revista; Bimensal; Ano 6; N. 24; Seção: *Tecnologia;* 1 ilus.; Curitiba, PR; Setembro-Outubro, 2003; página 19.

116. **Exame;** Redação; ***A Lista dos Melhores Exemplos;*** Revista; Quinzenário; Suplemento; *Guia de Boa Cidadania Corporativa;* Seção: *Nossos Critérios;* São Paulo, SP; 2000; páginas 32 e 33.

117. **Folha de S. Paulo;** Redação; ***Paraná dá Exemplo de Atendimento Médico;*** Jornal; Diário; Caderno: *Cotidiano;* Seção: *Infância;* 1 foto; São Paulo, SP; 31.03.03; página C 4.

118. **Inácio,** Ana Paula; ***Um Bom Exemplo;*** *O Estado do Paraná;* Jornal; Diário; Seção: *Cidades / Ponta Grossa;* 2 fotos; Curitiba, PR; 28.07.02; página 19.

119. **Salles,** José Bento Teixeira; ***Instituto Ayrton Senna: Um Exemplo a Ser Seguido;*** *Estado de Minas;* Diário; Seção: *Espetáculo / Opinião;* 1 foto; 04.06.99; página 4.

120. **Vassalo,** Cláudia; ***Um Caso Exemplar*;** *Exame;* Revista; Quinzenário; São Paulo, SP; 13.01.99; páginas 68 a 79.

121. **Veja;** Redação; ***Exemplo Chinês;*** Revista; Semanário; Ano 36; N. 44; Seção: *Holofote;* 1 foto; São Paulo, SP; 05.11.03; página 38.

122. **Zaché,** Juliane; ***Exemplo Brasileiro*** (Hospital Reconhecido como Centro de Excelência); *IstoÉ;* Revista; Semanário; N. 1.720; Seção: *Medicina & Bem-estar / Mulher;* 1 foto; São Paulo, SP; 18.09.02; página 60.

Exemplarismo – Ícones:

123. **Folha de S. Paulo;** Redação; ***Obra é Mergulho na Alma do Ícone Sexual Americano*** (Livro "Blonde"); Jornal; Diário; Caderno: *Ilustrada;* Seção: *Crítica;* São Paulo, SP; 01.03.03; capa do caderno (manchete).

Exemplarismo – Ídolos:

124. **Bloch,** Arnaldo; ***Que Fim levaram os Ídolos do Pop?;*** *O Globo;* Jornal; Diário; Caderno: *2º Caderno;* 6 fotos; Rio de Janeiro, RJ; 19.10.02; capa do caderno (manchete) e página 2.

125. **Manchete;** Redação; ***O Ídolo Vaiado;*** Revista; Semanário; Seção: *Esportes;* 3 fotos; Rio de Janeiro, RJ; 10.05.97; página 94.

Exemplarismo – Lição:

126. **Veja;** Redação; ***Lição de Democracia*** (EUA Reconhecem Sucesso das Eleições no Brasil); Revista; Semanário; Ano 33; N. 52; Ed. 1.681; Seção: *O Ano em que o Brasil deu Bom Exemplo;* 1 foto; São Paulo, SP; 27.12.2000; página 62.

Exemplarismo – Maus Exemplos:

127. **Charão,** Cristina; ***"Cuidado, sua Sanguessuga"*** (Protestos Contra as Roupas de Pele exibidas por Gisele Bündchen); *Veja;* Revista; Semanário; Ano 35; N. 45; Ed. 1.777; Seção: *Ecologia;* 6 fotos; 1 tab.; São Paulo, SP; 13.11.02; páginas 98 e 99.

128. **Côrtes,** Celina; ***Eu bebo, Sim*** (Cachaça Artesanal assinada por Artistas); *IstoÉ;* Revista; Semanário; N. 1.580; Seção: *Comportamento / Consumo;* 3 fotos; São Paulo, SP; 12.01.2000; páginas 60 e 61.

129. **Folha de S. Paulo;** Redação; ***Jogo vira Antiexemplo para Copa;*** Jornal; Diário; Caderno: *Folha Esporte;* São Paulo, SP; 12.06.03; página D 1.

130. **Valladares,** Ricardo; ***Mau Exemplo*** (Xuxa & A Personagem "Bruxa Keka"); *Veja;* Revista; Semanário; Ano 35; N. 50; Ed. 1.782; Seção: *Televisão;* 1 foto; São Paulo, SP; 18.12.02; página 148.

Exemplarismo – Modelos:

131. **Borges,** Maurício; ***Assentamento-modelo faz Festa da Colheita de Feijão;*** *Gazeta do Povo;* Jornal; Diário; Ano 85; N. 26.890; Seção: *Paraná / Produção;* 1 foto; Curitiba, PR; 10.06.03; página 6.

132. **Dutra,** Pedro; ***Modelo Equivocado;*** Artigo; *Época;* Revista; Semanário; N. 283; Seção: *Economia;* 1 foto; 1 ilus.; São Paulo, SP; 20.10.03; página 32.

133. **Strasbach,** Gilmar Tadeu; ***Modelo;*** *Gazeta do Povo;* Jornal; Diário; Ano 84; N. 26.651; Seção: *Opinião;* Curitiba, PR; 12.10.02; página 11.

134. **Veja;** Redação; ***Modelo de Equilíbrio Fiscal;*** Revista; Semanário; Ano 33; N. 52; Ed. 1.681; Seção: *O Ano em que o Brasil deu Bom Exemplo;* 1 foto; 1 tab.; São Paulo, SP; 27.12.2000; páginas 62 e 63.

135. **Vidal,** Gilberto; ***Foz ganhará Penitenciária Modelo Hoje;*** *A Gazeta do Iguaçu;* Tablóide; Diário; Ano 14; N. 4.192; Caderno: *Caderno 1;* Seção: *Polícia / Realidade;* 2 fotos; Foz do Iguaçu, PR; 19.07.02; página 30.

Exemplarismo – Padrões:

136. **Jornal do Brasil;** Redação; ***Romário, o Jogador-padrão do Fluminense;*** Diário; Caderno: *Esportes;* 1 foto; Rio de Janeiro, RJ; 20.03.04; página C 2.

Exemplarismo – Referências:

137. **Folha de S. Paulo;** Redação; ***Cidade de Araras vira Referência;*** Jornal; Diário; Caderno: *Cotidiano;* Seção: *Saúde;* São Paulo, SP; 17.02.03; página C 4.

138. **Maciel,** Zé Beto; ***Referência no Brasil, PNI enfrenta Desafios;*** *Adeafi – Informativo da Associação de Defesa e Educação Ambiental de Foz do Iguaçu;* Mensário; Ano II; N. 3; 3 fotos; Foz do Iguaçu, PR; Junho, 2003; página 9.

Exemplarismo – Subnivelamento:

139. **Annan,** Kofi; ***Ruim, mas Melhor;*** *Exame;* Revista; Quinzenário; The Economist; Ed. 782; Ano 36; N. 26; Seção: *Idéias;* 1 foto; São Paulo, SP; 25.12.02; páginas 34 e 35.

140. **Riding,** Alan; ***Mudar para quê? A França já é Perfeita;*** *Exame;* The Economist; Ed. 782; Ano 36; N. 26; Seção: *Europa;* 1 foto; São Paulo, SP; 25.12.02; páginas 72 e 73.

141. **Veja;** Redação; ***O Panorama das Populações e da Riqueza da Terra no Ano 2000;*** Revista; Semanário; 2 mapas; 12 tabs.; São Paulo, SP; 27.12.2000; páginas 152 a 155.

Grafopensenidade:

142. **Vieira,** Waldo; ***200 Teáticas da Conscienciologia;*** 260 p.; 200 caps.; 13 refs.; alf.; 21 x 14 cm; br.; 1ª edição; Rio de Janeiro, RJ; Instituto Internacional de Projeciologia e Conscienciologia; 1997; página 217.

143. **Vieira,** Waldo; ***Homo sapiens reurbanisatus;*** 1.584 p.; 479 caps.; 40 ilus.; 7 índices; 102 sinopses; 7.653 refs.; glos. 241 termos; 139 abrevs.; geo.; ono; alf.; 28 x 21 x 7 cm; enc.; Associação Internacional do Centro de Altos Estudos da Conscienciologia; Foz do Iguaçu, PR; 2003; páginas 66 a 76, 128, 138 e 139.

144. **Vieira,** Waldo; ***Projeciologia: Panorama das Experiências da Consciência Fora do Corpo Humano;*** 1.248 p.; 525 caps.; 43 ilus.; 1.907 refs.; glos. 300 termos; 150 abrev.; ono.; geo.; alf.; 27 x 18,5 x 6 cm; enc.; 4a edição; Rio de Janeiro, RJ; Brasil; Instituto Internacional de Projeciologia e Conscienciologia; 1999; página 21.

Grafopensenidade – Anotações:

145. **Almeida,** Júlio; ***Anotações Utilitárias (Comunicologia);*** *Conscientia;* Periódico Técnico-científico; Trimestral; Vol. 5; N. 4; 11 enus.; 8 refs.; CEAEC; Foz do Iguaçu, PR; Outubro-Dezembro, 2001; páginas 165 a 169.

146. **IstoÉ;** Redação; ***Escrita Terapêutica;*** Revista; Semanário; N. 1.718; Seção: *Viva Bem;* 1 foto; São Paulo, SP; 04.09.02; página 71.

147. **Musskopf,** Tony; ***Autopesquisa Técnica na Invéxis;*** *Gestações Conscienciais;* Antologia; 268 p.; Vol. 4; 19 refs.; 2 enus.; 21 x 14 cm; Rio de Janeiro, RJ; 2003; páginas 214 a 224.

148. **Vieira,** Waldo; ***Manual de Redação da Conscienciologia;*** 276 p.; 2ª edição, Revisada; Foz do Iguaçu, PR; Centro de Altos Estudos da Consciência; 2002; páginas 131, 136, 193 e 204.

149. **Vieira,** Waldo; ***700 Experimentos da Conscienciologia;*** 1058 p.; 700 caps.; 300 testes; 8 índices; 2 tabs.; 600 enu.; 5.116 refs.; glos. 280 termos; 1ª edição; Rio de Janeiro, RJ; Instituto Internacional de Projeciologia; 1994; página 115 e 753.

150. **Vieira,** Waldo; ***Temas da Conscienciologia;*** 232 p.; 90 caps.; 16 refs.; 1ª edição; Rio de Janeiro, RJ; Instituto Internacional de Projeciologia e Conscienciologia; 1997; página 10.

Grafopensenidade – Arte:

151. **Gasset,** José Ortega y; ***A Desumanização da Arte;*** 93 p.; 14 caps.; 21 x 14 cm; tradução: Ricardo Araújo; Revisão: Vicente Cechelero; Prefácio: Ricardo Araújo; Título original: *La Seshumanización del Arte;* Volume 2; Biblioteca da Educação; Série 7, Arte e Cultura; Cortez Editora; 1 enu.; 1 cronologia; São Paulo, SP; 1990; páginas 43, 50, 67 e 68.

152. **Gaudio,** Roberto; ***Você Sabia que há Gatos que Pintam?;*** *Pulo do Gato;* Revista; Bimensário; Edição 17; Seção: *Comportamento;* 1 fotomontagem; Campinas, SP; páginas 20 e 21.

Grafopensenidade – Autopromoção:

153. **Alves Filho,** Francisco; ***Mais que 15 Minutos;*** *IstoÉ;* Revista; Semanário; N. 1.702; Seção: *Sociedade;* 6 fotos; 3 citações; São Paulo, SP; 15.05.02; páginas 66 e 67.

Grafopensenidade – Autoria:

154. **Graieb,** Carlos; ***Miopia Autoral*** (Livro "Ensaio sobre a Lucidez"); *Veja;* Revista; Semanário; Ano 37; N. 12; Ed. 1.846; Seção: *Livros;* 1 foto; São Paulo, SP; 24.03.04; página 129.

Grafopensenidade – Dicionários:

155. **Clemente,** Elvo; ***Aventura de um Dicionário;*** Artigo; *Zero Hora;* Tablóide; Diário; Ano 35; N. 12.052; Seção: *Opinião;* Porto Alegre, RS; 16.08.98; página 13.

Grafopensenidade – Escrita:

156. **Nonato,** Alexandre; ***A Importância de Escrever;*** Artigo; *Bipro;* Boletim; Quadrimestral; Vol. 5; N. 11; Seção: *Artigo;* Porto Alegre, RS; 11.04.98; páginas 3 e 4.

Grafopensenidade – Estilística:

157. **Vieira,** Waldo; ***Estilo Exaustivo (Comunicologia);*** *Boletins de Conscienciologia;* Periódico Técnico-científico; Vol. 1; N. 1; 2 enus.; Foz do Iguaçu, PR; Janeiro-Dezembro, 1999; páginas 19 e 20.

Grafopensenidade – Fama:

158. **Calaprice,** Alice; Compilação e Edição; ***Assim falou Einstein;*** trad. Fausto Wolff; Introd. Freeman Dyson; 21 x 14 cm; Civilização Brasileira; Rio de Janeiro; 1998; página 41.

159. **Perrone,** Marcelo; ***Um Ídolo reduzido a sua Sombra;*** (Nova Denúncia pode Significar Fim da Carreira de Michael Jackson); *Zero Hora;* Tablóide; Diário; Ano 40; N. 13.973; Seção: *Mundo / Gente;* 8 fotos; 1 cronologia; 1 enu.; Porto Alegre, RS; 23.11.03; página 32.

160. **Toledo,** Roberto Pompeu; ***Delícias e Opressão do Salto Alto;*** Artigo; *Veja;* Revista; Semanário; N. 1.773; Seção: *Ensaio;* 1 foto; São Paulo, SP; 16.10.02; página 146.

Grafopensenidade – Grafologia:

161. **Minicucci,** Agostinho; ***Grafoanálise: A Nova Abordagem da Grafologia, Teoria e Sistemas;*** 191 p.; Editora Atlas; São Paulo; 1991.

162. **Oliveira,** Maurício; ***Vale o que está Escrito;*** *Veja;* Revista; Semanário; Ano 34; N. 44; Ed. 1.726; Seção: *Guia;* 1 foto; São Paulo, SP; 07.11.01; páginas 128 e 129.

Grafopensenidade – Idéias:

163. **Aragão**, Wágner de Alcântara; ***Olho Clínico e Boas Idéias rendem Dinheiro no Bolso de Inventores***; *Gazeta do Povo;* Jornal; Diário; Ano 84; N. 26.687; Caderno: *Economia*; Seção: *Empreendedorismo*; 2 fotos; Curitiba, PR; 17.11.02; páginas 4 e 5.

164. **CEAEC**, Jornal do; Redação; ***Holociclo: Celeiro das Idéias de Ponta;*** Ano 6; N. 66; Seção: *CEAEC em Resumo*; Foz do Iguaçu, PR; Janeiro, 2001; página 4.

165. **Diamon,** Jared; ***A Invenção é a Mãe da Necessidade;*** *Zero Hora;* Tablóide; Diário; Caderno: *Cultura / The New York Times Magazine;* Seção: *A Melhor Invenção;* 3 fotos; Porto Alegre, RS; 27.12.99; páginas 22 e 23.

166. **Furtado,** José Maria; ***Um Prêmio para sua Idéia;*** *Exame;* Revista; Quinzenário; Ano 36; N. 24; Ed. 780; São Paulo, SP; 27.11.02; página 105.

167. **Gazeta do Povo;** Redação; ***Associação quer Derrubar Barreiras que impedem Sucesso dos Criadores;*** Jornal; Diário; Ano 84; N. 26.687; Caderno: *Economia;* Seção: *Empreendedorismo;* Curitiba, PR; 17.11.02; página 4.

168. **Veja**; Redação; ***Em Busca de Idéias***; Revista; Semanário; Seção: *Administração*; 2 fotos; 1 tab.; São Paulo, SP; 17.07.96; páginas 102 e 103.

169. **Vieira**, Waldo; ***Fundamentosida Era Consciencial;*** *Anales*, 1er FIC (Forum Internacional de Investigación de la Conciencia); II CIPRO (Congresso Internacional de Proyecciología); Barcelona, España; Ed. IIPC, Rio de Janeiro, RJ; 21 a 24 de octubre'99; páginas 39 a 45.

Grafopensenidade – Incompletude:

170. **Vieira,** Waldo; ***Projeciologia: Panorama das Experiências da Consciência Fora do Corpo Humano;*** 1.248 p.; 525 caps.; 43 ilus.; 1.907 refs.; glos. 300 termos; 150 abrev.; ono.; geo.; alf.; 27 x 18,5 x 6 cm; enc.; 4ª edição; Rio de Janeiro, RJ; Brasil; Instituto Internacional de Projeciologia e Conscienciologia; 1999; página 21.

Grafopensenidade – Internet:

171. **Fernandes,** Manoel; ***O que Vale é o Conteúdo;*** *Veja;* Revista; Semanário; Ano 33; N. 3; Ed. 1.632; 2 ilus.; 1 foto; São Paulo, SP; 19.01.2000; páginas 104 e 105.

172. **Rocha,** Patrícia; ***Escritoras Virtuais*** *(Blogs); Zero Hora;* Tablóide; Diário; Ano 40; N. 13.973; Caderno: *Donna;* Seção: *Literatura;* 5 fotos; sites; citações; Porto Alegre, RS; 23.11.03; páginas 4 e 5.

173. **Zilveti,** Marijô; ***Videomail ressuscita e põe Escrita de Lado;*** *Folha de S. Paulo;* Jornal; Diário; Seção: *Informática / Comunicação;* 1 tab.; 8 sites; 8 fotos; São Paulo, SP; 18.09.02; página F 9.

Grafopensenidade – Observação:

174. **Powers,** Richard; ***De Olhos Bem Abertos;*** *Zero Hora;* Tablóide; Diário; Caderno: *Cultura / The New York Times Magazine;* Seção: *A Melhor Invenção;* 1 foto; Porto Alegre, RS; 27.12.99; páginas 34 a 36.

Grafopensenidade – Publicação:

175. **Nunes,** Maria Lúcia Tiellet; Consultoria, Supervisão e Revisão Técnica; ***Manual de Publicação da American Psychological Association;*** trad. Daniel Bueno; 328 p.; 41 caps.; 25 x 18 cm; 4ª ed.; Artmed; Porto Alegre, RS; 2001; páginas 32, 33 e 46.

Humorismo:

176. **Almeida,** Júlio; ***Qualificação Humorística;*** *Conscientia;* Periódico Técnico-científico; Trimestral; Vol. 6; N. 2; 12 enus.; 33 refs.; CEAEC; Foz do Iguaçu, PR; Junho, 2002; páginas 56 a 63.

177. **Vieira,** Waldo; ***Homo sapiens reurbanisatus;*** 1.584 p.; 479 caps.; 40 ilus.; 7 índices; 102 sinopses; 7.653 refs.; glos. 241 termos; 139 abrevs.; geo.; ono; alf.; 28 x 21 x 7 cm; enc.; Associação Internacional do Centro de Altos Estudos da Conscienciologia; Foz do Iguaçu, PR; 2003; páginas 236, 382, 636, 650, 722, 792, 968 e 1.105.

Humorismo – Bom Humor:

178. **Correio Braziliense;** Redação; ***O Senso de Humor que pode Salvar;*** Jornal; Diário; Caderno: *1º Caderno;* Seção: *Mundo;* Brasília, DF; 17.05.99; página 3.

179. **Lauth,** Aloisius Carlos; ***Piada de Português?;*** *Exame;* Revista; Quinzenário; Edição 780; Ano 36; N. 24; Seção: *Cartas;* São Paulo, SP; 27.11.02; páginas 10 e 11.

180. **Maia,** Cecília; ***Doutor em Palhaçada;*** *IstoÉ Gente;* Revista; Semanário; Ano III; N. 134; Seção: *Profissão / Marcelo Beré;* 5 fotos; São Paulo, SP; 25.02.02; páginas 60 e 61.

181. **Pastore,** Karina; & **Poles,** Cristina; ***O Humor afasta Doenças;*** *Veja;* Revista; Semanário; Edição 1.708; Ano 34; N. 27; 4 fotos; 2 ilus.; 1 cronologia; 1 fichário; São Paulo, SP; 11.07.01; páginas 98 a 101.

182. **Tudo;** Redação; ***De Bem com a Vida;*** Revista; Semanário; N. 8; Seção: *Bem-estar;* 1 foto; São Paulo, SP; página 47.

183. **Voitch,** Guilherme; ***Garis enfrentam Rotina com Bom Humor e Alegria;*** *O Estado do Paraná;* Jornal; Diário; Seção: *Cidades;* 2 fotos; Curitiba, PR; 30.07.02; página 9.

Humorismo – Cérebro:

184. **Ramachandran,** V. S.; & **Blakeslee,** Sandra; ***Fantasmas no Cérebro;*** trad. Antonio Machado; pref. Oliver Sacks; 418 p.; 12 caps.; 233 refs.; 23 x 16 cm; Record Ed.; Rio de Janeiro / São Paulo; 2002; páginas 253 a 267.

Humorismo – História:

185. **Minois,** Georges; ***História do Riso e do Escárnio;*** trad. Maria Elena O. Ortiz Assumpção; 654 p.; 15 caps.; ono.; 22,5 x 16 x 3,5 cm; Unesp; São Paulo, SP; 2003; páginas 15, 30, 127 e 128.

Humorismo – Lingüística:

186. **Possenti,** Sírio; ***Os Humores da Língua: Análises Lingüísticas de Piadas;*** 152 p.; 10 caps.; 7 ilus.; 10 enus.; 28 refs.; 21 x 14 cm; br.; Mercado de Letras; São Paulo, SP; 1998; páginas 14 e 17.

Humorismo – Literatura:

187. **Medeiros,** Jotabê; ***Há um Tanto de Crueldade no Humor, diz Autor*** (Livro *Os 100 Melhores Contos de Humor da Literatura Universal); O Estado de S. Paulo;* Jornal; Diário; Ano 122; N. 39.506; Caderno: *Caderno 2 / Cultura;* Seção: *A Alegria na Literatura;* 2 fotos; 2 ilus.; São Paulo, SP; 16.12.01; página D 5.

Humorismo – Mau Humor:

188. **Ano Zero Ciência;** Redação; ***Psicólogos investigam o Mau Humor;*** Revista; Mensário; Ano III; N. 30; Seção: *Fórmula da Felicidade;* Rio de Janeiro, RJ; Outubro, 1993; página 8.

189. **Boscov,** Isabela; ***Gênio do Mau Humor;*** *Veja;* Revista; Semanário; Seção: *Cinema;* 1 fichário; 3 fotos; São Paulo, SP; 26.07.2000; páginas 146 a 148.

190. **Campello,** Rachel; ***Mau Humor mata;*** *Veja;* Revista; Semanário; Seção: *Saúde;* 1 teste; 1 foto; São Paulo, SP; 17.05.2000; página 83.

191. **Carneiro,** Marcelo; ***Piada Sem Graça;*** *Veja;* Revista; Semanário; Ano 33; N. 35; Ed. 1.664; 1 foto; São Paulo, SP; 30.08.2000; página 155.

192. **Castro,** Ruy; ***O Melhor do Mau Humor;*** Antologia; 154 p.; 1.427 citações; 23 ilus.; ono.; 21 x 14 cm; br.; 6ª. imp.; Companhia das Letras; São Paulo, SP; 1990; página 5.

193. **Góis,** Antônio; **Mena,** Fernanda; & **Werneck,** Guilherme; ***Amiguinhos da Onça*** (Bullying); *Folha de S. Paulo;* Jornal; Diário; Ano 83; N. 27.095; Caderno: *Folha Teen;* Seção: *Brincadeiras de Mau Gosto;* 1 foto; estatísticas; 5 ilus.; 4 gráfs.; São Paulo, SP; 09.06.03; capa do caderno (manchete) e páginas 6 e 7.

194. **IstoÉ;** Redação; ***Brad Pitt, o Mal-humorado;*** Revista; Semanário; N. 1.381; Seção: *Gente;* São Paulo, SP; 20.03.96; página 78.

195. **Jornal do Brasil;** Redação; ***Eliminado, Neco dá Show de Mau Humor no Surfe;*** Diário; Caderno: *Esportes;* 1 foto; Rio de Janeiro, RJ; 26.10.02; página C 5.

196. **Lago,** Paula; ***O Mal do Mau Humor*** (Humor & Profissionalismo); *Folha de S. Paulo;* Jornal; Diário; Ano 84; N. 27.395; Caderno: *Classificados;* Seção: *Empregos;* 2 fotos; 2 tabs.; São Paulo, SP; 04.04.04; página F 1.

197. **Pereira,** Cilene; & **Castellón,** Lena; ***O Mapa do Mau Humor;*** *IstoÉ;* Revista; Semanário; N. 1.690; Seção: *Viva Bem / Cérebro;* 1 foto; São Paulo, SP; 20.02.02; página 47.

198. **Zero Hora;** Redação; ***Achando Graça na Baixaria;*** Tablóide; Diário; Ano 39; N. 13.522; Caderno: *2º;* Seção: *Hoje na TV;* 1 foto; Porto Alegre, RS; 27.08.02; página 8.

Humorismo – Pegadinhas:

199. **Valladares,** Ricardo; ***O Horror, o Horror*** (Pegadinha Sádica com Cocaína Falsa); *Veja;* Revista; Semanário; Ano 33; N. 33; Ed. 1.662; Seção: *Televisão;* 4 fotos; São Paulo, SP; 16.08.2000; página 139.

Humorismo – Projeciologia:

200. **Vieira,** Waldo; ***Projeciologia: Panorama das Experiências da Consciência Fora do Corpo Humano;*** 1.248 p.; 525 caps.; 43 ilus.; 1.907 refs.; glos. 300 termos; 150 abrev.; ono.; geo.; alf.; 27 x 18,5 x 6 cm; enc.; 4a edição; Rio de Janeiro, RJ; Brasil; Instituto Internacional de Projeciologia e Conscienciologia; 1999; páginas 38 e 195.

Humorismo – Riso:

201. **Boscov,** Isabela; ***Rir para Esquecer;*** *Veja;* Revista; Semanário; Ano 33; N. 25; Ed. 1.654; Seção: *Cinema;* 1 foto; São Paulo, SP; 21.06.2000; página 162.

202. **Calil,** Ricardo; ***Na Captura do Riso*** (Filme "Onde anda Você"); *Época;* Revista; Semanário; N. 307; 1 foto; São Paulo, SP; 05.04.04; página 91.

203. **Eduardo,** Cléber; ***Para Rir com os Atores*** (Filme "A Máfia volta ao Divã"); *Época;* Revista; Semanário; N. 255; Seção: *Cinema;* 1 foto; São Paulo, SP; 07.04.03; página 81.

204. **Gaspar,** Malu; ***Do que Eles tanto Riem?;*** *Veja;* Revista; Semanário; Ed. 1.846; Ano 37; N. 12; Seção: *Brasil;* 10 fotos; São Paulo, SP; 24.03.04; páginas 38 a 42.

205. **IstoÉ;** Redação; ***Mulher desmaia de Tanto Gargalhar;*** Revista; Semanário; N. 1.699; Seção: *Itália;* São Paulo, SP; 24.04.02; página 21.

206. **Marques,** Fabrício; & **Mansur,** Alexandre; ***O Tribunal da Gargalhada*** (Eleição Mundial da Piada mais Engraçada); *Época;* Revista; Semanário; N. 230; Seção: *Humor;* 9 ilus.; 1 foto; São Paulo, SP; 14.10.02; páginas 84 a 86.

207. **Moody Jr.;** Raymond A.; ***Cura pelo Poder do Riso;*** Trad. Wilma Ronald de Carvalho; 150 p.; 9 caps.; 21 x 14 cm; Nordica; Rio de Janeiro, RJ; 1978.

208. **Xico Sá; *Ri Melhor Quem Ri;*** *Folha de S. Paulo;* Jornal; Diário; Suplemento; *Sinapse;* N. 12; Seção: *Leituras Cruzadas;* 6 fotos; 3 livros; citações; São Paulo, SP; 24.06.03; páginas 22 a 24.

Humorismo – Sexualidade:

209. **Sabbag,** Ricardo; ***Humor & Sacanagem*** (Livro *Sexo é uma Coisa Suja*); *Gazeta do Povo;* Jornal; Diário; Caderno: *G;* Seção: *Quadrinhos;* 1 ilus.; 1 foto; 1 minicurrículo; Curitiba, PR; 10.06.03; capa do caderno.

Humorismo – Sorriso:

210. **Bock,** Lia; ***Sorria!;*** *IstoÉ;* Revista; Semanário; N. 1.729; Seção: *Medicina & Bem-estar; Beleza;* 1 foto; São Paulo, SP; 20.11.02; página 56.

211. **Cunha,** César Pereira da; ***Estética em Ortodontia: Beleza e Jovialidade para o seu Sorriso;*** Artigo; *Sala de Espera;* Revista; Trimestral; Ano VI; Ed. 31; Seção: *Ortodontia;* 5 fotos; Porto Alegre, RS; Dezembro, 2001-Fevereiro, 2002; página 36.

212. **Gryzinski,** Vilma; ***À Espera do Sorriso*** ("Padrão Sorriso" no Pós-guerra do Iraque); *Veja;* Revista; Semanário; Ano 36; N. 14; Ed. 1.797; 3 fotos; São Paulo, SP; 09.04.03; páginas 64 a 68.

213. **Puricelli,** Edela; et al; ***Cirurgia Bucomaxilofacial – Priorizando a Função;*** Artigo; *Sala de Espera;* Revista; Trimestral; Ano VI; Ed. 31; Seção: *Cirurgião Dentista;* 25 fotos; Porto Alegre, RS; Dezembro, 2001-Fevereiro, 2002; páginas 32 e 33.

214. **Salomone,** Roberta; ***O Botox do Sorriso*** (Facetas de Porcelana); *Veja;* Revista; Semanário; Edição 1.846; Ano 37; N. 12; Seção: *Beleza;* 1 foto; 1 fichário; São Paulo, SP; 24.03.04; página 76.

215. **Souza,** Mário Marcos de; ***O Pequeno Ali volta a Sorrir;*** *Zero Hora;* Tablóide; Diário; Ano 40; N. 13.907; Seção: *Esportes / Bola Dividida;* 2 fotos; Porto Alegre, RS; 18.09.03; página 53.

Humorismo – Televisão:

216. **Bernardo,** André; ***Rir é o Melhor Negócio;*** Entrevistado: Luiz Fernando Guimarães; *Zero Hora;* Tablóide; Diário; Ano 39; N. 13.404; Caderno: *TV+especial;* 1 microbiografia; 3 fotos; Porto Alegre, RS; 05.05.02; primeira página (chamada), 6 e 7.

217. **Fonseca,** Celso; & **Propato,** Valéria; ***Rir é o Melhor Remédio*** (Programas Humorísticos & Briga pela Audiência); *IstoÉ;* Revista; Semanário; N. 1.541; Seção: *Artes & Espetáculos / Televisão;* 3 fotos; São Paulo, SP; 14.04.99; páginas 94 e 95.

218. **Mendonça,** Martha; ***Rir dá o Maior Ibope; Época;*** Revista; Semanário; Seção: *Televisão;* 2 fotos; 26.04.04; São Paulo, SP.

219. **Paiva,** Anabela; ***Rir é o Melhor Ibope; Época;*** Revista; Semanário; Ano 1; N. 23; Seção: *Cultura / Televisão;* 17 fotos; 1 fotomontagem; São Paulo, SP; 26.10.98; páginas 84 a 90.

220. **Sordili,** Aline; ***Vale a Pena Ver de Novo?*** (Velhas Fórmulas de Humor); *Folha de S. Paulo;* Jornal; Diário; Caderno: *Tvfolha;* 5 fotos; São Paulo, SP; 20.06.99; páginas 8 e 9.

221. **Teixeira,** Rodrigo; ***Humor Velha-guarda;*** *Correio Braziliense;* Jornal; Diário; Caderno: *Correio da TV;* 1 foto; Brasília, DF; 20.06.99; página 16.

Invexibilidade:

222. **Brownlee,** Shammon; ***Instabilidade de Adolescente é determinada pelo Cérebro;*** *O Estado de S. Paulo;* Jornal; Diário; São Paulo, SP; 15.08.99.

223. **Balona,** Málu; ***Síndrome do Estrangeiro;*** pref. Waldo Vieira; 310 p.; 14 caps.; 494 refs.; 21 x 14 cm; 2ª Edição; IIPC; Rio de Janeiro, RJ; 2000; páginas 85 e 86.

224. **Feitosa,** Sebastião; ***Holopensene da Invéxis;*** *Gestações Conscienciais;* Coletânea de Artigos, GPC-Grinvex; Vol. 2; Organização: *Debora Machado, Marcelo Costa e Rodrigo Felismino;* Rio de Janeiro, RJ; 1996; páginas 88 e 89.

225. **Folha de S. Paulo;** Redação; ***Drogas na Universidade;*** Jornal; Diário; Ano 83; N. 27.102; Seção: *Opinião / Editoriais;* São Paulo, SP; 16.06.03; página A 2.

226. **Pulso Latino-americano;** Redação; ***Jovens & Adolescentes SA;*** Tablóide; Mensário; Seção: *Primeira Página;* 1 foto; 4 gráfs.; Miami, Flórida; USA; Março, 2001; páginas 4 e 5.

227. **Pulso Latino-americano;** Redação; ***Juventude Consumidora;*** Tablóide; Mensário; Seção: *Primeira Página;* 1 enu.; 1 foto; Miami, Flórida; USA; Março, 2001; primeira página (manchete) e 3.

228. **Razera,** Graça; ***Hiperatividade Eficaz: Uma Escolha Consciente;*** pref. João Bonassi; 258 p.; 19 caps.; 218 refs.; 21 x 14 cm; IIPC; Rio de Janeiro, RJ; 2001; páginas 105, 106, 117, 143 e 163.

229. **Sabbi,** Deroni; ***Adolescência e Computação;*** *Zero Hora;* Tablóide; Diário; Seção: *Viva Melhor;* 1 questão; Porto Alegre, RS; 21.06.98; página 40.

230. **Sastre,** Sebastián; **Fuentes,** Natalia; **Limbrunner,** Lucas; & **Nieto,** Mariana; ***Flos Jóvenes en la Argentina: ¿Cómo son? ¿Qué quieren? ¿Qué necesitan?;*** *Conscientia;* Periódico Técnico-científico; Trimestral; Vol. 6; N. 1; Foz do Iguaçu, PR; Janeiro-Março, 2002; páginas 22 a 27.

231. **Soninha;** Redação; ***Os Jovens de Hoje e os Mistérios de Sempre;*** Artigo; *Veja;* Revista; Semanário; Ano 33; N. 52; Ed. 1.681; Seção: *Ano 2000 / O Mundo Adolescente;* 2 ilus.; 6 fotos; São Paulo, SP; 27.12.2000; páginas 112 a 114.

232. **Veja;** Redação; ***Eles Estão Mais Vulneráveis;*** Revista; Semanário; Ano 34; N. 23; Seção: *Sua Família / Adolescentes;* 2 fotos; 1 gráf.; 2 tabs.; São Paulo, SP; páginas 22 a 24.

233. **Veja;** Redação; ***Os Meninos da Guerra;*** Revista; Semanário; Ano 33; N. 52; Ed. 1.681; Seção: *Ano 2000 / O Mundo Adolescente;* 1 foto; São Paulo, SP; 27.12.2000; página 110.

Léxicos:

234. **Houaiss,** Antônio; & **Villar,** Mauro de Salles; ***Dicionário Houaiss da Língua Portuguesa;*** LXXXIV + 2.922 p.; glos. 228.500 termos; 1.301 abrevs.; 804 refs.; 31 x 22 x 7 cm; enc.; Editora Objetiva; Rio de Janeiro, RJ; 2001; páginas 334, 554, 651, 714, 943, 1061, 1242, 1536, 1539, 1836 e 2326.

Liberdade:

235. **IstoÉ;** Redação; ***Mais Liberdade*** (Cadeira de Rodas para Levantar Verticalmente o Usuário); Revista; Semanário; N. 1.697; Seção: *Viva Bem / Boa Notícia;* 1 foto; São Paulo, SP; 10.04.02; página 59.

236. **Medeiros,** Martha; ***Liberdade, a Palavra;*** *Zero Hora;* Tablóide; Diário; Caderno: *Revista ZH Donna;* 1 ilus.; Porto Alegre, RS; 27.05.01; página 26.

237. **Vicenzi,** Luciano; ***Coragem para Evoluir;*** pref. Málu Balona; 188 p.; 8 caps.; 50 refs.; glos; 29 termos; 21 x 14 cm; IIPC; Rio de Janeiro, RJ; 2001; página 15.

238. **Vieira,** Waldo; ***Homo sapiens reurbanisatus;*** 1.584 p.; 479 caps.; 40 ilus.; 7 índices; 102 sinopses; 7.653 refs.; glos. 241 termos; 139 abrevs.; geo.; ono; alf.; 28 x 21 x 7 cm; enc.; Associação Internacional do Centro de Altos Estudos da Conscienciologia; Foz do Iguaçu, PR; 2003; página 111, 260, 290, 312, 366, 446, 729, 750, 774, 854, 857, 862, 903, 987, 1101 e 1111.

239. **Zero Hora;** Redação; ***Liberdade para Criar;*** Tablóide; Diário; Ano 37; N. 12.785; Caderno: *Empregos & Carreiras;* Seção: *Virei Patrão;* 1 foto; Porto Alegre, RS; 20.08.2000; página 5.

Liberdade – Aprisionamentos:

240. **Arantes,** Silvana; ***Verdade Aprisionada*** (8º Festival É Tudo Verdade); *Folha de S. Paulo;* Jornal; Diário; Caderno: *Ilustrada;* 2 fotos; 2 enus.; São Paulo, SP; 07.04.03; página E 1.

241. **Costa,** Cláudio; ***Evolução em Cadeia: Reciclagem de um Presidiário pela Tenepes;*** pref. Waldo Vieira; 198 p.; 28 caps.; 46 refs.; glos. 300 termos; 21 x 14 cm; IIPC; Rio de Janeiro, RJ; 1998; páginas 76 e 90.

242. **Folha de S. Paulo;** Redação; ***Igreja Protestante usou Trabalho Forçado***; Seção: *Mundo;* São Paulo, SP; 13.07.2000; página A 14.

243. **Gutierrez,** Alfredo; ***Correspondence;*** *Journal of Conscientiology;* IAC – International Academy of Conscientiology; Vol. 4; N. 15; January, 2002; página 195.

244. **Godoy,** Norton; ***Arqueologia do Holocausto;*** *IstoÉ;* Revista; Semanário; N. 1.580; Seção: *Ciência & Tecnologia / História;* 1 foto; São Paulo, SP; 12.01.2000; página 70.

245. **Gonçalves Filho,** Antonio; ***Diário dos Confinados*** (Relatos de Vivências nos *Reality Shows); Época;* Revista; Semanário; Ano IV; N. 203; Seção: *Televisão;* 4 fotos; 2 ilus.; São Paulo, SP; 08.04.02; páginas 92 a 95.

246. **Gross,** Julio; ***Consciential Imprisionment;*** *Journal of Conscientiology;* Vol. 4; N. 14; Outubro, 2001; páginas 99 a 112.

247. **IstoÉ;** Redação; ***O Homem do Cativeiro*** (Homem passa 13 Anos Preso em Casa pela Mulher e o Amante); Revista; Semanário, N. 1.379; Seção: *A Semana / Personagem;* 1 foto; 1 entrevista; São Paulo, SP; 06.03.96; páginas 16 e 17.

248. **Legrain,** Philippe; ***O Livre Comércio, Preso*** (EUA & Protecionismo); *Exame, The Economist;* Revista; Quinzenário; Ano 36; N. 26; Ed. 782; Seção: *Economia;* 1 foto; São Paulo, SP; 25.12.02; páginas 46 e 47.

249. **Pontali,** Patrícia; ***Sob o Domínio da Moda;*** *Zero Hora;* Tablóide; Diário; Caderno: *Donna;* 1 foto; Porto Alegre, RS; 16.09.01; página 14.

250. **Vieira**, Waldo; ***700 Experimentos da Conscienciologia;*** 1.058 p.; 700 caps.; 300 testes; 8 índices; 2 tabs.; 600 enus.; ono.; 5.116 refs.; geo.; glos. 280 termos; 147 abrev.; alf.; 28,5 x 21,5 x 7 cm; enc.; 1.ª edição; Rio de Janeiro, RJ; Brasil; Instituto Internacional de Projeciologia; 1994; página 260.

251. **Zero Hora;** Redação; ***A Infância Escravizada;*** Tablóide; Diário; Seção: *Editoriais;* Porto Alegre, RS; 21.06.98.

Liberdade – Aprisionamentos Convivenciais:

252. **Crancio,** Fernanda; ***Casal Mantinha Três Filhos Trancados em Passo Fundo;*** *Zero Hora;* Tablóide; Diário; Ano 36; N. 12.635; Seção: *Geral / Infância;* 2 fotos; 1 relato; Porto Alegre, RS; 23.03.2000; página 50.

253. **Luiz,** Macksen; ***A Cela do Confinamento Social*** (Peça "Barrela"); *Jornal do Brasil;* Diário; Caderno: *Caderno B;* Seção: *Crítica / Teatro;* 1 foto; Rio de Janeiro, RJ; 20.03.04; página B 4.

254. **Presse,** France; ***Funcionário da Coca é demitido por Beber Pepsi;*** *Folha de S. Paulo;* Jornal; Diário; Ano 83; N. 27.101; Caderno: *Folha Dinheiro;* Seção: *Inimigo Interno;* São Paulo, SP; 15.06.03; página B 3.

Liberdade – Aprisionamentos Somáticos:

255. **Côrtes,** Celina; ***Prisão Sinuosa*** (Livro "Nu & Vestido"); *IstoÉ;* Revista; Semanário; N. 1.695; Seção: *Comportamento / Estética;* 3 fotos; São Paulo, SP; 27.03.02; página 67.

256. **Jornal do Comércio;** Redação; ***Papa é Prisioneiro do Próprio Corpo;*** Tablóide; Diário; Seção: *Internacional / Vaticano;* Porto Alegre, RS; 24.04.2000; página 15.

257. **Reis,** Xico; ***O Corpo Torturado;*** *Zero Hora;* Tablóide; Diário; Caderno: *Donna;* 4 fotos; Porto Alegre, RS; 16.12.01; página 5.

258. **Vieira,** Waldo; ***Bigorexia (Somática);*** *Conscientia;* Revista; Trimestral; Vol. 4; N. 2; 8 enus.; Foz do Iguaçu, PR; Abril-Junho, 2000; páginas 87 a 89.

259. **Zaché,** Juliane; ***Paranóia Precoce*** (Anorexia e Bulimia na Juventude); *IstoÉ;* Revista; Semanário; N. 1.689; Seção: *Medicina & Bem-estar / Psiquiatria;* 1 foto; 1 enu.; São Paulo, SP; 13.02.02; página 46.

Liberdade – Energossomática:

260. **Vieira,** Waldo; ***Autoconsciência Holochacral (Holochacralogia);*** *Jornal do CEAEC;* Mensário; Ano 7; N. 79; Seção: *Boletim de Conscienciologia – 61;* Foz do Iguaçu, PR; Fevereiro, 2002; página 2 e 3.

Liberdade – Excarceração Intrafísica:

261. **Irion,** Adriana; ***Com uma Nova Chance em Mãos;*** *Zero Hora;* Tablóide; Diário; Ano 40; N. 13.827; *ZH Comunidade;* Suplemento; N. 16; 1 foto; 1 enu.; Porto Alegre, RS; 30.06.03; capa do suplemento.

262. **IstoÉ;** Redação; ***Preciso Aprender a Ser Só;*** Revista; Semanário; N. 1.719; Seção: *Século 21 / Ecologia;* 1 foto; São Paulo, SP; 11.09.02.

263. **Martins,** Joseane; ***Trabalho ajuda ressocializar o Preso;*** *O Estado do Paraná;* Jornal; Diário; Ano 52; N. 15.451; 2 fotos; Curitiba, PR; 02.08.02; página 8.

264. **Resenha do Porto;** Redação; ***A Liberdade através da Arte;*** Tablóide; Mensário; Ano 2; N. 4; 1 foto; Porto Alegre, RS; Junho, 2001; página 3.

Liberdade – Fugas:

265. **Costa,** José Luís; ***Sistema estimula a Liberdade de Apenados;*** *Zero Hora;* Tablóide; Diário; Ano 39; N. 13.404; Seção: *Polícia / Prisões;* 5 fotos; 3 enus.; 1 cronologia; 3 tabs.; Porto Alegre, RS; 05.05.02; páginas 42 e 43.

266. **Moraes,** Rita; ***Sonho de Liberdade;*** (Fuga da Casa de Detenção); *IstoÉ;* Revista; Semanário; N. 1.389; Seção: *Polícia;* 1 foto; 1 ilus.; 1 enu.; São Paulo, SP; 15.05.96; página 25.

Liberdade – Hinos:

267. **Lessa,** Hermoro; ***Sem Bandeiras e Hinos;*** *A Gazeta do Iguaçu;* Tablóide; Diário; Ano 14; N. 4.219; Caderno: *Caderno 1;* Seção: *Esporte / Notas Esportivas;* Foz do Iguaçu, PR; 20.08.02; página 35.

268. **Mainardi,** Diogo; ***O Hino só atrapalha;*** Artigo; *Veja;* Revista; Semanário; Ano 35; N. 23; Ed. 1.755; São Paulo, SP; 12.06.02; página 141.

Liberdade – Resgates:

269. **Zero Hora;** Redação; ***Missão Secreta do Brasil ajudou a Libertar Reféns;*** Tablóide; Diário; Ano 40; N. 13.911; Seção: *Mundo;* Porto Alegre, RS; 22.09.03; página 21.

Liberdade – Técnicas:

270. **Balona,** Málu; ***Autocura através da Reconciliação: Um Estudo Prático sobre a Afetividade;*** 342 p.; 21 x 14 cm; IIPC; Rio de Janeiro, RJ; 2003; páginas 190 a 192.

271. **Vieira,** Waldo; ***700 Experimentos da Conscienciologia;*** 1.058 p.; 700 caps.; 300 testes; 8 índices; 2 tabs.; 600 enus.; ono.; 5.116 refs.; geo.; glos. 280 termos; 147 abrev.; alf.; 28,5 x 21,5 x 7 cm; enc.; 1.ª edição; Rio de Janeiro, RJ; Brasil; Instituto Internacional de Projeciologia; 1994; páginas 238, 239, 348, 521, 682, 690.

272. **Vieira,** Waldo; ***Técnica do Cosmograma;*** *Boletins de Conscienciologia;* Periódico Técnico-científico; Vol. 2; N. 1; 29 enus.; Foz do Iguaçu, PR; Janeiro-Dezembro, 2000; páginas 33 a 52.

273. **Zero Hora;** Redação; ***Leitura que Liberta;*** Tablóide; Diário; Ano 40; N. 13.911; 1 foto; Porto Alegre; RS; 22.09.03; página 10.

Parapsiquismo:

274. **Gonçalves,** Moacir; & **Paludo,** Jackeline; ***Grupo de Desenvolvimento do Parapsiquismo na Prática;*** *Conscientia;* Edição Especial, I Jornada de Parapercepciologia; Periódico Técnico-científico; Trimestral; Vol. 6; N. 3; 1 foto; citações; 7 enus.; 1 nota; 4 refs.; Foz do Iguaçu, PR; Julho-Setembro, 2002; páginas 92 a 99.

275. **Gonzalez,** Gabriel; ***Fenomenoteca*** (Exposição de Obras sobre Parapsiquismo na Holoteca); *Conscientia;* Periódico Técnico-científico; Trimestral; Vol. 6; N. 1; Seção: *Informações;* 1 enu.; Foz do Iguaçu, PR; Janeiro-Março, 2002; páginas 28 a 30.

276. **Gross,** Julio; ***Extraphysical Kinesiotherapy;*** *Journal of Conscientiology;* Vol. 2; N. 8; 4 refs.; IIPC; Miami; USA; Abril, 2000; páginas 287 a 293.

277. **Oliveira,** Mário; ***Desperticidade: Uma das Metas da Invéxis;*** *Gestações Conscienciais;* Antologia; 268 p.; Vol. 4; 19 refs.; 2 enus.; 21 x 14 cm; Rio de Janeiro, RJ; 2003; páginas 225 a 235.

Parapsiquismo – Pesquisa:

278. **Motta,** Diego; et al; ***A Utilização do Parapsiquismo na Pesquisa;*** *Gestações Conscienciais – Coletânea de Artigos;* Vol. 2; 15 refs.; 21 x 14 cm; IIPC; Rio de Janeiro, RJ; 1996; páginas 115 a 118.

Parapsiquismo – Projetabilidade:

279. **Vieira,** Waldo; ***Projeciologia: Panorama das Experiências da Consciência Fora do Corpo Humano;*** 1.248 p.; 525 caps.; 43 ilus.; 1.907 refs.; glos. 300 termos; 150 abrev.; ono.; geo.; alf.; 27 x 18,5 x 6 cm; enc.; 4a edição; Rio de Janeiro, RJ; Brasil; Instituto Internacional de Projeciologia e Conscienciologia; 1999; página 21, 347 e 487.

280. **Vieira,** Waldo; ***Projeções da Consciência: Diário de Experiências Fora do Corpo Físico;*** 224 p.; glos. 25 termos; 21 x 14 cm; 5ª Edição; IIPC; Rio de Janeiro, RJ; 1995; página 201 a 208.

Parapsiquismo – Retrocognições:

281. **Alegretti,** Wagner; ***Retrocognições: Pesquisa da Memória de Vivências Passadas;*** pref. Waldo Vieira; 310 p.; 23 caps.; 2ª Edição, Revisada; 160 refs.; 21 x 14 cm; IIPC; Rio de Janeiro, RJ; 2000; páginas 71, 110 e 199.

Profissionalismo:

282. **Braga,** R. C.; ***Aspectos Subliminares da Cultura e Ambiente Empresarial;*** *Conscientia,* Revista; Sociedade de Pesquisas da Consciência; Vol. 1, N. 2; Abril-Junho, 1997; Brasil; páginas 103 a 106.

283. **Dantas;** Iuri; ***Policiais praticam 58 % das Torturas;*** *A Gazeta do Iguaçu;* Tablóide; Diário; Ano 14; N. 4.170; Seção: *Polícia;* Foz do Iguaçu, PR; 27.06.02; página 30.

284. **Dimenstein,** Gilberto; ***O que Você vai Ser Quando Não Crescer?;*** *Folha de S. Paulo;* Jornal; Diário; N. 26.149; São Paulo; 05.11.2000; página C 6.

285. **Fala Bom Fim;** Redação; ***Associação Continua a Discussão das Antenas de Telefonia Celular;*** Tablóide; Comunitário; Ano 1; N. 3; 1 foto; Porto Alegre, RS; 2001; página 3.

286. **IIPC News**; Redação; ***Fala aí! De que Maneira Conciliou Estudo e Trabalho?;*** *House Organ;* Ano 4; N. 13; Seção: *Cafezinho*; Rio de Janeiro / Foz do Iguaçu; Abril, 2002; página 2.

287. **IstoÉ;** Redação; ***As Favoritas do Consumidor*** (Marcas Mais Lembradas); Revista; Semanário; N. 1.692; Seção: *Economia & Negócios / Consumo;* 1 enu.; 1 ilus.; São Paulo, SP; 06.03.02; página 66.

288. **Mageste**; Paulo; ***Profissionais Mutantes***; *Época;* Ano IV; N. 176; Seção: *Trabalho*; 7 fotos; 2 ilus.; São Paulo, SP; 01.10.01; páginas 86 a 91.

289. **Marchezan,** Isabel; ***Prática de Vender a Mais em Debate*** (*Overbooking*); *Zero Hora;* Tablóide; Diário; Caderno: *Produtos e Serviços;* Seção: *Passagens Aéreas;* Porto Alegre, RS; 16.09.01; capa do Caderno.

290. **Suzuki,** Anik; ***Área de Trabalho pode Ser Fatal;*** *Correio do Povo;* Tablóide; Diário; Ano 106; N. 134; Seção: *Geral;* 1 foto; Porto Alegre, RS; 11.02.01; página 6.

291. **The WebMasters;** Redação; ***Aprenda a Combater o Crime na Internet;*** Revista; Ano 1; N. 6; Seção: *Radar;* página 12.

292. **Tractenberg**, Leonel; ***Uma Escala de Avaliação de Opções de Trabalho / Ocupação Profissional com Base na Conscienciometria;*** Gestações Conscienciais, Coletânea de Artigos, GPC-Grinvex; Vol.3; Organização: Nívea Melo e Régis Tractenberg; Rio de Janeiro, RJ; 1997; páginas 128 a 146.

293. **UDC Notícias;** ***Projeto Desenvolve Empresa Júnior;*** Tablóide Universitário; UDC – União Dinâmica de Faculdades Cataratas; Ano III; N. 85; Foz do Iguaçu, PR; página 5.

294. **Vannuchi,** Camilo; ***Cardume de Talentos*** (Filhos de Famosos seguem a mesma Profissão dos Pais); *IstoÉ;* Revista; Semanário; N. 1.695; Seção: *Comportamento;* 16 fotos; São Paulo, SP; páginas 54 a 57.

295. **Vieira**, Waldo; ***700 Experimentos da Conscienciologia;*** 1.058 p.; 700 caps.; 300 testes; 8 índices; 2 tabs.; 600 enus.; ono.; 5.116 refs.; geo.; glos. 280 termos; 147 abrev.; alf.; 28,5 x 21,5 x 7 cm; enc.; 1.ª edição; Rio de Janeiro, RJ; Brasil; Instituto Internacional de Projeciologia; 1994; páginas 97, 310, 312, 318, 567, 610, 689, 690-694, 701, 703, 709 e 717.

Profissionalismo – Administração:

296. **Aveline,** Carlos Cardoso; ***O Administrador do Futuro***; *Nova Era;* Revista; Seção: *Organizações na Nova Era;* páginas 18 a 25.

297. **Correio do Povo;** Redação; ***Administrador mais Jovem do País assume em Minas;*** Tablóide; Diário; Ano 106; N. 94; Porto Alegre, RS; 02.01.01; página 2.

298. **Drucker,** Peter; ***Os Novos Paradigmas da Administração***; *Exame;* Revista; Quinzenário; Ano 32; 24.02.99; páginas 34 a 53.

299. **Kuramoti,** Matiko Nisnhimura; **Trivellato,** Francisco; & **Menezes,** Leuza; ***Holística Cabocla: Uma Experiência Organizacional de Empresa que deu Certo***; 2ª Edição; Ed. Vozes; Petrópolis, RJ; Brasil; 1995; páginas 31-33, 58 e 59.

Profissionalismo – Antiprofissionalismo:

300. **Cavallari,** Marcelo Musa; ***Jornalismo de Ficção*** (Fraudes no *New York Times); Época;* Revista; Semanário; N. 261; Seção: *Mundo;* 3 fotos; São Paulo, SP; 19.05.03; páginas 58 e 59.

301. **Fruet,** Henrique; ***Conexões Perigosas*** (Vírus, Roubo de Informações, Violação de E-mails e Espionagem); *IstoÉ;* Revista; Semanário; N. 1.662; Seção: *Ciência & Tecnologia;* 1 ilus.; 2 fotos; 1 tab.; São Paulo, SP; 08.08.01; páginas 88 a 90.

302. **Jornal do Brasil;** Redação; ***Vaticano não pune Pedófilos;*** Diário; Seção: *Mundo;* Rio de Janeiro, RJ; 19.10.02; página A 8.

303. **O Globo;** Redação; ***Autoritarismo e Submissão, Dois Pólos a Evitar;*** Jornal; Diário; Ano LXXVI; N. 24.357; Caderno: *Boa Chance;* Rio de Janeiro; RJ; 07.05.2000; página 3.

304. **Prado,** Antonio Carlos; ***O Médico Monstro*** (Abuso Sexual de Crianças); *IstoÉ;* Revista; Semanário; N. 1.695; Seção: *A Semana;* 5 fotos; São Paulo; SP; 27.03.02; páginas 24 e 25.

305. **Villaméa,** Luiza; ***O Dia da Baleia e do Arpão;*** *IstoÉ;* Revista; Semanário; N. 1.704; Seção: *Ecologia;* 1 ilus.; São Paulo, SP; 29.05.02; páginas 48 e 49.

Profissionalismo – Automobilismo:

306. **Grid;** Redação; ***O Sonho que virou Pesadelo;*** Revista; Edição Histórica (Ayrton Senna: A História de um Mito); Ano 1; N. 8-A; Seção: *Os Grandes Momentos;* 1 foto; página 14.

307. **Manchete;** Redação; ***O Milagre na Pista de Indianápolis*** (Acidente com Nelson Piquet); Revista; Seção: *5 Anos no Tempo;* 1 foto; 10.05.97; página 97.

Profissionalismo – Competitividade:

308. **Coutinho,** Luciano; & **Ferraz,** João Carlos; Orgs.; ***Estudo da Competitividade da Indústria Brasileira;*** 510 p.; 3ª Ed.; Papirus Editora; Campinas, SP; 1995; páginas 95-123 e 499.

309. **Porter,** Michael E.; ***A Vantagem Competitiva das Nações;*** 897 p.; trad. Waltensir Dutra; 7ª Ed.; Editora Campus; Rio de Janeiro, RJ; 1989; páginas 647 a 689.

Profissionalismo – Dinheiro:

310. **Colle,** Eliane; ***Como se Divertir e Ganhar Dinheiro;*** *Zero Hora;* Tablóide; Diário; Ano 37; N. 12.785; Caderno: *Empregos & Carreiras;* Seção: *Oportunidades;* 1 foto; 1 tab.; Porto Alegre, RS; 20.08.2000; página 6.

311. **Masson,** Celso; ***Onde está o Dinheiro?*** (Governo & Área Cinematográfica); *Veja;* Revista; Semanário; Edição 1.634; Ano 33; N. 5; Seção: *Cultura;* 3 fotos; São Paulo, SP; 02.02.2000; páginas 142 e 143.

312. **Moraes**, Rita; ***Oba, Salário em Dólar!;*** *IstoÉ;* Revista; Semanário; N. 1.721; Seção: *Comportamento*; 1 ilus.; 2 fotos; 1 tab.; São Paulo, SP; 25.09.02; páginas 70 a 72.

313. **Pinto,** Tania Regina; ***Engatinhando na Economia;*** *O Estado de S. Paulo;* Jornal; Diário; São Paulo, SP; 10.02.01.

314. **Poliakovsky**, Vadim; ***Misha aprende a Ganhar Dinheiro***; *Manchete;* Revista; Seção: *Capitalismo*; 3 fotos; 1 ilus.; 10.05.97; páginas 40 e 41.

Profissionalismo – Diplomas:

315. **Rodrigues,** Greice; ***Diploma no Balcão;*** *IstoÉ;* Revista; Semanário; N. 1.690; Seção: *Educação & Cidadania / Ensino Superior;* 5 fotos; São Paulo, SP; 20.02.02; páginas 38 a 40.

Profissionalismo – Drogas:

316. **Valente,** Rubens; ***A Farsa do Megatraficante*** (A Empresa do Tráfico); *Veja;* Revista; Semanário; Edição 1.708; Ano 34; N. 27; Seção: *Polícia;* 6 fotos; 5 fichários; São Paulo, SP; 11.06.01; páginas 80 a 82.

317. **IstoÉ;** Redação; ***Cala-te, Boca*** (Prefeito de New York, Michael Bloomberg, diz Publicamente Ter gostado de Fumar Maconha); Revista; Semanário; Seção: *Gente;* 1 foto; São Paulo, SP; 17.04.02; página 64.

Profissionalismo – Empregos:

318. **Veja;** Redação; ***Quem está na Mira das Contratações;*** Revista; Semanário; Edição 1.708; Ano 34; N. 27; 1 foto; São Paulo, SP; 11.07.01; página 123.

319. **Zero Hora;** Redação; ***"Precisamos de Empregos para Afastar o Jovem do Crime";*** Tablóide; Diário; Seção: *Geral;* Entrevista: *Jair Krischke;* 1 foto; Porto Alegre, RS; 04.08.2000; página 42.

Profissionalismo – Ética:

320. **Jornal do Comércio**; Redação; ***Fórum diz que Mundo Precisa de Ética***; Tablóide; Seção: *Economia*; 2 fotos; Porto Alegre, RS; 17.05.2000; página 7.

321. **Nunes,** Angela; ***A Vez da Ética nas Empresas;*** *Veja;* Revista; Semanário; Ano 33; N. 41; Ed. 1.670; Seção: *Guia;* 1 foto; 1 ilus.; 1 enu.; São Paulo, SP; 11.10.2000; páginas 154 e 155.

Profissionalismo – Imagética:

322. **Freitas,** Décio; ***A Indústria Imagológica*** (Imagem); Artigo; *Zero Hora;* Tablóide; Diário; Seção: *Opinião;* Porto Alegre, RS; 16.12.01; página 19.

323. **Maia,** Paula; ***Pão de Açucar muda Layout Publicitário;*** *Gazeta Mercantil;* Jornal; Diário; Seção: *Mídia & Marketing / Campanha;* São Paulo, SP; 16.07.02; página C-8.

Profissionalismo – Limite:

324. **Silva,** Chico; & **Contreiras,** Hélio; ***Além dos Limites*** (Pressionados por Patrões, Muitos Pilotos da Frota Particular de Helicópteros são Obrigados a Voar em Condições Adversas); *IstoÉ;* Revista; Semanário; N. 1.662; 10 fotos; 1 tab.; São Paulo, SP; 08.08.01; páginas 104 a 106.

325. **Vannuchi,** Camilo; ***Os Verdadeiros Homens-aranhas*** (Limpadores de Vidraça, Alpinistas e Trapezistas); *IstoÉ;* Revista; Semanário; N. 1.704; Seção: *Comportamento;* 1 ilus.; 5 fotos; São Paulo, SP; páginas 68 a 70.

Profissionalismo – Lucro:

326. **Correio do Povo;** Redação; ***Souza Cruz lucra R$ 494 Milhões;*** Tablóide; Diário; Ano 106; N. 132; Seção: *Economia;* 1 foto; Porto Alegre, RS; 09.02.01; página 13.

327. **Melo**, Liana; ***O Limite do Lucro***; *IstoÉ;* Revista; Semanário; N. 1.718; Seção: *Economia & Negócios*; 1 foto; São Paulo, SP; 04.09.02; página 75.

328. **Traumann,** Thomas; ***Lucros, Mortes e Desastres***; *Época;* Revista; Semanário; Ano IV; N. 185; Seção: Brasil; 11 fotos; 5 tabs.; 2 grafs.; São Paulo, SP; 03.12.01; Capa e páginas 38 a 45.

329. **Wollheim**, Bob; ***Lucrar é o que Importa***; The WebMasters; Revista; Ano 01; N. 06; Seção: *Script*; 1 foto; página 66.

Profissionalismo – Maledicências:

330. **Lopez,** Laura Ancona; ***Sabe da Última?*** (Famosos alimentam Indústria de Fofocas); *IstoÉ;* Revista; Semanário; N. 1.718; Seção: *Comportamento;* 10 fotos; São Paulo, SP; 04.09.02; páginas 62 e 63.

331. **Pastore,** Karina; ***Não conte para Ninguém;*** *Veja;* Revista; Semanário; Ano 35; N. 23; Ed. 1.755; Seção: *Comportamento;* 2 enus.; 8 ilus.; São Paulo, SP; 12.06.02; páginas 86 e 87.

Profissionalismo – Negociações:

332. **Alves,** Liége; ***É dando que se recebe*** (Negócios); *Jornal do Comércio;* Tablóide; Ano 68; N. 11; Caderno: *Gestão & Negócios;* Seção: *Administração;* 1 ilus.; 03.08.2000; capa do caderno.

Profissionalismo – Organização:

333. **Bonassi,** João Aurélio; ***Gestão Contemporânea: Psicologia na Liderança Organizacional;*** Monografia; IBMR, Instituto Brasileiro de Medicina de Reabilitação; Rio de Janeiro; 09.11.99; Brasil.

334. **Bonassi,** João Aurélio; ***Rumo à Empresa Avançada: um Modelo de Organização Multidimensional;*** Anales, 1er Forum Internacional de Investigación de la Conciencia; II CIPRO, Congresso Internacional de Proyecciología; Barcelona, España; 21-24.10.99; Ed. IIPC; Rio de Janeiro, RJ; Brasil; páginas 81 a 91.

Profissionalismo – Pirataria:

335. **Horta,** Ana Magdalena; & **Moura,** Betina; ***Uma Terra de Piratas;*** *Época;* Revista; Semanário; Ano IV; N. 199; Seção: *Especial / Informática;* 1 fichário; 2 ilus.; 4 gráf.; 2 tab.; 7 fotos; São Paulo, SP; 11.03.02; páginas 84 a 89.

336. **Rodrigues,** Lino; ***Pirataria S/A***; *IstoÉ;* Revista; Semanário; N. 1.699; 5 fotos; 1 ilus.; 1 fichário; São Paulo, SP; 24.04.02; páginas 78 a 81.

Profissionalismo – Política:

337. **Athias,** Gabriela; ***Eleitores cobram R$ 100 por Voto;*** *Folha de S. Paulo;* Jornal; Diário; Caderno: *Eleições;* Especial; São Paulo, SP; 09.10.02; página 11.

338. **Flores,** Lourenço; ***Político Corrupto é o Alvo de Agosto;*** *Zero Hora;* Tablóide; Diário; Caderno: *Jornal da Eleição;* Seção: *Ética;* 1 ilus.; 1 tab.; Porto Alegre, RS; 16.08.98; página 2.

339. **Salomon,** Marta; ***Cidade de GO tem mais Eleitores que Habitantes;*** *Folha de S. Paulo;* Jornal; Diário; Ano 83; N. 27.024; Seção: *Brasil Profundo;* 1 foto; São Paulo, SP; 30.03.03; página A 11.

340. **Vasconcelos,** Frederico; ***Sessão Espírita "escondia" Crime Eleitoral;*** *Folha de S. Paulo;* Jornal; Diário; Caderno: *Eleições;* Especial; São Paulo, SP; 09.10.02; página 11.

Profissionalismo – Poluição:

341. **Costa,** Célia; & **Alecrim,** Michel; ***Esgoto de 154 Hospitais continua sendo jogado no Mar sem Tratamento;*** *O Globo;* Jornal; Diário; Ano LXXVIII; N. 25.283; 1 foto; Rio de Janeiro, RJ; 26.10.02; página 25.

342. **Miranda,** Ricardo; ***Bomba-relógio*** (Despejo de Lixo); *IstoÉ;* Revista; Semanário; N. 1.718; Seção: *Ciência & Tecnologia / Poluição*; 5 fotos; São Paulo, SP; 04.09.02; páginas 88 a 92.

Profissionalismo – Posição:

343. **Gazeta Mercantil;** Redação; ***Mercado ainda dá Valor ao Cargo;*** Jornal; Diário; Seção: *Indústria & Serviços / Carreiras;* São Paulo, SP; 16.07.02; página C-2.

344. **Newswires,** Dow Jones; ***Empresas medem o Valor do Prestígio;*** *Gazeta Mercantil;* Jornal; Diário; Seção: *Indústria & Serviços / Novo Desafio;* São Paulo, SP; 16.07.02; página C-2.

Profissionalismo – Preconceito:

345. **Folha de S. Paulo;** Redação; ***Desemprego é Maior Para Negros;*** Jornal; Diário; Ano 82; N. 26.894; Seção: *Dinheiro / Trabalho;* 2 tabs.; São Paulo, SP; 20.11.02; página B 2.

346. **O Paraná;** Redação; ***Negros têm Renda 2,5 Vezes Inferior;*** Jornal; Diário; Ano XXVII; N. 8.005; Seção: *Nacional / IDH;* Cascavel, PR; 29.12.02; página 8.

Profissionalismo – Profissões:

347. **Bauchwitz,** Nahara; ***Profissão: Peão;*** *Veja;* Revista; Semanário; Ed. 1.708; Ano 34; N. 27; Seção: *Divertimento;* 2 fotos; São Paulo, SP; 11.07.01; página 71.

348. **Braga,** Ryon; ***Profissões do Futuro***; *@prender Virtual;* Revista; Bimestral; Edição 8; Ano 2; N. 05; 1 ilus.; 1 foto; 5 tab.; 2 enus.; Setembro / Outubro, 2002; Capa e páginas 18 a 24.

349. **Musskopf**, Tony; ***A Conscienciologia e as Profissões***; *BIPRO;* Boletim do IIPC; N. 12; Vol.5, Seção: *Artigos*; Rio de Janeiro, RJ; Agosto, 1998; páginas 4 e 5.

350. **Poloni,** Gustavo; ***Profissões dos Tempos Modernos;*** *Veja;* Revista; Semanário; Edição 1.708; Ano 34; N. 27; Seção: *Hipertexto;* 1 ilus.; 1 fichário; São Paulo, SP; 11.07.01; página 76.

Profissionalismo – Prostituição:

351. **IstoÉ;** Redação; ***Fim da Venda*** (Repressão ao Tráfico de Meninas); Revista; Semanário; N. 1.706; Seção: *Prostituição;* 1 ilus.; São Paulo, SP; 12.06.02; página 28.

352. **IstoÉ;** Redação; ***Prostituição com Carteira Assinada;*** Revista; Semanário; N. 1.695; 1 ilus.; São Paulo, SP; 27.03.02; página 21.

Profissionalismo – Qualidade:

353. **Moura,** José A. Marcondes; ***Os Frutos da Qualidade: A Experiência da Xerox do Brasil***; Makron Books do Brasil Editora Ltda.; São Paulo, SP; Brasil; páginas 1 e 31.

Profissionalismo – Reengenharia:

354. **Oliveira,** Sidnei Alves de; ***Reengenharia de Processos;*** pref. Reinaldo Ushisima; 136 p.; 5 caps.; 24 x 14 cm; Editora Érica; São Paulo, SP; 1994; páginas 20 a 24.

Profissionalismo – Responsabilidade Social:

355. **Almeida,** Juliana; ***Ajuda Privada;*** Entrevistado: Oded Grajew; *Carta Capital;* Revista; Ed. 243; Seção: *Entrevista;* 1 foto; São Paulo, SP; 04.06.03; página 50.

356. **Bernardi,** Maria Amalia; ***Você pode Ajudar;*** *Você s.a.;* Revista; mensário; Ano 2; N. 15; Seção: *Entrevista;* 1 ilus.; 1 foto; Setembro, 1999; páginas 82 a 85.

357. **Exame;** Redação; ***Respostas Sociais;*** Revista; Quinzenário; Ano 37; N. 10; Ed. 792; Seção: *Informe Publicitário;* 3 fotos; São Paulo, SP; 14.05.03; páginas 90 e 91.

358. **Grajew,** Oded; ***Somos Todos Responsáveis;*** Artigo; *Exame;* Revista; Quinzenário; Ed. 728; Suplemento; Guia de Boa Cidadania Corporativa; 1 foto; São Paulo, SP; 2000; página 31.

359. **Mano,** Cristiane; ***Onde Achar o Bom Conteúdo para Fazer o Bem***; *Exame;* Revista; Quinzenário; Guia de Boa Cidadania Corporativa; Edição 728; Seção: *Serviço;* Ed. Abril; São Paulo, SP; Brasil; página 28.

360. **Menconi,** Darlene; ***...E o Social entra na Roda*** (Fórum Econômico Mundial); *IstoÉ;* Revista; Semanário; N. 1.730; Seção: *Economia & Negócios;* 1 foto; São Paulo, SP; 27.11.02; página 88.

361. **Momento Teen;** Redação; ***Administração Socialmente Humanizada pode ser Lucrativa;*** Revista; Bimestral; Ano 1; N. 6; Seção: *Mercado*; Porto Alegre, RS; 1999.

362. **Vassallo,** Cláudia; ***Empresas que vêem Mais Longe;*** *Exame;* Revista; Quinzenário; Ed. 728; *Guia da Boa Cidadania Corporativa;* Seção: *Carta do Editor;* São Paulo, SP; 2000; página 4.

Profissionalismo – Tabagismo:

363. **Folha de S. Paulo;** Redação; ***Souza Cruz é Condenada a Pagar Fumante;*** Jornal; Diário; Ano 83; N. 27.028; Caderno: *Cotidiano;* Seção: *Panorâmica / Justiça;* São Paulo, SP; 03.04.03; página C 5.

364. **Franzini,** Renato; ***EUA processam Indústria do Fumo;*** *Folha de S. Paulo;* Jornal; Diário; Ano 79; N. 25.740; Caderno: *1º Caderno / Folha Mundo;* Seção: *Ação Judicial;* 1 foto; São Paulo, SP; 23.09.99; página 14.

365. **Lokschin,** Fernando; & **Grossman** Carlos; ***A Fábrica de Cigarros e a Cortina de Fumaça;*** Artigo; *Zero Hora;* Tablóide; Diário; Seção: *Opinião;* Porto Alegre, RS; 23.07.2000; página 18.

366. **Silva,** Carlos Eduardo Lins da; ***Economia dos EUA lucra com o Cigarro;*** *Folha de S. Paulo;* Jornal; Diário; Ano 79; N. 25.740; Caderno: *1º Caderno / Folha Mundo;* Seção: *Comentário;* São Paulo, SP; 23.09.99; página 14.

367. **Silva,** Silvana; ***Antitabagismo Preocupa;*** *Zero Hora;* Tablóide; Diário; Ano 36; N. 12.637; Seção: *Campo & Lavoura;* Porto Alegre, RS; 25.03.2000; página 27.

Profissionalismo – Televisão:

368. **Lobato,** Eliane; ***Golpe Baixo;*** *IstoÉ;* Revista; Seção: *Artes & Espetáculos;* 3 fotos; 1 ilus.; N. 1.697; 10.04.02; páginas 88 a 90.

369. **Silva,** Adriana Souza e; ***Farsa do Malandro;*** *IstoÉ;* Revista; Seção: Ética; N. 1.692; 4 fotos; 06.03.02; página 44.

370. **Zavaschi,** Maria Lucrécia Scherer; ***A Televisão e a Violência;*** *Sala de Espera;* Revista; Ano VI; N. 31; 6 fotos; 1 enu.; Dezembro, 2001 / Fevereiro, 2002; RS; páginas 21 a 23.

371. **Zero Hora;** Redação; ***Mídia Incentiva Patriotismo;*** Tablóide; Diário; 1 foto; 14.09.01; página 22.

Qualidade:

372. **Bogéa,** Inês; ***Programa Variado Não Alcança a Qualidade Esperada*** (Balé Real da Dinamarca); *Folha de S. Paulo;* Jornal; Diário; Caderno: *Ilustrada;* Seção: *Balé Real da Dinamarca;* 1 foto; São Paulo, SP; 24.06.03; página E 4.

373. **Bopp,** Milene Oliveira; ***Nutrição e Qualidade de Vida;*** *Mahany's;* Informativo; Mensário; Foz do Iguaçu, PR; Outubro, 2003; página 2.

374. **Constantino,** Luciana; ***Falta Melhorar Qualidade de Ensino, Diz Bird;*** *Folha de S. Paulo;* Jornal; Diário; Ano 83; N. 27.016; Caderno: *Cotidiano;* Seção: *Educação;* São Paulo, SP; 22.03.03; página C 3.

375. **O Engenheiro;** Redação; ***Representação com Qualidade;*** Tablóide; Mensário; N. 92; Seção: *Editorial;* Porto Alegre, RS; Agosto, 2003; página 2.

376. **Peluso,** Luciana; ***Selo de Qualidade;*** *IstoÉ;* Revista; Semanário; N. 1.203; Seção: *Negócios;* 3 fotos; 1 enu.; São Paulo, SP; 21.10.92; páginas 56 e 57.

377. **Prazeres,** Paulo Mandin; ***Dicionário de Termos da Qualidade;*** 456 p.; 311 refs.; 5 apêndices; São Paulo, SP; 1996; páginas 338 a 344.

378. **Rizzi,** Christian; ***Filmes de Qualidade faturam Alto;*** *Jornal do Iguaçu,* Tablóide; Diário; Ano IV; N. 959; Seção: *Cidade / Nome dos Bois;* Foz do Iguaçu, PR; 05.09.03; página 16.

379. **Zero Hora;** Redação; ***Qualidade na Educação;*** Tablóide; Diário; Ano 40; N. 13.973; Seção: *Editoriais;* 1 ilus.; estatísticas; Porto Alegre, RS; 23.11.03; página 18.

Recexibilidade:

380. **Bastiou,** Jean-Pierre; ***Globe-Trotter da Consciência: Do Yoga à Conscienciologia;*** pref. Waldo Vieira; 322 p.; 33 caps.; 14 refs.; 21 x 14 cm; IIPC; Rio de Janeiro, RJ; 2002; página 86.

381. **Guzzi,** Flavia; ***Mudar ou Mudar: Relatos de uma Reciclante Existencial;*** pref. Málu Balona; 226 p.; 14 caps.; 20 refs.; 21 x 14 cm; Ed. IIPC; Rio de Janeiro, RJ; 2000; página 88.

382. **Recéxis;** Redação; ***"Teoria e Prática (Teática) Conscienciológica";*** Entrevistado: Waldo Vieira; Revista; Ano 4; N. 3; 13 ilus.; Março, 2000; páginas 18 a 27.

383. **Salles,** Rosemary; ***Consciência em Revolução;*** pref. Waldo Vieira; 216 p.; 24 caps.; 29 refs.; ono.; 21 x 14 cm; Ed. IIPC; Rio de Janeiro, RJ; 2003; página 132.

Recexibilidade – Mudança:

384. **Gabeira,** Fernando; ***Saddam Hussein, Bush e as Consequências de se Mudar de Casa;*** Artigo; *Folha de S. Paulo;* Jornal; Diário; Ano 82; N. 26.983; Seção: *Turismo;* 1 ilus.; São Paulo, SP; 17.02.03; página F 8.

Sexualidade:

385. **Año Cero;** Redação; ***Sexo sin Infarto;*** Revista; Ano VII; N. 08-1196-73; Seção: *Vida Alternativa;* 1 foto; página 72.

386. **Costa,** Marina Elena; ***Sexo e Mentiras;*** *Planeta;* Revista; Mensário; N. 224; Seção: *Cultos entre o Pecado e o Prazer;* 6 fotos; São Paulo, SP; Maio, 1991; páginas 40 a 43.

387. **Costa,** Moacir; ***A Atração Sexual;*** Artigo; *A Gazeta do Iguaçu;* Tablóide; Diário; Ano 14; N. 4.170; Seção: *Música / Projeto Amar Bem;* Foz do Iguaçu, PR; 27.06.02.

388. **Diamond,** Jared; ***Por que Eles perdem a Cabeça;*** Artigo; *Veja;* Revista; Semanário; Ano 33; N. 52; Ed. 1.681; 3 ilus.; 9 fotos; São Paulo, SP; 27.12.2000; páginas 72 a 76.

389. **Veja;** Redação; ***O Poder da Batuta*** (Livros *"The Letters of Arturo Toscanini"* e "O Mito do Maestro"); Revista; Semanário; Ano 35; N. 26; Ed. 1.758; Seção: *Livros;* 3 fotos; 4 citações; São Paulo, SP; 03.07.02; páginas 122 e 123.

Sexualidade – Adolescência:

390. **Knijnik,** Renato; ***Adolescência e Sexualidade;*** *Sala de Espera;* Revista; Trimestral; Ano VI; Ed. 31; Seção: *Andrologia;* 1 foto; Porto Alegre, RS; Dezembro, 2001-Fevereiro, 2002; página 24.

391. **Mena,** Fernanda; ***Sucesso a Qualquer Preço;*** (Adolescência & Fama); *Folha de S. Paulo;* Jornal; Diário; Ano 82; N. 26.983; Caderno: *Teen;* 1 enu.; 1 foto; São Paulo, SP; 17.02.03; páginas 6 e 7.

Sexualidade – Compulsão:

392. **Manchete;** Redação; ***Como Vencer a Doença do Sexo Compulsivo;*** Revista; Semanário; N. 2.157; Suplemento; *Saúde;* N. 18; Seção: *Dependência;* 1 ilus.; Rio de Janeiro, RJ; 07.08.93; páginas 14 e 15.

Sexualidade – Homossexualidade:

393. **Masters,** William H.; & **Johnson,** Virginia; ***Homossexualidade em Perspectiva;*** pref. H. Tristram Engelhardt, Jr.; trad. Barbara Krotoszynski; 18 caps.; 280 refs.; 23 x 16 cm; Artes Médicas; Porto Alegre, RS; 1979; páginas 273 a 311.

Sexualidade – Infidelidade:

394. **Alves Filho,** Francisco; ***Quente como a Traição*** (Mulher Traída mata o Marido com Água Fervendo); *IstoÉ;* Revista; Semanário; N. 1.296; Seção: *Violência;* 2 fotos; São Paulo, SP; 03.08.94; página 68.

395. **Boscov,** Isabela; ***Um Tapa, um Assopro*** (Filme "Infidelidade"); *Veja;* Revista; Semanário; Ano 35; N. 23; Ed. 1.755; Seção: *Cinema;* 2 fotos; São Paulo; 12.06.02; página 138.

396. **Diamond,** Jared; ***Por que Eles perdem a Cabeça;*** Artigo; *Veja;* Revista; Semanário; Ano 33; N. 52; Ed. 1.681; 5 ilus.; 1 foto; São Paulo, SP; 27.12.2000; páginas 72 a 76.

397. **Veiga,** Aida; ***Paraíso dos Infiéis;*** *Época;* Revista; Semanário; N. 283; Seção: *Reportagem de Capa;* 3 ilus.; estatísticas; 2 tabs.; 15 fotos; São Paulo, SP; 20.10.03; capa da revista (manchete) páginas 74 a 84.

398. **Veja,** Redação; ***Sexo Vertical*** (Infidelidade entre Executivos e Chefes); Revista; Semanário; Ano 35; N. 23; Seção: *Holofote;* 1 foto; 1 enu.; estatísticas; São Paulo, SP; 12.06.02; página 34.

Sexualidade – Pedofilia:

399. **Dauster,** Jorio; ***"Lolita" conduz o Desejo a Situação-limite;*** *Folha de S. Paulo;* Jornal; Diário; Ano 83; N. 27.094; Seção: *Brasil / Biblioteca;* São Paulo, SP; 08.06.03; página A 16.

400. **IstoÉ;** Redação; ***Polícia descobre Quatro Novos Casos de Pedofilia;*** Revista; Semanário; Seção: *Datas / 7 a 13 de Abril de 2002;* 1 enu.; São Paulo, SP; 17.04.02; página 23.

Sexualidade – Promiscuidade:

401. **Moore,** Lorrie; ***Um Homem, Duas Mulheres;*** *Zero Hora;* Tablóide; Diário; Seção: *A Melhor Canção de Amor;* 1 foto; Porto Alegre, RS; 27.12.99; página 8.

402. **Muggiati,** Roberto; ***Permissividade;*** *Grandes Momentos da História;* Revista; Mensário; N. 15; 16 fotos; São Paulo, SP; Agosto, 1974; páginas 54 a 60.

403. **Velloso,** Beatriz; ***O Sexo do Novo Século;*** *Época;* Revista; Semanário; Ano IV; N. 202; Seção: *Comportamento;* 4 fotos; 2 ilus.; 1 cronologia; São Paulo, SP; 01.04.02.

ÍNDICE DOS ESTRANGEIRISMOS

Observações. Aqui foram listados 46 estrangeirismos empregados no texto.

Borderline (Ing.) – Transtorno intermediário entre um quadro neurótico e psicótico; instabilidade das emoções; rápidas variações no estado de humor de um momento para outro sem justificativa real. Página 67.

Brainstormings (Ing.) – Tempestade ou agitação de cérebros, *vendaval de idéias;* livre debate com somatório de idéias para fomentar a criatividade (Mentalsomática). Página 20.

Bullying (Ing.) – Intimidar, ameaçar. Página 69.

Chats (Ing.) – Bate-papos; modalidade de comunicação em tempo real, na qual usuários de computador trocam mensagens. Página 104.

Checklist (Ing.) – Lista ordenada de operações que permite verificar o funcionamento de um sistema. Páginas 30, 37, 48, 61, 73, 84, 95, 106, 117, 131, 147, 158, 167.

Checkup (Ing.) – Verificação, vistoria; exame médico minucioso (sanidade). Página 41.

Clown (Ing.) – Palhaço. Página 69.

Continuum (Lat.) – Contínuo; estrutura contínua, não-discreta. Páginas 46, 59.

Dolce far niente (It.) – Agradável ociosidade; boa vida; sombra e água fresca; o viver sem cuidados (imaturidade). Página 144.

Feedback (Ing.) – Reação a um estímulo; efeito retroativo; retroalimentação; resposta. Página 43.

Fugit inreparabile tempus (Lat.) – Foge irrecuperável tempo. Página 35.

Furor curandis (Lat.) – Avidez descontrolada pela cura do paciente; precipitação. Página 94.

Gays (Ing.) – Homossexual. Página 70.

Happy hour (Ing.) – Hora mais feliz ou agradável (psicossomaticidade). Página 99.

Hard (Ing.) – Resistente, rigoroso, duro; excessivo. Página 72.

Head hunter (Ing.) – Caçadores de conscins talentosas, especialmente nos meios científicos, artístico, esportivo e empresarial. Página 14.

Iceberg (Ing.) – Grande massa de gelo flutuante. Página 173.

Insight (Ing.) – Compreensão ou solução de um problema pela súbita captação mental intuitiva; iluminação; estalo. Páginas 72, 138.

Journal (Ing.) – Periódico oficial de uma Ciência. Página 140.

Know-how (Ing.) – Conhecimento do processo ou maneira de fazer algo; prática; experiência (tecnicidade; holomaturidade). Páginas 57, 73, 95.

Kundalini (Sânsc.) – EC, ou energia consciencial, que jaz dormente na intimidade da conscin (sexochacra), até ser ativada por sua vontade e que permite alcançar poderes conscienciais (Holochacralidade). Página 98.

Letter (Ing.) – Carta. Página 138.

Lobby (Ing.) – Interceder, intermediar em favor de algo ou alguém; plural: *lobbyes.* Página 162.

Locus minoris resistenciae (Lat.) – O local de menor resistência. Página 88.

Marketing (Ing.) – Conjunto de estratégias para utilizar a comercialização de produto; a arte de vender em mercado (intrafisicalidade). Páginas 141, 162.

Momentum (Lat.) – Momento; instante. Página 89.

Money society (Ing.) – Sociedade do dinheiro, capitalismo. Páginas 76, 144.

Non erat his locus (Lat.) – Não era o momento para isso. Página 67.

Nonsense (Ing.) – Frase, linguagem, dito desprovido de significação ou coerência; absurdo, disparate. Página 68.

Performance (Ing.) – Atuação; representação; desempenho na execução de determinada atividade. Página 48.

Poltergeist (Al.) – *Poltern,* ruído; *geist,* fantasma, diabrete; *fantasma* ou consciex cuja presença se supõe manifestar através de ruídos, batimentos, perturbações e efeitos intrafísicos (multidimensionalidade; parapsiquismo). Página 124.

Popstar (Ing.) – Astro ou estrela da música *pop.* Página 129.

Rapport (Fr.) – Harmonia, afinidade ou ligação bioenergética e interconsciencial (holochacralidade). Página 93.

Relax (Ing.) – Relaxamento. Página 72.

Rem tene, verba sequentur (Lat.) – Trate de possuir o conteúdo que as palavras se seguirão. Página 137.

Réveillon (Fr.) – Festa e ceia na véspera do ano novo. Página 104.

Ridendo dicere verum (Lat.) – Rindo, dizer a verdade. Página 72.

Shopping center (Ing.) – Centro de lojas ou casas comerciais (sociabilidade). Página 99.

Sine qua non (Lat.) – Sem a qual não (cosmoeticidade). Páginas 21, 158.

Site (Ing.) – Endereço de pessoa ou empresa na *Internet.* Página 104.

Soft (Ing.) – Brando; flexível, suave; ameno; moderado; esbatido (grupalidade). Página 72.

Sparring (Ing.) – Pugilista que boxeia com outro para exercitá-lo. Página 52.

Status (Lat.) – Conjunto de direitos os quais caracterizam a posição da conscin em relação às outras (sociabilidade). Página 154.

Time (Ing.) – Tempo. Página 47.

Vernissages (Fr.) – Inauguração de exposição de Arte. Página 99.

Voyeur (Fr.) – Indivíduo que experimenta prazer sexual ao ver estímulos sexuais, objetos associados à sexualidade ou o próprio ato sexual praticado por outros. Página 101.

ÍNDICE ONOMÁSTICO

Observações. Aqui foram listados 46 nomes próprios referidos nos capítulos. Os números indicam as *páginas.*

ÍNDICE REMISSIVO

Observações. Aqui foram listados 1.603 assuntos relativos às páginas de números 14 a 194. Os números indicam as *páginas*.

A

B

C

D

F

J

K

L

M

Q

R

Instituto Internacional de Projeciologia e Conscienciologia – IIPC

IIPC. O Instituto Internacional de Projeciologia e Conscienciologia – IIPC é uma instituição de ensino e pesquisa, fundada em 1988, que se dedica ao desenvolvimento e divulgação das ciências Projeciologia e Conscienciologia.

Voluntariado. Atua sem fins lucrativos, através de voluntariado, mantendo o título de utilidade pública federal desde sua obtenção em 1998.

Visão. Tem como visão ser um agente transformador cosmoético das sociedades intra e extrafísicas, com excelência crescente na educação, pesquisa e aplicação da Conscienciologia.

Missão. Define como sua missão colaborar com as consciências através de soluções tecnológicas, empresariais e cosmoéticas, agregando valores multifacetados às suas gestações conscienciais, com vistas à dinamização da evolução de todos.

Materpensene. Tem como materpensene institucional – ou filosofia principal de trabalho – a *Parapedagogia*, definida como a especialidade da Conscienciologia que estuda a filosofia da educação e a pedagogia além dos recursos da intrafisicalidade, através da multidimensionalidade lúcida, da projetabilidade da consciência, e suas conseqüências na vida humana (Vieira, 1999).

Atuação. Desde sua fundação, atua continuamente, no Brasil e no Exterior, através de atividades científicas e didático-pedagógicas, num total aproximado de 130 cidades em 16 países, atingindo um cadastro com mais de 150.000 alunos. Em maio de 2002, o IIPC transferiu a administração das unidades internacionais para a *International Academy of Consciousness – IAC.*

Formação. O IIPC já formou um total de 420 professores de Conscienciologia e Projeciologia, contando atualmente com um corpo docente de 260 professores (agosto de 2004).

Publicações. O IIPC, desde sua fundação, vem realizando publicações técnicas da área da Conscienciologia e suas especialidades. Publicou, até outubro de 2004, 55 títulos, totalizando 188.000 livros impressos.

Campus IIPC – Saquarema. Instalado em uma área de 320 mil metros quadrados, no município de Saquarema, Estado do Rio de Janeiro, o Campus IIPC foi inaugurado em março de 2002 com o objetivo de ser um Complexo de Pesquisas e Eventos do IIPC. Um referencial científico, cultural, assistencial e universalista na consolidação das idéias de ponta das ciências Projeciologia e Conscienciologia. Assentado em um terreno rico em energias imanentes, localizado entre o mar e a serra, com reserva florestal, paisagismo e o Rio Roncador, o Campus otimiza a reciclagem intraconsciencial, o desenvolvimento das potencialidades bioenergéticas e parapsíquicas e a convivialidade sadia das pessoas interessadas e motivadas a dinamizar o seu processo evolutivo. O objetivo é proporcionar condições ideais a todos que estejam dispostos a aprofundar o autoconhecimento. Dispõe atualmente de chalés para hospedagem, salão de eventos, restaurante e sede administrativa. E já estão sendo construídos os seus primeiros laboratórios técnicos para autopesquisa da consciência.

Pólo de Pesquisa IIPC – Brasília. Instalado na Capital Federal do Brasil – Brasília – DF, o Pólo de Pesquisa IIPC é um ponto de referência internacional em pesquisas da Projeciologia e da Conscienciologia. Tem como primeiro segmento a Biblioteca Pública especializada em cultura parapsíquica e autopesquisa científica, cujo acervo inicial objetiva disponibilizar a bibliografia do tratado *Projeciologia*. Além de centro oficial de pesquisas, o Pólo abriga a memória documental-histórica do IIPC. Conta com livraria especializada, videoteca, sala para debates e, futuramente, amplo complexo laboratorial que visa contribuir para a expansão do conhecimento da Conscienciologia na sociedade.

Sede Mundial
Rua Rui Barbosa, 820, sala 903, Centro
Foz do Iguaçu, PR, Brasil, CEP 85851-170
Tel.: 55 45 3028-2211
E-mail: iipc@iipc.org.br – *Site:* www.iipc.org

International Academy of Consciousness – IAC

A IAC é uma organização multinacional, multicultural e universalista sem fins lucrativos dedicada à pesquisa e o ensino da Conscienciologia e suas subdisciplinas.

Seu objetivo é catalisar a evolução através do esclarecimento sobre a natureza multidimensional da consciência e todas as suas implicações. A Academia estimula a expansão da autoconsciência através da disseminação de informação pragmática, utilizando a lógica, o discernimento e os mais altos princípios cosmoéticos. O trabalho da IAC fundamenta-se em preceitos científicos avançados e objetiva aprofundar o conhecimento humano, através do paradigma consciencial.

A informação veiculada pela IAC é a súmula de décadas de investigação e representa o consenso de inúmeras experiências pessoais, assim como de investigações históricas e atuais sobre o assunto.

Fundada em Outubro de 2000 com o objetivo de ser o primeiro campus de pesquisa conscienciológica na Europa, a IAC realizou em seus 2 primeiros anos de história: duas convenções, 3 pesquisas experimentais em condições "laboratoriais" e uma série de cursos inovadores. Iniciou também a construção de seu campus em Évora (Alentejo, Portugal). Pesquisas concluídas e em curso estão publicadas em periódicos diversos, bem como no website da Academia.

Em Maio de 2002, todos os recursos humanos e físicos do IIPC existentes fora do Brasil foram transferidos para a IAC, que herdou desta forma a bagagem histórica e as conquistas realizadas pela equipe internacional em seus esforços desde 1994. A Academia já organizou eventos em 12 países, levando o materpensene conscienciológico para: Canadá, Espanha, EUA, Finlândia, França, Holanda, Inglaterra, Itália, México, Portugal, Suíça e Venezuela.

Os cursos da IAC enfatizam a vivência prática da multidimensionalidade e do parapsiquismo. Em sua grade curricular encontra-se um programa de certificação básica em Conscienciologia, estruturado através da pontuação de créditos acumulados ao longo de 4 anos provenientes de cursos optativos e obrigatórios. Entre seus cursos ressalta-se o curso de imersão *Campo Projetivo*, bem como um curso teático de 1 ano sobre Desperticidade.

O campus de pesquisa, em construção numa área de 10 hectares, proporcionará um ambiente otimizado para a pesquisa formal e para a auto-experimentação. Um dos pontos-chave do campus são os diversos laboratórios conscienciais. Entre eles destacam-se o primeiro *Projectarium* do mundo, cujo projeto consiste de um edifício em forma inteiramente esférica com 10 metros de diâmetro, e outros laboratórios, tais como: cosmoconsciência, invéxis, assistenciologia, recin, curso intermissivo, neopensene, autoconscientização multidimensional, holochacralogia, universalismo, macrossoma, holocarma, conviviologia, recuperação de cons, autoconsciencioterapia, holossomática, paratecnologia, comunicologia, e imobilidade física vígil.

O *Journal of Conscientiology*, veículo oficial de comunicação científica da Conscienciologia, publicado pela IAC, é um fórum aberto à apresentação de pesquisas conscienciológicas e ao debate científico, compilando artigos de investigadores de todo o mundo, sendo assinado por organizações de pesquisa e indivíduos em 21 países.

www.iacworld.org

MAIN OFFICES:

Portugal
Lisboa
E-mail: Lisboa@iacworld.org
Phone: +351 21 386 8008 / 09
Porto
E-mail: Porto@iacworld.org
Phone/Fax: +351 22 606 4025

Espanha
Barcelona
E-mail: Barcelona@iacworld.org
Phone/Fax: +34 93 232 8008
Madrid
E-mail: Madrid@iacworld.org
Phone/Fax: +34 91 591 2587
Sevilha
E-mail: Sevilla@iacworld.org
Phone: +34 954 921 891

EUA
Los Angeles
E-mail:
California@iacworld.org
Phone: +1 (1) 310 482 0000
Miami
E-mail: Florida@iacworld.org
Phone: +1 (1) 305 668 4668
New York
E-mail: NewYork@iacworld.org
Phone/Fax: +1 (1) 212 867 0807

Inglaterra
Londres
E-mail: London@iacworld.org
Phone/Fax: +44 (0) 20 7723 0544

Associação Internacional para a Evolução da Consciência - ARACÊ

1. Perfil da Instituição Conscienciocêntrica – IC

A Associação Internacional para a Evolução da Consciência – ARACÊ é uma instituição voltada à pesquisa da consciência com enfoque na evolução grupal. Fundada em 2001, atua nas esferas de ensino, pesquisa e extensão e desenvolve atividades que objetivam promover a holomaturidade consciencial, tendo por base a aplicação da ciência Conscienciologia.

A ARACÊ promove cursos, palestras e *workshops*, abertos à comunidade, nos Estados do Espírito Santo, Minas Gerais, Paraná, Rio de Janeiro, Rio Grande do Sul, São Paulo e Santa Catarina. Existem equipes de apoio em Belo Horizonte, Cachoeiro de Itapemirim, Curitiba, Florianópolis, Foz do Iguaçu, Pelotas, Porto Alegre, Ribeirão Preto, Rio de Janeiro, São Paulo, Uberaba, Uberlândia e Vitória.

As atividades são realizadas por uma equipe multidisciplinar de pesquisadores-voluntários especializados nas áreas de arquitetura, administração, educação, engenharia, filosofia, jornalismo, marketing, medicina, psicologia, tecnologia da informação e turismo.

O *Office* Central fica em Venda Nova do Imigrante – ES. A 25 quilômetros da cidade, no município de Domingos Martins, está localizada a sede, o *Campus* de Pesquisa da ARACÊ.

2. *Campus*

O *Campus* de pesquisa da **ARACÊ** está situado em uma área verde com grande quantidade de fitoenergia e geoenergia, em local otimizado para a realização de eventos e imersões. A área principal para cursos e debates conta com 4 salões de arquitetura esférica, denominados plenárias, e mais um ambiente de apoio com lanchonete, copa e banheiros. Para a hospedagem dos pesquisadores existe o *Village*, conjunto de 8 apartamentos estruturados em mini-*lofts*. O Centro Laboratorial conta atualmente com 7 laboratórios de autopesquisa conscencial: Diferenciação; Estado Vibracional; Grupalidade; Pensenologia; Radical da Heurística *(Serenarium);* Sinalética Parapsíquica e Tenepes.

3. Linhas de Atuação

3.1 Conscienciologia Aplicada

A Associação oferece cursos pautados no exemplarismo de seus pesquisadores e contextualizados nos pressupostos teóricos da ciência Conscienciologia. As temáticas estão relacionadas à autopesquisa dos docentes e sistematizadas a partir do binômio teoria-prática (teática).

O Curso de Conscienciologia Aplicada (CAP) está estruturado com 2 anos básicos – Autoconscientização Multidimensional (AMD) e mais duas especialidades em caráter optativo com 2 anos de duração cada: o curso de Autoconscientização Pluriexistencial (APL) e o curso Autoconscientização Assistencial (AST). A ARACÊ edita publicações para divulgação de suas atividades e pesquisas.

3.2 Conscienciologia Organizacional

A temática administrativa-organizacional é um dos focos de atuação da **ARACÊ**. A instituição pesquisa alternativas organizacionais e financeiras, a fim de propor à sociedade novos modelos administrativos, com base na ciência Conscienciologia.

3.3 Programa de Viabilização de Projetos em Conscienciologia - PVPC

O PVPC é um dos principais programas da **ARACÊ**, criado para o estabelecimento de parcerias com instituições conscienciocêntricas a fim de viabilizar projetos em Conscienciologia. O programa é aberto a todas as ICs interessadas em concretizar projetos específicos ou supra-institucionais. Para que se estabeleça o trabalho conjunto, basta a IC propor um projeto, o qual poderá ser implementado desde que esteja dentro das condições técnicas previstas no PVPC.

As primeiras parcerias foram firmadas com a Associação Internacional do Centro de Altos Estudos da Conscienciologia (CEAEC), destinada à publicação de obras da Enciclopédia da Conscienciologia, e com o Instituto Internacional de Projeciologia e Conscienciologia (IIPC), para direcionar recursos a um projeto específico da instituição.

Associação Internacional para a Evolução da Consciência – ARACÊ
Rua Goiás, 28, térreo – Vila da Mata
Venda Nova do Imigrante – ES – Brasil. CEP: 29375-000

Telefax: (28) 3546.2769 / *Sites:* www.arace.com.br
www.conscienciologiaaplicada.com.br

Organização Internacional de Conscienciоterapia – OIC

A Organização Internacional de Conscienciоterapia – OIC é uma instituição consciencіocêntrica, especializada em Conscienciоterapia. Tem por objetivo o estabelecimento, o desenvolvimento e a manutenção desta especialidade.

Fundada no dia 6 de Setembro de 2003, na cidade de Foz do Iguaçu, Paraná, Brasil, a Organização Internacional de Conscienciоterapia é uma instituição sem fins de lucro, voltada para a prática da reeducação em saúde do indivíduo e do grupo. A instituição visa ser uma organização multidimensional de excelência em conscienciоterapia, sendo uma referência na formação e no aperfeiçoamento de conscienciоterapeutas, atuando no estabelecimento de um holopensene de saúde no planeta.

A Conscienciоterapia estuda o tratamento, alívio e remissão de distúrbios da consciência, executados através de recursos e técnicas derivados da abordagem da consciência "inteira", em sua condição hígida, homeostática, patológica e parapatológica. É uma das 70 especialidades da Conscienciologia.

O termo Conscienciоterapia e suas técnicas básicas foram propostos em 1988, pelo médico e pesquisador prof. Waldo Vieira. O autor baseou seus estudos em mais de 20 anos de experiência na medicina e odontologia, e em mais de 40 anos de pesquisa teática do parapsiquismo.

A Conscienciоterapia assenta-se no Paradigma Consciencial e procura abordar o ser humano de maneira integral. Suas bases foram estabelecidas durante 11 anos de pesquisas, desde que o primeiro GPC – Grupo de Pesquisa da Consciência – em Conscienciоterapia foi fundado em outubro de 1992. Além disso, através de seus voluntários da área da saúde, o Instituto Internacional de Projeciologia e Conscienciologia (IIPC), também foi responsável pela fundação das clínicas experimentais de conscienciоterapia: a primeira em São Bernardo do Campo (SP), em 1993; e a segunda no Rio de Janeiro, em 1995. A clínica do Rio de Janeiro deu origem, em 1996, ao Núcleo de Assistência Integral à Consciência – NAIC que foi responsável pelas atividades teáticas da Conscienciоterapia até Setembro de 2003.

O NAIC, além de ter atendido mais de 500 pessoas desde sua fundação, formou 30 conscienciоterapeutas e organizou: I Simpósio de Conscienciоterapia (Foz do Iguaçu, 1996), I Jornada de Saúde da Consciência (Rio de Janeiro, 2000); II Jornada de Saúde da Consciência (Rio de Janeiro, 2001); III Jornada de Saúde da Consciência (Foz do Iguaçu, 2003). Participou de vários eventos de pesquisa: I Congresso Brasileiro de Psicoterapias (Belém, 1996); II Fórum Nacional de Qualidade Consciencial (Curitiba, 1996); III Congresso Internacional de Projeciologia (Nova York, 2002).

O principio básico da Conscienciоterapia é a autocura, ou seja, o alívio e/ou remissão das patologias e parapatologias através da vontade e ação da própria consciência. Assim chamamos os indivíduos de evolucientes e não mais de pacientes, pois cada um pode e deve ser o agente de sua própria evolução e não pacientes e passivos em relação a sua saúde integral. A autocura é relativa e exige investimento e autopesquisas constantes por parte dos indivíduos.

O termo autoconsciencioterapia designa um conjunto de técnicas utilizadas pelo evoluciente, quando interessado em promover sua autocura, sendo assim terapeuta de si mesmo.

A Organização Internacional de Consciencioterapia é um centro de desenvolvimento da consciencioterapia, onde profissionais da área da saúde, atuando na condição de voluntários, sistematizam as técnicas e pesquisas nessa área.

A OIC possui uma série de atividades consciencioterápicas disponíveis às pessoas interessadas: atendimentos individuais, de casal, de família e de grupo (intensivos ou quinzenais); e cursos com abordagem consciencioterápica. Também já possui um programa para formar consciencioterapeutas que queiram ser voluntários da instituição.

Organização Internacional de Consciencioterapia – OIC
Rua Rui Barbosa, 820, conjunto 506, Centro
Foz do Iguaçu, PR, Brasil
CEP 85851-170 – Tel. / Fax: 55 45 3025-1404
E-mail: oic@consciencioterapia.org.br
Site: www.consciencioterapia.org

Associação Internacional de Inversão Existencial – ASSINVÉXIS

A ASSINVÉXIS – Associação Internacional de Inversão Existencial – é uma Instituição Conscienciocêntrica, científica, educacional, cultural, sem fins de lucro, independente, que visa promover e disseminar a técnica da Inversão Existencial e, conseqüentemente, a ciência Conscienciologia.

Invéxis. A Inversão Existencial – Invéxis – é o planejamento técnico máximo da vida humana, realizado antes dos 26 anos de idade, com base nas premissas da Conscienciologia, sem quaisquer influências sectárias, místicas, religiosas ou político-partidárias. A essência da invéxis está no autodiscernimento maduro desde a juventude, qualificando as escolhas, os interesses e as prioridades pessoais.

A Invéxis apoia-se na dedicação consciente, em tempo integral, da programação existencial, desde a juventude. Através dessa técnica, o adolescente prioriza o autoconhecimento, a assistencialidade, a intelectualidade, o parapsiquismo, a comunicabilidade, visando atingir o completismo da programação existencial e a condição de *Desassediado Permanente Total* – Desperto.

Um dos objetivos práticos da invéxis é o indivíduo obter o exclusivismo dos interesses pessoais, sempre sob à ótica do paradigma consciencial, visando maior disponibilidade e liberdade para a assistência. Para isso, o inversor ou a inversora realiza um planejamento de vida, evitando excessivos comprometimentos familiares, sociais e profissionais. Na técnica são evitados: filhos, aborto, casamento, comprometimentos castradores da existência multidimensional, cosmoética e da consciência em sua programação existencial.

ASSINVÉXIS. A ASSINVÉXIS oferece cursos, palestras, simpósios, congressos e publicações periódicas. Conta com grupos de pesquisa sobre Inversão Existencial (Grinvex), nas seguintes localidades: Buenos Aires, Campo Grande, Curitiba, Florianópolis, Manaus, Natal, New York, Porto Alegre, Rio de Janeiro e São Paulo (Ano-Base: 2004).

O curso básico da ASSINVÉXIS é o *Teoria e Prática da Inversão Existencial*, com aulas expositivas e práticas bioenergéticas, a fim de favorecer a compreensão dos fundamentos da técnica da inversão existencial. Há também uma grade curricular de cursos de aprofundamento e com temáticas relacionadas a juventude.

A Instituição foi lançada no dia 22 de julho de 2004, durante o *III* Congresso Internacional de Inversão Existencial, contando com participantes da Argentina, Brasil, Estados Unidos, Finlândia, Portugal e Suíça.

Dentre os projetos da Associação está a construção do *Campus de Invexologia*, em Foz do Iguaçu, Paraná. Trata-se de um ambiente otimizado para a autopesquisa e a integração entre os jovens praticantes da técnica da invéxis. Sua infra-estrutura básica incluirá salão de eventos, Plenária de Debates, Laboratórios de Autopesquisa e *Invexoteca* – coleções de artefatos, livros, revistas, CD-*Roms*, jornais e publicações em geral especializadas em temáticas relacionadas à juventude e à invéxis.

A ASSINVÉXIS promove intercâmbio técnico, científico e cultural com outros pesquisadores e instituições conscienciocêntricas, assim como outras instituições afins existentes no Brasil e no Exterior.

Para receber gratuitamente o *Jornal da Invéxis*, com informações institucionais, artigos e entrevistas, envie um *e-mail* com nome e endereço completos.

Associação Internacional de Inversão Existencial – **ASSINVÉXIS**
Rua Rui Barbosa, 820, sala 507, Centro
Foz do Iguaçu, PR, Brasil, CEP: 85851-170
Telefax: (45) 3025-2308
E-mail: contato@assinvexis.org - *Site:* www.assinvexis.org

Centro de Altos Estudos da Conscienciologia – CEAEC

Campus. O CEAEC é o 1º *campus* da Conscienciologia, fundado por voluntários do IIPC, em 1995. Localiza-se em Foz do Iguaçu (PR), o segundo pólo turístico internacional do Brasil. A cidade destaca-se também pela existência de 72 etnias diferentes e a fronteira com Argentina e Paraguai.

Associação. Este *campus* é coordenado por uma associação internacional de voluntários especializados em Conscienciologia. É uma organização sem fins lucrativos, mantendo-se através de seus cursos e de suas publicações. Na *Revista Conscientia*, publicação técnico-científica da Conscienciologia, elaborada pela Editora CEAEC, são divulgados os projetos de pesquisa, os artigos originais e os resultados de trabalhos realizados nas Instituições Conscienciocêntricas.

Infraestrutura. O CEAEC visa propiciar ao pesquisador(a) da Conscienciologia um ambiente otimizado para a autopesquisa e a reciclagem intraconsciencial. Para isso, dispõe da seguinte infraestrutura:

1. **Balneário Bioenergético.** O ambiente do *campus* predispõe a utilização lúcida das energias conscienciais e o desenvolvimento dos atributos mentaissomáticos devido à sua riqueza ecológica. Destacam-se pelo menos 4 tipos de energias imanentes – geoenergia, aeroenergia, hidroenergia e fitoenergia.

2. **Laboratórios.** Possui 16 laboratórios de autopesquisa: Auto-organização, Cosmoética, Cosmograma, Despertologia, Dupla Evolutiva, Estado Vibracional,

Evoluciologia, Imobilidade Física Vígil, Mentalsomática, Paragenética, Pensenologia, Proéxis, Retrocognições, Sinalética Energética, Técnicas Projetivas e Tenepes.

3. ***Acoplamentarium.*** O *Acoplamentarium* é o 1º laboratório de autopesquisa grupal, na história da humanidade, cuja finalidade é o desenvolvimento do parapsiquismo lúcido através da clarividência facial, do acoplamento energético e de outras técnicas.

4. **Hospedagem.** *Village* com capacidade para hospedar 48 pesquisadores e refeitório.

5. **Holoteca.** Na Holoteca (coleção de artefatos do saber), destacam-se a *Biblioteca* com cerca de 63 mil itens, livros e periódicos de 54 países, a maioria especializada em parapsiquismo; a *Gibiteca*, uma das maiores da América Latina, com mais de 30 mil exemplares de 22 países, em 16 idiomas; a *Malacoteca* possui 9 mil conchas.

6. **Holociclo.** O Holociclo é o local de trabalho onde está sendo produzida a primeira *Enciclopédia da Conscienciologia* e outros tratados da ciência – *Homo sapiens pacificus* e *Homo sapiens neonatus*. A *Enciclopédia da Conscienciologia*, projeto supra-institucional, sediada no CEAEC, reúne mais de 300 voluntários sob a coordenação do médico Waldo Vieira, propositor da Conscienciologia. O objetivo é reunir as principais teorias, técnicas e pesquisas esclarecedoras do microuniverso da consciência com maior lógica e racionalidade, a partir dos fatos.

Pontoações do CEAEC – Outubro de 2004

298.420	Artefatos do saber	27.803	Exemplares de revistas
206	Coleções de tecas	1.006	Pastas de temas técnicos
27	Coleções prontas para exposição	27.091	Experimentos em laboratórios
2.977	Dicionários (+274 duplicatas)	218	Voluntários
752	Temas de dicionários	13	Médicos
3.241	Periódicos do mundo inteiro	34	Professores universitários
659	Coleções de periódicos	31	Psicólogos
146.301	Recortes de periódicos	33	Edificações: 29 (alvenaria), 4 (madeira)

ASSOCIAÇÃO INTERNACIONAL DO CENTRO DE
ALTOS ESTUDOS DA CONSCIENCIOLOGIA – CEAEC
Rua da Cosmoética, 11, Região do Tamanduazinho
Caixa Postal 921, Centro
Foz do Iguaçu, PR, Brasil, CEP 85851-000
Tel.: 55 45 525-2652 – Fax: 55 45 525-5511
E-mail: ceaec@ceaec.org – *Site:* www.ceaec.org

ASSOCIAÇÃO INTERNACIONAL EDITARES

A Associação Internacional Editares tem como principal finalidade fomentar e apoiar a produção e difusão de obras científicas, técnicas e culturais (gestações conscienciais) a fim de tornar público o conhecimento gerado pela Ciência Conscienciologia.

Fundada em 23 de outubro de 2004 na cidade de Foz do Iguaçu, PR, Brasil, a Editares mantém-se a partir do trabalho da equipe multidisciplinar de voluntários especializados, cujo perfil se caracteriza pela motivação, grupalidade e profissionalismo.

Através de laboratórios e ambientes especializados na formação de escritores, revisores, tradutores, professores e demais profissionais do setor gráfico-editorial, a Editares constitui uma "editora-escola de conscienciólogos-autores".

Dentre seus objetivos, estão o incentivo ao hábito da leitura, escrita, produção intelectual, pesquisa científica, divulgação das idéias de vanguarda, resultados da investigação e auto-investigação dos pesquisadores da Conscienciologia.

A Editares surge para ser agente multiplicador de teorias e práticas assistenciais cosmoéticas. Centraliza seus esforços na promoção da tarefa do esclarecimento, através do grafopensene – conjunto de pensamentos, sentimentos e energias "grafados" e perdurados na história.

A EDITARES É PÓLO AGLUTINADOR DE PESQUISADORES COM MAXIPROÉXIS VOLTADAS PARA A TAREFA DO ESCLARECIMENTO PELA GERAÇÃO DE GRAFOPENSENES.

ASSOCIAÇÃO INTERNACIONAL EDITARES

Rua Rui Barbosa, 820, sala 402
CEP: 85851-170, Foz do Iguaçu, PR – Brasil
Fone/fax: 523-0014
editares@cybermais.net
www.editares.org

1. *Área da Pesquisa:*

Este livro pesquisa temas da *Holomaturologia*, especialidade da *Conscienciologia*.

2. *Princípio da Descrença:*

Não acredite em nada, nem mesmo nas informações expostas neste livro, o inteligente é fazer pesquisas pessoais sobre os temas.

EDITARES

www.ingramcontent.com/pod-product-compliance
Ingram Content Group UK Ltd.
Pitfield, Milton Keynes, MK11 3LW, UK
UKHW032043260826
14628UKWH00008B/3151

9 788586 019784